FOM-Edition

FOM Hochschule für Oekonomie & Management

Reihe herausgegeben von
FOM Hochschule für Oekonomie & Management, Essen, Deutschland

Bücher, die relevante Themen aus wissenschaftlicher Perspektive beleuchten, sowie Lehrbücher schärfen das Profil einer Hochschule. Im Zuge des Aufbaus der FOM gründete die Hochschule mit der *FOM-Edition* eine wissenschaftliche Schriftenreihe, die allen Hochschullehrenden der FOM offensteht. Sie gliedert sich in die Bereiche Lehrbuch, Fachbuch, Sachbuch, International Series sowie Dissertationen. Die Besonderheit der Titel in der Rubrik Lehrbuch liegt darin, dass den Studierenden die Lehrinhalte in Form von Modulen in einer speziell für das berufsbegleitende Studium aufbereiteten Didaktik angeboten werden. Die FOM ergreift mit der Herausgabe eigener Lehrbücher die Initiative, der Zielgruppe der studierenden Berufstätigen sowie den Dozierenden bislang in dieser Ausprägung nicht erhältliche, passgenaue Lehr- und Lernmittel zur Verfügung zu stellen, die eine ideale und didaktisch abgestimmte Ergänzung des Präsenzunterrichtes der Hochschule darstellen. Die Sachbücher hingegen fokussieren in Abgrenzung zu den wissenschaftlich-theoretischen Fachbüchern den Praxistransfer der FOM und transportieren konkrete Handlungsimplikationen. Fallstudienbücher, die zielgerichtet für Bachelor- und Master-Studierende eine Bereicherung bieten, sowie die englischsprachige *International Series,* mit der die Internationalisierungsstrategie der Hochschule flankiert wird, ergänzen das Portfolio. Darüber hinaus wurden in der FOM-Edition jüngst die Voraussetzungen zur Veröffentlichung von Dissertationen aus kooperativen Promotionsprogrammen der FOM geschaffen.

Weitere Bände in der Reihe http://www.springer.com/series/12753

Marcel Seidel
(Hrsg.)

Banking & Innovation 2020/2021

Ideen und Erfolgskonzepte von Experten für die Praxis

Hrsg.
Marcel Seidel
FOM Hochschule für Oekonomie &
Management
Stuttgart, Deutschland

ISSN 2625-7114   ISSN 2625-7122   (electronic)
FOM-Edition
ISBN 978-3-658-32426-1   ISBN 978-3-658-32427-8   (eBook)
https://doi.org/10.1007/978-3-658-32427-8

Die Deutsche Nationalbibliothek verzeichnet diese Publikation in der Deutschen Nationalbibliografie;
detaillierte bibliografische Daten sind im Internet über http://dnb.d-nb.de abrufbar.

Lektorat: Angela Meffert
Springer Gabler ist ein Imprint der eingetragenen Gesellschaft Springer Fachmedien Wiesbaden GmbH und ist
ein Teil von Springer Nature.
Die Anschrift der Gesellschaft ist: Abraham-Lincoln-Str. 46, 65189 Wiesbaden, Germany

Geleitwort

Mit dem vorliegenden Band halten Sie die bereits fünfte Ausgabe der äußerst erfolgreichen Fachbuchreihe „Banking & Innovation" in Händen. Wir freuen uns über die Tradierung und den Erfolg dieser im Jahr 2015 gestarteten Beitragssammlung, die wissenschaftlich fundiert und zugleich praxisorientiert innovative Themen aus dem und um das Bankwesen beleuchtet. Die rund 520.000 Downloads der letzten vier Ausgaben in einem vermeintlich engen Themenfeld Banking sind nicht selbstverständlich und stehen für eine gute Themenauswahl.

Wie auch in den letzten Jahren geben vorliegend Expertinnen und Experten verschiedener Disziplinen sowie Akteure aus Praxis und Hochschulen ihre Erfahrungen und Entwicklungen an die Leserschaft weiter. Mit den Schwerpunktthemen „Nachhaltigkeit" und „Künstliche Intelligenz" werden zwei Themen in den Vordergrund gestellt, die unsere Gesellschaft und das Bankwesen in den nächsten Jahren stark beeinflussen werden. Aber auch die weiteren Themen in „Banking & Innovation 2020/2021", wie beispielsweise „Mobile Payment" oder die „Gestaltung von (agilen) Prozessinnovationen", greifen die großen Herausforderungen der Banken in den nächsten Jahren auf.

Wir wünschen dem vorliegenden Buch den Erfolg seiner vorangegangenen Ausgaben und bedanken uns ausdrücklich bei allen Mitwirkenden, ohne die ein Buch von diesem Umfang nicht möglich wäre.

Prof. Dr. Burghard Hermeier
Rektor der FOM Hochschule

Prof. Dr. Thomas Heupel
Prorektor Forschung der FOM Hochschule

Vorwort des Herausgebers

In den letzten Jahren hat sich die FOM Fachbuchreihe „Banking & Innovation" sehr erfolgreich etabliert. Dieser Erfolg und das ungebrochen starke Interesse am Themenfeld Banking freuen mich sehr. Sie motivieren mich, die derzeitigen und zu erwartenden großen Umbrüche in der Finanzbranche weiter aktiv zu begleiten und zu gestalten.

Wie auch in den letzten Ausgaben beschäftigen sich die Beiträge in diesem Buch mit Themen rund um innovative Ideen im Bankgeschäft. Sie sind geordnet nach den grundlegenden Erfolgsfaktoren Strategie, Struktur, Kultur und Technik. In insgesamt elf Beiträgen werden Innovationen in Banken aus verschiedenen Blickwinkeln betrachtet. Dabei ist der Begriff „Innovation" bekannterweise sehr dehnbar. Für die einen ist eine Innovation etwas vollkommen Neues, für andere gilt eine Anwendung aus anderen Branchen, die auf den Bankbereich übertragen wird, als Innovation in der Bankbranche. Diesem Verständnis wird auch hier gefolgt: Eine Innovation im Banking ist etwas, dass im Bankensektor neu ist bzw. noch wenig Verbreitung gefunden hat. Unter dieser Prämisse sind die hier vorgestellten Gedanken zu verstehen.

In der vorliegenden Ausgabe gibt es zwei Schwerpunkte: Zum einen das Themenfeld „Einsatz von Künstlicher Intelligenz im Bankgeschäft" (Strategie-Thema) und zum anderen das Themenfeld „Nachhaltigkeit", welches sicherlich ebenfalls als strategisches Thema gesehen werden könnte. Ich denke, Nachhaltigkeit ist jedoch auch eine Kulturfrage: Wie gelingt eine noch bessere Integration in Umwelt und Gesellschaft? Daher wurde sie dem Themenfeld Kultur zugeordnet. Die Schwerpunktthemen sind jeweils mit zwei Beiträgen vertreten.

Strategie: Herr Dr. Merbecks untersucht allgemein Potenziale durch Künstliche Intelligenz im Banking. Frau Prof. Dr. Fesidis und Frau Gupta beleuchten Chancen und Herausforderungen der Personalisierung des Marketings mit Hilfe von Künstlicher Intelligenz. Herr Hasler schließt hier quasi an und beschreibt die Folgen der überarbeiteten Zahlungsdiensterichtlinie (PSD2) auf die Kundenbeziehung.

Struktur: Herr Prof. Dr. Schat widmet sich verschiedenen Aspekten von Prozessinnovationen. Herr Dr. Steudle geht auf Kundenprozesse in Banken in einer zunehmend agiler werdenden Welt ein. Herr Prof. Dr. Wollenweber geht konkret darauf ein, was agiles Arbeiten bei der ING bedeutet, sowie auf die agile Transformation der Bank.

Kultur: Hier berichtet zunächst der Beitrag des Autorentrios Prof. Dr. Reuse, Prof. Dr. Dr. habil. Frère und Herrn Thole von einer empirischen Analyse nachhaltiger Assets im Kontext des BaFin-Merkblattes aus 2019. Das Autorengespann Prof. Dr. Kruppe und Herr Kühl hat eine generalisierte Sustainability Balanced Scorecard (SBSC) entwickelt und geht auf dieser Grundlage im Rahmen einer Befragung von zwölf Sparkassen speziell auf die Nachhaltigkeitssituation im Sparkassensektor ein. Ein etwas anderes Kultur-/Personalthema ist der Beitrag von Frau Dr. Kern und Frau Maier. Sie beschreiben auf Grundlage einer Studie, wie der Übergang zur Führungskraft gelingt.

Technik: Die Herren Thomas Barsch und Ulrich Grothe gehen auf Veränderungen der Bankenlandschaft durch FinTechs und BigTechs ein. Dies ist schon länger ein Thema, die Herausforderungen verschärfen sich jedoch vor dem Hintergrund der Covid-19-Pandemie und sind für Banken von grundlegender Bedeutung. Herr Macht widmet sich speziell dem Thema des mobilen Bezahlens und geht in seinem Beitrag der Frage nach, ob dies ein temporärer Trend oder Zukunftstrend ist.

Die FOM Hochschule für Oekonomie & Management stellt den Rahmen dieser Jahrbuchreihe und unterstützt nicht zuletzt aus einer wissenschaftlichen Perspektive ein neues und innovatives Denken im Banking. Dafür herzlichen Dank an die Hochschulleitung. Ich bedanke mich an dieser Stelle auch bei allen Autorinnen und Autoren für die kooperative Unterstützung durch ihre Beiträge.

Liebe Leserinnen und Leser: Das Buch mit seinen Praxisbeispielen soll Ihnen neue Impulse geben, die Dinge anders zu machen als bisher, und es soll Sie ermutigen, neues Denken zu wagen. Beides braucht die Branche. Ohne mutige Entscheidungen ist kein Fortschritt möglich. Ich wünsche Ihnen spannende und inspirierende Einsichten.

Prof. Dr. Marcel Seidel

Inhaltsverzeichnis

Teil I   Strategie

**1   Durch Einsatz Künstlicher Intelligenz Potenziale für Geschäftsprozesse
von Finanzdienstleistern erschließen**   3
Andreas Merbecks

**2   Künstliche Intelligenz im Bankwesen – Chancen und Herausforderungen
personalisierter Kundenangebote**   15
Bita Fesidis und Sophie Gupta

3   Die Einführung von PSD2 und die Folgen   35
Peter Thilo Hasler

Teil II   Struktur

4   Prozessinnovationen im Bereich Banken und Versicherungen   49
Hans-Dieter Schat

5   Agiles Kundenbeziehungsmanagement in Banken   57
Axel Steudle

6   Erste Lehren aus INGs agiler Transformation   65
Leif Erik Wollenweber

Teil III   Kultur

**7   Nachhaltigkeit in deutschen Banken – eine empirische Analyse
nachhaltiger Assets im Kontext des BaFin-Merkblattes aus 2019**   81
Svend Reuse, Eric Frère und Frank Thole

8   Nachhaltigkeit im Sparkassensektor – eine Bestandsaufnahme   123
Carsten Kruppe und Robert Kühl

9   Wie kann ein guter Übergang zur Führungskraft gelingen?   143
     Sarah Kern und Carola Maier

Teil IV   Technik

10   Wie deutsche Banken FinTechs und BigTechs Paroli bieten können   163
     Ulrich Grothe und Thomas Barsch

11   Mobiles Bezahlen in Deutschland   181
     Jörg A. Macht

**Erratum zu: Nachhaltigkeit in deutschen Banken – eine
empirische Analyse nachhaltiger Assets im Kontext des
BaFin-Merkblattes aus 2019** E1
Svend Reuse, Eric Frère und Frank Thole

Über den Herausgeber

Prof. Dr. Marcel Seidel lehrt seit März 2012 an der FOM Hochschule in den Themenfeldern Strategische Unternehmens- und Organisationsentwicklung, Human Resources und Marketing. In den letzten Jahren hat er außerdem regelmäßig Gastvorlesungen und Vorträge in China gehalten. Marcel Seidel ist gelernter Bankkaufmann und studierte Wirtschaftswissenschaften an der Universität Stuttgart. Nach mehreren beruflichen Stationen promovierte er 1996 zum Thema Fusionsmanagement in Banken. Er hat über 20 Jahre Erfahrung in der Organisations- und Strategieberatung. In dieser Zeit hat er zahlreiche Strategieprojekte erfolgreich begleitet. Er ist Co-Gründer und Partner der BIG – Banking Innovation Group GmbH und berät Banken und Versicherungen. Seine Beratungsschwerpunkte sind Strategieentwicklung/Fusionsmanagement, Innovationsmanagement, strategisches Marketing und Veränderungsmanagement.

Teil I
Strategie

Durch Einsatz Künstlicher Intelligenz Potenziale für Geschäftsprozesse von Finanzdienstleistern erschließen

1

Ein praxisorientierter Ansatz

Andreas Merbecks

Inhaltsverzeichnis

1.1 Einführung 3
1.2 These 1: Als Ausgangsbasis für den Einsatz von KI ist es hilfreich, die Erscheinungs-
     formen und Prozesse in einem ausreichend granularen Detailgrad zu beschreiben 4
1.3 These 2: Die Anzahl möglicher „Use Cases" ist überwältigend 6
     1.3.1 Vertriebseffektivität 6
     1.3.2 Arbeitsablaufoptimierung 7
     1.3.3 Transparenz und Erklärbarkeit 8
     1.3.4 Kundenorientierung 9
     1.3.5 Weiter(gehend)e Anwendungsfälle 9
1.4 These 3: Eine standardisierte Bewertung und Positionierung der möglichen
     Anwendungsfälle in einer Heatmap erlauben die notwendige Priorisierung 10
1.5 These 4: Eine iterative Vorgehensweise, eingebettet in ein Ökosystem, ist ratsam, um
     das Potenzial von KI in Geschäftsprozessen zu erschließen 11
Literatur 13

1.1 Einführung

Stichworte wie Big Data und Datenanalyse, Machine Learning, Robot Process Automation, Natural Language Processing und Computer Vision sind in aller Munde. Unter-
dessen scheint es so, dass etliche Finanzdienstleister bei ihren Geschäftsprozessen kaum
das volle Potenzial heutiger Möglichkeiten der Künstlichen Intelligenz (KI) ausnutzen,

A. Merbecks (✉)
FOM Hochschule, Düsseldorf, Deutschland
E-Mail: andreas.merbecks@gmx.net

© Der/die Autor(en), exklusiv lizenziert durch Springer Fachmedien Wiesbaden GmbH,
ein Teil von Springer Nature 2021
M. Seidel (Hrsg.), *Banking & Innovation 2020/2021*, FOM-Edition,
https://doi.org/10.1007/978-3-658-32427-8_1

ganz zu schweigen von zukünftigen Weiterentwicklungen der KI. Gleichzeitig sollte der Einsatz von KI kein Selbstzweck sein.

Dieser Beitrag beschäftigt sich daher mit einem pragmatischen Ansatz zum Einsatz von KI für Geschäftsprozesse von Finanzdienstleistern. Vier Thesen werden betrachtet:

- **These 1:** Als Ausgangsbasis für den Einsatz von KI ist es hilfreich, die Erscheinungsformen und Prozesse in einem ausreichend granularen Detailgrad zu beschreiben.
- **These 2:** Die Anzahl möglicher „Use Cases" ist überwältigend.
- **These 3:** Eine standardisierte Bewertung und Positionierung der möglichen Anwendungsfälle in einer Heatmap erlauben die notwendige Priorisierung.
- **These 4:** Eine iterative Vorgehensweise, eingebettet in ein Ökosystem, ist ratsam, um das Potenzial von KI in Geschäftsprozessen zu erschließen.

1.2   These 1: Als Ausgangsbasis für den Einsatz von KI ist es hilfreich, die Erscheinungsformen und Prozesse in einem ausreichend granularen Detailgrad zu beschreiben

Die Schlüsselidee lautet: Nur ein ausreichendes Maß an Granularität bei der Beschreibung ermöglicht es zu identifizieren, wo genau KI eingesetzt werden kann. Auf einer solchen Grundlage gelingt eine nützliche Bewertung der Bereiche, in denen KI von Vorteil sein kann.

KI kann in vielfältiger Weise unterteilt werden, z. B. in prozessorientierte KI, entscheidungsorientierte KI, expertenorientierte KI, explorative KI und Konversations-KI (vgl. Gunia et al. 2019). Darüber hinaus gibt es weitere Aufteilungen. Für die Zwecke dieses Beitrags bietet sich die folgende Vierteilung an:

1. Robot Process Automation,
2. Datenanalyse,
3. kognitive KI und
4. Machine Learning.

Abb. 1.1 erläutert diese vier Formen: Robot Process Automation beispielsweise umfasst die Extraktion von Informationen, das Erstellen von Zusammenfassungen, die Fertigung von Übersetzungen, die Automatisierung von (weiteren) Routineaufgaben sowie den Einsatz von Chat- oder anderen Bots bis hin zu Humanoiden. Ebenso lassen sich die anderen drei Formen weiter untergliedern, wie in Abb. 1.1 dargestellt.

Die genannten Erscheinungsformen und deren Untergliederung erheben keinen Anspruch auf Vollständigkeit und stellen auch nicht die einzige Systematisierung für den Zweck dar (vgl. für Alternativen z. B. Kreutzer und Sirrenberg 2019, S. 2 ff., für einen Überblick über KI Russell und Norvig 2012). Über die Zeit ist zudem eine rasante

Abb. 1.1   Erscheinungsformen Künstlicher Intelligenz

Entwicklung zu verzeichnen (vgl. z. B. Ertel 2016, S. 6), sodass sich mit an Sicherheit grenzender Wahrscheinlichkeit weitere Erscheinungsformen ergeben werden. Allerdings erscheint es (auch aktuell) unverzichtbar, eine Untergliederung vorzunehmen. Die hier Gewählte lehnt sich an Praxiserfahrungen an.

Gleiches gilt dann auch für die Geschäftsprozesse: In der Versicherungsbranche zum Beispiel können etwa Antragsbearbeitung, Produktmanagement, Kundenmanagement, Underwriting, Vertragsmanagement, Schadenbearbeitung sowie die unterstützenden Prozesse Finanzen, Berichterstattung und Personal unterschieden werden. Diese Unterteilung der Geschäftsprozesse kann analog – mit mehr oder weniger Abweichungen – auch für andere Finanzdienstleistungen und darüber hinaus generiert werden.

Das Versicherungsbeispiel aufgreifend ist KI bei der Antragsbearbeitung einsetzbar sowie ebenfalls beim Antragseingang, bei der Risikobeurteilung, beim Rating und der Preisgestaltung, bei der Annahme und der Policierung. Für jeden dieser Unterprozesse kann es dann möglich werden, Anwendungsfälle zu identifizieren, die zielführend den vorher genannten spezifischen KI-Formen Robot Process Automation, Datenanalyse, kognitiver KI und Machine Learning zugeordnet werden können. Abb. 1.2 zeigt diese Zuordnung beispielhaft auf.

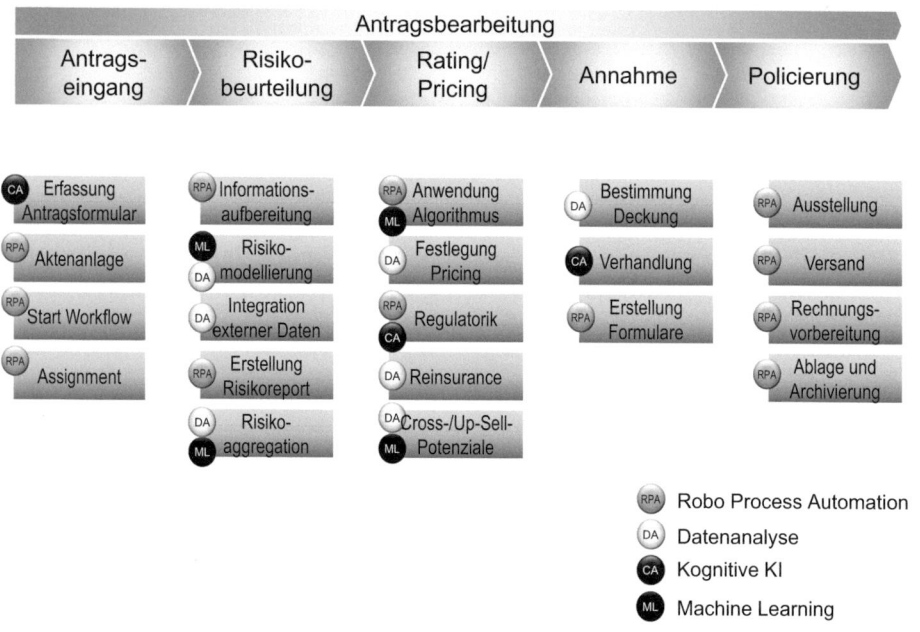

Abb. 1.2 Beispiel Antragsbearbeitung: Detaillierung von Prozessen zur Identifikation von KI-Anwendungsfällen in Geschäftsprozessen von Finanzdienstleistern

1.3 These 2: Die Anzahl möglicher „Use Cases" ist überwältigend

Praxiserfahrungen zeigen, dass Diskussionen und Workshops eine Vielzahl von Ideen für Anwendungsfälle hervorbringen können, sobald eine gewisse Struktur und Detailgenauigkeit als Grundlage verfügbar sind, wie zuvor beschrieben wurde.

Nachfolgend sind verschiedene Anwendungsfälle aufgelistet. Die Liste ist nur als „Spitze des Eisberges" zu verstehen und vermittelt einen ersten Eindruck hinsichtlich der vielfältigen Anwendungsmöglichkeiten von KI. Die Anwendungsfälle sind gruppiert in Vertriebseffektivität, Arbeitsablaufoptimierung, Transparenz und Erklärbarkeit, Kundenorientierung sowie weiter(gehend)e Anwendungsfälle.

1.3.1 Vertriebseffektivität

Kundennähe

KI-Funktionen, die die Kundennähe unterstützen können, sind bereits vor einem Jahrzehnt auf den Markt gekommen. Daher haben Werkzeuge für ein personalisiertes, Omni-

Kanal-gestütztes und damit einzigartiges Kundenerlebnis einen gewissen Reifegrad erlangt und können aus einer Vielzahl von Angeboten ausgewählt werden.

Channel- und Churn-Management
Durch die Anwendung von Datenanalysen auf das Kundenverhalten können die Kanal-präferenzen direkt abgeleitet werden ohne – gerade bei abwanderungsgefährdeten Kundinnen und Kunden – belästigende Befragungen. So lassen sich leicht neue Angebote unterbreiten oder relevante Informationen zielgerichtet übermitteln. Darüber hinaus können dieselben KI-Tools verwendet werden, um schwache Signale für beginnendes Dis-Engagement zu erkennen. Darauf können dann knappe Vertriebs-ressourcen alloziert werden, um (ausschließlich) genau diese Kundschaft zielgerecht anzusprechen. Nur aufgrund einer automatisierten Interaktion wurde in einem Praxisfall eine unmittelbare Reduzierung der Abwanderungsrate um 8 % erreicht.

Empfehlungssysteme
Die Erstellung von Wissensgraphen auf der Grundlage strukturierter, halbstrukturierter und nicht strukturierter Kundeninformationen ermöglicht bessere Erkenntnisse, indem ansonsten nur in Silos vorhandene Informationen kombiniert werden. Damit können Kunden a posteriori (im Gegensatz zu einer herkömmlichen A-priori-Segmentierung) gruppiert werden, um Verhaltensänderungen und segmentübergreifende Ähnlichkeiten widerzuspiegeln. Auf dieser Grundlage können dann beispielsweise modulare Produkte entworfen werden.

1.3.2 Arbeitsablaufoptimierung

Virtual Underwriting Assistant
Virtuelle Berater auf einem Bildschirm ermöglichen, den Underwriter zielgerichtet durch den Verkaufsprozess zu führen. Solche Assistenten können dem Underwriter Up- und Cross-Selling-Optionen für die nächste Kundeninteraktion vorschlagen.

Kundeninformation
Vom Kunden übermittelte Daten können nahtlos internen Stammdaten zugeordnet werden, ohne dass manuelle Eingriffe erforderlich sind, z. B. um das zugehörige Kundensegment zu identifizieren. Kunden können automatisch identifiziert und authenti-fiziert werden sowie dem passenden Geschäftsfeld und -segment zugeordnet werden. Darüber hinaus können z. B. im Rahmen des Abschlussprozesses übermittelte personen-bezogene Daten (PII)[1] und geschützte Gesundheitsinformationen (in den USA „personal

---

[1] „Personenbezogene Daten" gilt als europäisches Pendant zu PII (Personally Identifiable Information); allerdings entspricht der Ausdruck nicht ganz der in den USA gängigen PII-Definition.

health information" oder „PHI") identifiziert und gekennzeichnet werden, wodurch der Aufwand für die Einhaltung der DSGVO verringert und der angemessene Umgang mit sensiblen Daten gemäß den jeweiligen Vorschriften und gesetzlichen Anforderungen sichergestellt wird.

Informationsextraktion

Inhalt, Zustand und andere Merkmale von Dokumenten können extrahiert werden. Interessant ist dieses z. B., wenn Immobilien bewertet werden müssen, sei es bei Hypothekenvergaben oder bei der Gebäudeversicherung. Für die zugehörigen Bearbeitungsschritte kann auf diese Extrakte zurückgegriffen werden und können hilfreiche, risiko- und wertrelevante Immobilienmerkmale aus georäumlichen Bildern gewonnen werden, ohne aufwendige Sichtungen des Materials durch Experten, geschweige denn Vor-Ort-Besichtigungen, zu benötigen.

Bewertung

Um bei dem Beispiel Immobilien zu bleiben, kann für deren Bewertung auch die Auswertung von Immobiliendaten(-banken) herangezogen werden. Dabei geht es nicht nur um den Zustand der Immobilie, deren Eigenschaften, Größe und Ausmaße, sondern z. B. ggf. auch um den ökologischen Fußabdruck des Gebäudes. Ergänzend können regionale Gefahren (Sturm, Hochwasser), Regelungen zu Bauvorschriften und -genehmigungen sowie weitere Daten hinzukommen (z. B. von Gutachten zu Schadstoffbelastungen oder -freiheit).

1.3.3   Transparenz und Erklärbarkeit

Rule Mining

Soll z. B. mithilfe von RPA eine Korrespondenz mit Kunden erstellt werden, können Übereinstimmungsregeln von einem Rule Miner identifiziert werden und die RPA-basierte Dateierstellung ergänzen. Damit kann nicht nur der Durchsatz gesteigert werden, sondern auch eine bessere Nachvollziehbarkeit ist durch solche Regeln gegeben. Deren Anwendung kann dann auch für erläuternde Hinweise genutzt werden. Somit erhöht sich die Transparenz und Erklärbarkeit.

Ranking und Erklärung

Bei Kreditvergaben oder der Annahme eines Versicherungsantrags ist die Risikobewertung essenziell. Durch Nutzung einer Kombination traditioneller und nicht-traditioneller Daten gelingt eine deutlich verbesserte Risikobewertung. Daneben können unternehmensproprietäre Indikatoren identifiziert und eingesetzt werden, um die Stabilität, das Ausfallrisiko und die Wachstumsaussichten des Unternehmens besser als die Wettbewerber zu prognostizieren.

Kredit- oder Schadensachbearbeitern können in diesem Zusammenhang Self-Service-Analysen an die Hand gegeben werden, um risikoreiche Kundinnen und Kunden möglichst in Echtzeit zu identifizieren. KI hilft dabei, die wichtigsten Risikofaktoren jedes Kunden zu verstehen und gleichzeitig die Bewertungsentscheidung für einen menschlichen Sachbearbeiter (und ggf. den Kunden) nachvollziehbar und transparent zu machen.

1.3.4 Kundenorientierung

Konversationsschnittstelle bei der Vertragsanbahnung
Mit einer Konversationsschnittstelle kann ein geführter Kundendialog dazu genutzt werden, den Kunden nicht nur zu informieren, sondern die gesammelten Informationen gleich zur Erstellung eines Kreditantrags oder einer Versicherungspolice zu nutzen. Somit bleibt dem Kunden und dem Unternehmen lästige Doppelarbeit erspart. Dabei müssen die Informationen aus der Konversationsschnittstelle nicht einmal in der gleichen Sequenz wie im Antragsformular vorliegen.

Konversationsschnittstelle im laufenden Kundenkontakt und bei der Risikobeurteilung
Jede Kundeninteraktion kann mittels einer geeigneten Konversationsschnittstelle dazu verwendet werden, Details zu sammeln, die bei Folgeaktivitäten – wie z. B. der Antragsbearbeitung und der Risikoprüfung – benötigt werden. Mitunter werden gleichzeitig versteckte oder ansonsten schwer erkennbare Risiken identifiziert. Mit entsprechenden Instrumenten gelingt dies unabhängig von einem bestimmten Markt, einer bestimmten Sprache oder einer bestimmten Kultur. Gleichzeitig können standort- oder mikrosegmentspezifische Elemente berücksichtigt werden.

Kundenanfragen
An die Stelle wenig flexibler und langsamer Skripte im Callcenter treten schnelle Antworten auf Kundenanfragen, die über KI rasch und zielgerichtet erstellt werden. Im gleichen Zuge werden neue FAQs und aufkommende Probleme automatisch identifiziert, sodass das Unternehmen Wettbewerbern in seiner Kundeninteraktion einen Schritt voraus sein kann.

1.3.5 Weiter(gehend)e Anwendungsfälle

Neue Dienste
Mit einem genaueren Wissen über Kundinnen und Kunden können Mehrwertdienste geschaffen werden. Im Versicherungsbereich für KMU zählen dazu z. B. die Unterstützung von Kundeninspektionen, Empfehlungen zur nächstbesten Maßnahme zur

Reduzierung von Versicherungsprämien oder zum Schutz des Eigentums. All diese Vorschläge werden dabei aus Daten gewonnen. Die Implementierung einer solchen – auch kollaborativ genannten – Produkterstellung mit Kunden- und Marketingdaten ermöglicht zudem, Sachbearbeiter „on the job" zu qualifizieren.

Dynamische Preisgestaltung
Modelle, die bei der Risikobewertung verwendet werden, können für die Erstellung prädiktiver Preismodelle genutzt werden. Sobald risikorelevante Informationen durch Markt- und lokale Erkenntnisse ergänzt werden, können Margen so angepasst werden, dass sie optimiert wettbewerbsfähig sind.

1.4   These 3: Eine standardisierte Bewertung und Positionierung der möglichen Anwendungsfälle in einer Heatmap erlauben die notwendige Priorisierung

Die große Vielfalt der möglichen Anwendungsfälle legt eine Priorisierung nahe, für die standardisierte Bewertungen als Ausgangsbasis dienen. Um eine gründliche Bewertung über das gesamte Portfolio zu ermöglichen, empfiehlt sich die Erstellung einheitlicher Projektprofile.

Solche einheitlichen Projektprofile stellen sicher, dass Use Case und Business Case eines Projekts geschärft werden. Realistische Aufwands- und Kostenschätzungen ermöglichen ebenso eine vergleichbare Sicht wie die wichtigen Kriterien Machbarkeit und Durchführbarkeit. Projekte werden transparenter und der Nutzen für die Organisation wird besser abschätzbar.

Um diesen Ansprüchen gerecht zu werden, hat sich in der Praxis eine Bewertung in vier Hauptkriterien als sinnvoll erwiesen:

1. technologische Machbarkeit,
2. Nutzen,
3. Kosten und
4. organisatorische Durchführbarkeit.

In diesen vier Dimensionen werden die möglichen Anwendungsfälle systematisch kategorisiert.

Im nachfolgenden Beispiel in Abb. 1.3 sind diese vier Bewertungsdimensionen visualisiert, um 20 mögliche Anwendungsfälle abzubilden. Die Ergebnisse der Machbarkeits- und Wirtschaftlichkeitsbewertungen bestimmen die Position eines Projekts im Diagramm. Projekte in der oberen rechten Ecke haben eine hohe technologische Machbarkeit und einen hohen Nutzen.

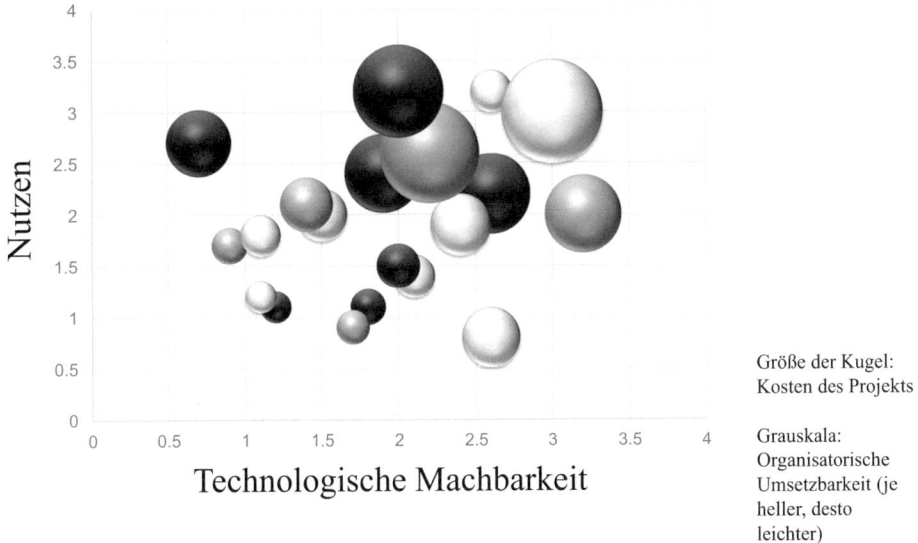

Abb. 1.3 Heatmap zur Priorisierung von Projekten zum Einsatz von KI in Geschäftsprozessen von Finanzdienstleistern

Die Kosten werden durch die Größe der einzelnen Kugeln dargestellt, während die Einschätzung zur organisatorischen Durchführbarkeit mittels der Grauskala dargestellt wird.

In Abb. 1.3 weisen die Projekte rechts oben eine gute Kennziffer bei der technologischen Machbarkeit auf und haben einen hohen Nutzen. Das Projekt rechts außen ist allerdings mit deutlich höheren Kosten verbunden als das Benachbarte, wie die Größe der Kugel zeigt. Durch die helle Schattierung wird angezeigt, dass die organisatorische Umsetzbarkeit positiv eingeschätzt wird.

Die Ergebnisse dieser standardisierten Bewertung von Priorisierungskriterien können eine hilfreiche Entscheidungsgrundlage für die nachfolgenden Projektaktivitäten sein.

1.5   These 4: Eine iterative Vorgehensweise, eingebettet in ein Ökosystem, ist ratsam, um das Potenzial von KI in Geschäftsprozessen zu erschließen

Alle Verfahren zur Identifizierung von Optimierungspotenzialen in Prozessen, zur Entwicklung von Anwendungsfällen, zur Priorisierung von Projekten anhand ihrer Attraktivität und zur Einführung neuer Technologien müssen regelmäßig überprüft werden. Dies dient einerseits der Berücksichtigung fortwährender Innovation und

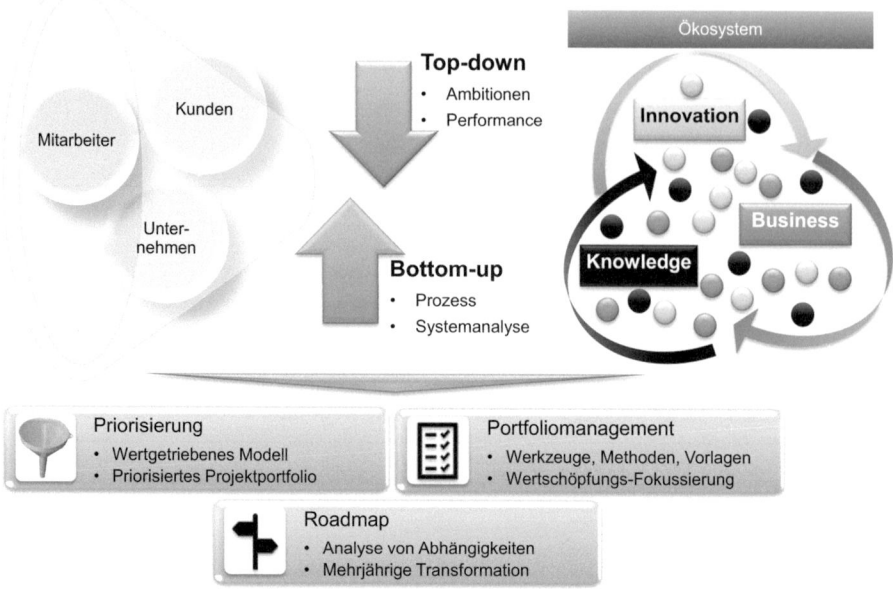

Abb. 1.4 Vereinfachte Darstellung des Modells einer Überprüfung der Einsatzmöglichkeiten von KI in Geschäftsprozessen von Finanzdienstleistern

andererseits der Reaktionsfähigkeit auf neue Geschäftsanforderungen, Geschäfts-strategien und organisatorische Realitäten.

Dabei bezieht das Unternehmen idealerweise Mitarbeiter und Kunden mit ein. Ent-scheidungen und Überprüfungen erfolgen sowohl Top-down als auch Bottom-up. Die Top-down-Sicht hat die Ambitionen und die Performance des Unternehmens im Blick. Bei der Bottom-up-Sicht geht es um Prozesse und Systemanalyse (Abb. 1.4).

Ökosysteme sind die neue Normalität im Geschäft. Dies gilt auch bei der Realisierung Künstlicher Intelligenz und Automatisierung in Geschäftsprozessen. Interne und externe Innovationen verursachen Verschiebungen in der Branche, da Vordenker und Wegbereiter die digitale Disruption vorantreiben, mit neuen Marktteilnehmern zusammenarbeiten und alternative Beschaffungsmodelle nutzen. Beratungsunternehmen können in diesem Zusammenhang als Innovatoren, Umsetzer und Technologiestrategen auftreten.

In Verbindung damit verhilft ein Ökosystemansatz mit den drei Schwerpunkten Innovation (intern und extern), Knowledge (neben Fertigkeiten auch Forschungsergeb-nisse) und Business (Geschäftsideen) zu einem erweiterten Betrachtungshorizont und gewinnbringenden Impulsen.

Der Kreis schließt sich, indem die zuvor angesprochenen Instrumente zur Priorisierung und zum Portfoliomanagement iterativ angewandt und zu einer Roadmap verdichtet werden. Eine solche Roadmap zeigt sowohl Abhängigkeiten als auch den Weg für eine mehrjährige Transformation des Unternehmens auf.

Literatur

Ertel, W. (2016). *Grundkurs Künstliche Intelligenz – Eine praxisorientierte Einführung* (4. Aufl.). Wiesbaden: Springer Vieweg.

Gunia, H., Freakley, A., & Krzysztofik, P. (2019). Unlocking data, the new "liquid gold", with AI. https://www.infosysconsultinginsights.com/2019/10/13/unlocking-data-the-new-liquid-gold-with-ai/. Zugegriffen: 24. Apr. 2020.

Kreutzer, R. T., & Sirrenberg, M. (2019). *Künstliche Intelligenz verstehen – Grundlagen – Use Cases – unternehmenseigene KI-Journey*. Wiesbaden: Springer Gabler.

Russell, S., & Norvig, P. (2012). *Künstliche Intelligenz – Ein moderner Ansatz* (3., akt. Aufl.). München: Pearson.

Dr. Andreas Merbecks lehrt als Gastdozent an der FOM Hochschule für Oekonomie & Management in Düsseldorf in den Themenfeldern Strategische Unternehmens- und Organisationsentwicklung, Risikomanagement sowie Digitalisierung und Marketing. Er ist studierter Wirtschaftswissenschaftler (Ruhr-Universität Bochum). Während seiner beruflichen Tätigkeit bei McKinsey & Company promovierte er 1995 zum Thema Organisation des Risikomanagements in Kreditinstituten. Er hat über 25 Jahre Erfahrung in der Bankenbranche, sowohl als Partner bei McKinsey und anderen führenden Unternehmensberatungen als auch als Managing Director bei der Schweizer UBS. Er verfügt über Erkenntnisse aus mehr als 100 Projekten bei Finanzdienstleistern im In- und Ausland. Seine Beratungsschwerpunkte sind Strategiethemen, Risikomanagement, Digitalisierung und Change Management.

Künstliche Intelligenz im Bankwesen – Chancen und Herausforderungen personalisierter Kundenangebote

Bita Fesidis und Sophie Gupta

Inhaltsverzeichnis

2.1   Einführung 16
    2.1.1   Problemstellung 16
    2.1.2   Zielsetzung und Methodik 17
    2.1.3   Künstliche Intelligenz im Bankwesen 17
2.2   Der Kunde im Fokus: Personalisierung aus Sicht des Marketings von Banken 19
    2.2.1   Ebenen der Personalisierung 19
    2.2.2   Personalisierung auf Ebene der Gestaltung von Kundenbeziehungen 20
2.3   Chancen und Herausforderungen der KI-gestützten Personalisierung für Banken 23
    2.3.1   Chancen für Banken 23
    2.3.2   Herausforderungen für Banken 25
2.4   Einflussfaktoren auf die Datenfreigabe durch Kunden 27
2.5   Zusammenfassung und Fazit 30
Literatur. 31

B. Fesidis (✉)
FOM Hochschule, Düsseldorf, Deutschland
E-Mail: bita.fesidis@fom.de

S. Gupta
NRW.BANK, Düsseldorf, Deutschland

© Der/die Autor(en), exklusiv lizenziert durch Springer Fachmedien Wiesbaden GmbH,
ein Teil von Springer Nature 2021
M. Seidel (Hrsg.), *Banking & Innovation 2020/2021,* FOM-Edition,
https://doi.org/10.1007/978-3-658-32427-8_2

2.1 Einführung

2.1.1 Problemstellung

Banken sind mehr denn je zum Umdenken gezwungen. Neue Wettbewerber mischen mit innovativen Angeboten die Finanzbranche auf. Dazu gehören FinTechs, die AGFA-Techkonzerne (Apple, Google, Facebook, Amazon) und Direktbanken (vgl. z. B. Gruber und Bouché 2017, S. 32). Daten werden branchenübergreifend als zentraler Wettbewerbsfaktor der Zukunft gesehen. Mit Blick auf den Kunden und die Beziehungsgestaltung geht es nicht um Daten als solche, sondern vor allem um den Aspekt der Personalisierung. Personalisierte Produkte und Dienstleistungen ermöglichen es Unternehmen, sich von den Wettbewerbern abzugrenzen (vgl. Kölmel et al. 2019, S. 244).

Die genannten neuen Wettbewerber sind Banken hinsichtlich personalisierter Angebote in vielen Fällen schon einen Schritt voraus. Innovative Lösungen umfassen etwa Tipps zu Geldanlagen, die auf dem Nutzerprofil und Anlageverhalten basieren, oder Community-Ansätze aus dem Social-Media-Bereich – wenn sich etwa Kundinnen und Kunden untereinander in Foren über Anlagetipps austauschen oder über Crowdfunding gemeinsam in neue Geschäftsideen investieren können.[1]

Die großen Technologieunternehmen setzen durch ihre Angebote – die Kunden auch aus anderen Anwendungsbereichen kennen – neue Maßstäbe. Dies betrifft die Schnelligkeit in der Prozessbearbeitung, die reibungslose Interaktion zwischen Dienstleister und Kunde, die Bedienbarkeit von Nutzeroberflächen und die Personalisierung von Angeboten (vgl. BaFin 2018, S. 64). Eine Hypothese besagt, dass Kundinnen und Kunden Erfahrungen aus anderen Branchen auf die Bankenbranche übertragen und Erwartungen an die Customer Experience entsprechend steigen (vgl. BaFin 2018, S. 64).

Viele Banken und Sparkassen haben in diesem Zusammenhang die Notwendigkeit personalisierter Angebote für Kunden erkannt. Gemeint sind personalisierte Inhalte über alle traditionellen wie auch digitalen Kanäle hinweg sowie auf den Bedarf der Kundinnen und Kunden zugeschnittene Lösungen. Letztere sollten mit einem proaktiven Agieren von Banken einhergehen. Wenn beispielsweise auf Grundlage einer Mustererkennung in der Datenanalyse sichtbar wird, dass ein Kunde mit hoher Wahrscheinlichkeit bald eine Baufinanzierung benötigen wird, kann die Bank proaktiv ein kundenspezifisches Angebot offerieren. Umsetzungen solcher Lösungen stecken allerdings noch in den Kinderschuhen.

Für Banken stellt sich die Frage, wie sie das Potenzial der Personalisierung durch KI nutzen können. Auf welche Stärken können sie aufsetzen? Welche Herausforderungen stellen sich? Neben technischen und organisatorischen Herausforderungen geht es auch um die Gestaltung der Kundenbeziehungen und -kanäle – und nicht zuletzt um die

---

[1]Beispiele und dahinterliegende Geschäftsmodelle sind vielfältig, vgl. u. a. fidor Bank, Numbrs, Compeon, moneyfarm.

erfolgskritische Frage: Unter welchen Bedingungen stimmen Kunden der Nutzung der notwendigen Daten zu?

2.1.2 Zielsetzung und Methodik

Ziel des Beitrags ist es, einen Überblick zu den Chancen und Herausforderungen von KI-gestützten, personalisierten Bankangeboten zu geben und Hinweise für Banken zu liefern, wie sie das Thema der Personalisierung als zentralen Wettbewerbsfaktor gestalten können. Die Ergebnisse stützen sich auf Literaturauswertungen sowie ein qualitatives Forschungsprojekt.

Im Fokus des Forschungsprojekts steht die Kundenperspektive und die Frage, welchen Mehrwert individualisierte Bankangebote für Kundinnen und Kunden erzeugen können und unter welchen Bedingungen Kunden bereit sind, Daten für personalisierte Angebote freizugeben. Die Studie ist qualitativ und explorativ angelegt. Mit Hilfe von halbstandardisierten (leitfadengestützten) Interviews wurden Bankkunden zu ihren Erwartungen an Bankleistungen, ihrer Einstellung zu personalisierten Bankangeboten sowie der Bereitschaft zur Datenfreigabe zum Zweck der Personalisierung befragt. Die Interviews liefern eine detailreiche Datenbasis mit Hinweisen zu subjektiven Erwartungen, Nutzenversprechen der Personalisierung und Bedenken hinsichtlich des Datenschutzes. Vor dem Hintergrund der kleinen Stichprobe (n = 6) liefern die Ergebnisse Hypothesen, die als solche vorgestellt und mit Blick auf andere Studienergebnisse diskutiert werden.

2.1.3 Künstliche Intelligenz im Bankwesen

Künstliche Intelligenz erforscht Methoden, die es Computern ermöglichen, Aufgaben zu lösen, die ursprünglich menschliche Intelligenz erforderten (vgl. Nilsson 1971, S. VII). Dabei werden u. a. große Datenbestände ausgewertet, in denen die Maschine nicht ausschließlich Muster erkennt, sondern aus denen sie auch eigene Rückschlüsse zieht (vgl. Bitkom und DFKI 2017, S. 27).

Obwohl der Ursprung der KI bis in das Jahr 1950 zurückreicht, hat die Thematik erst durch gestiegene Rechnerkapazitäten und immer größer werdende Datenbestände verstärkt an Bedeutung hinzugewonnen (vgl. z. B. Wrobel 2017, S. 10). 1950 entwickelte Alan Turing den nach ihm benannten Turing-Test, der Systeme als intelligent definiert, die im Rahmen einer Konversation nicht für eine Maschine, sondern einen Menschen gehalten werden (vgl. Turing 1950, S. 433 ff.; Norvig und Russel 2012, S. 23). Seither wurden Methoden der KI stetig weiterentwickelt, sodass sie in Systeme integriert werden können, um als Diagnoseunterstützung in der Medizin, als Fahrassistenzsysteme oder als digitaler Berater zu dienen (vgl. Fraunhofer-Allianz Big Data 2017).

Die Funktionsweise einer KI kann auf Methoden des Machine Learning basieren. Hierzu gehört auch die Nachbildung neuronaler Netzwerke, die aus mehreren Schichten bestehen, in denen Informationen weitergeleitet und verarbeitet werden (Deep Learning). Für die Entwicklung der KI sind große Datenmengen zum Training der Machine-Learning-Algorithmen entscheidend (vgl. z. B. Gentsch 2019, S. 11). Hier liegt der größte Synergie-effekt von Big Data und KI; Daten zum Modellieren und Trainieren einer KI stehen in der heutigen Zeit meist in großen Mengen zur Verfügung (vgl. Gentsch 2019, S. 11).

Dies gilt auch für die Finanzbranche. Banken leben von der Speicherung, Ver-arbeitung und Analyse von Informationen, die als strukturierte sowie auch als unstrukturierte Daten aus unterschiedlichsten Quellen vorliegen. Diese Rahmen-bedingungen führen dazu, dass sich die Bankenbranche für den Einsatz von KI gut eignet (vgl. adesso 2019, S. 2).

In der Diskussion um KI werden Ansätze der starken KI von der schwachen KI unter-schieden. Die schwache KI löst in der Regel genau die Aufgaben, für die sie entwickelt und trainiert wurde, d. h., sie löst konkrete Probleme in spezifischen Anwendungen (vgl. VDI 2018, S. 8). Die starke KI geht mit der Vision einher, eine Intelligenz zu realisieren, die der des Menschen gleicht oder diese sogar übertrifft (z. B. selbstständige und kreative Lösungsfindung, vgl. VDI 2018, S. 8). Vorliegende Anwendungen von KI im Banken- und Finanzsektor sind weitestgehend der schwachen KI zuzuordnen. Dabei lassen sich übergreifend vier unterschiedliche Einsatzbereiche unterscheiden:

1. **Backoffice:** KI kann im Backoffice helfen, Prozesse zu optimieren und zu beschleunigen. Beispielsweise können Algorithmen im Rahmen der Betrugs-erkennung dabei helfen, Datensätze zu analysieren, Falschmeldungen zu reduzieren und betrügerische Transaktionen auf Basis von auftretenden Mustern leichter zu identifizieren (vgl. Kaya 2019, S. 6; Patel 2018, S. 2787).

2. **Portfoliomanagement:** Es besteht die Möglichkeit, sogenannte Robo-Advisors ein-zusetzen, die ein optimales Portfolio für die Vermögensverwaltung auf Basis von Risikomodellen erstellen oder bestimmte Asset-Management-Dienstleistungen, wie z. B. die Umsetzung von Kundenempfehlungen, vollautomatisieren (vgl. Chen et al. 2019, S. 916).

3. **Monitoring und Tracking regulatorischer Veränderungen:** Im Zuge der stetig ansteigenden regulatorischen Anforderungen an Banken kann KI eingesetzt werden, Veränderungen frühzeitig wahrzunehmen und dementsprechend schneller reagieren zu können. Hierzu führt die KI eine Identifikation von regulatorischen Neuerungen mit anschließender Relevanzanalyse für die Banken durch (vgl. Deloitte 2019, S. 23).

4. **Optimierung der Kundenschnittstelle:** Entscheider der Finanzindustrie bewerten die Optimierung der Customer Experience als zentrale Herausforderung für Banken (vgl. adesso 2019, S. 10). Neben Chatbots und der automatischen Kreditwürdig-keitsprüfung ist hier die Personalisierung von Kundenangeboten zu verorten, die der vorliegende Beitrag fokussiert (vgl. Goudarzi et al. 2018, S. 3; Chen et al. 2019, S. 918 f.; Adobe 2018, S. 4).

Bevor Chancen und Herausforderungen der mittels KI bewirkten Personalisierung von Bankangeboten diskutiert werden, wird der Blick auf das Thema der Personalisierung und mögliche Personalisierungsbereiche für Banken gerichtet.

2.2 Der Kunde im Fokus: Personalisierung aus Sicht des Marketings von Banken

2.2.1 Ebenen der Personalisierung

Sowohl der Trend der Personalisierung wie auch eine konsequente Kundenorientierung im Marketing sind keine neuen Phänomene. Mit den Möglichkeiten der Digitalisierung werden beide Aspekte aber signifikant verstärkt. Kunden sind zunehmend digital vernetzt: Schnelligkeit durch Echtzeitkommunikation, Mobilität auf allen Geräten, Flexibilität durch verschiedene Kanäle sowie Individualität prägen die Erwartungshaltung (vgl. Kölmel 2019, S. 246).

In Anlehnung an die Aufgabenbereiche des Marketings – Kommunikationspolitik, Distributions-/Vertriebspolitik, Preis- und Produktpolitik – lassen sich drei zentrale Bereiche identifizieren, die bei der Personalisierung zu berücksichtigen sind: die Gestaltung der Kundenbeziehungen, die Produkte und Dienstleistungen sowie die Preisfestlegung (vgl. Abb. 2.1). Die drei Ebenen bedingen sich gegenseitig. Die Gestaltung der Kundenbeziehung und die dabei generierten Daten können als Voraussetzung für personalisierte Produkte und Dienstleistungen sowie für ein individuelles Pricing verstanden werden.

Auf Produkt- und Dienstleistungsebene geht es wie beschrieben darum, Lösungen auf die jeweilige Lebenssituation von Kunden zuzuschneiden. Dabei muss das Produkt nicht zwangsweise individualisiert sein, sondern zum Kunden passen. Eine Möglichkeit,

Abb. 2.1 Ebenen der Personalisierung

Produkte zu individualisieren, liegt in der Kombination von Produktkomponenten durch Kunden (im Sinne eines modularen Konzepts). Kombinationsvorschläge können dabei auch durch eine KI erfolgen. So können etwa unterschiedliche Produkte kombiniert werden, für die zuvor der Abschluss von zwei Verträgen notwendig war (vgl. Brühl 2017, S. 8). Auch integrierte Produkte, wie z. B. die Kombination aus Anlageprodukt und Versicherungsleistung, sind denkbar.

Mit Blick auf das Pricing sind Rabattaktionen möglich, die auf Grundlage der generierten Kundendaten personalisiert ausgerichtet werden, oder auch ein angepasstes Pricing je nach Personalisierungsgrad der angebotenen Leistung. Basis hierfür sind kundenbezogene Daten, die auf Ebene der Gestaltung der Kundenbeziehung zu generieren sind.

2.2.2 Personalisierung auf Ebene der Gestaltung von Kundenbeziehungen

Einen guten Einstieg, um Entscheidungsprozesse der Kunden verstehen und die personalisierte Gestaltung der Kundenbeziehung reflektieren zu können, bietet die Kundenreise (sog. „Customer Journey"). Mit Hilfe einer Customer Journey Map können Banken erfassen, wie der Weg der Kunden vom Erstkontakt bis zum Kauf (Abschluss) und der Produktnutzung verläuft (vgl. z. B. Kölmel 2019; Kruse Brandão und Wolfram 2018, S. 95 f.). In jeder Phase ist zu überlegen, welche Kontaktpunkte (Touchpoints) relevant sind und wie die Customer Experience gestaltet und personalisiert werden kann. Die visualisierten Wege in der Customer Journey dienen der vereinfachten und exemplarischen Darstellung einer kanalübergreifenden Reise der Kunden (vgl. Abb. 2.2).

Die visualisierte Customer Journey stellt die unterschiedlichen Touchpoints der Banken dar, die sowohl Kanäle beinhaltet, die im eigenen Besitz sind, wie auch solche, die fremdgesteuert werden (vgl. Abb. 2.2). Kundinnen und Kunden stehen nach diesem Konzept zahlreiche Kanäle zur Verfügung, um sich zu informieren, beraten zu lassen, Leistungen zu erwerben und um nach dem Kauf Support zu erhalten. Jeder Kunde hat dabei eine individuelle und seinem Kontext entsprechende Journey; d. h. auch, dass derselbe Kunde je nach Anlass und situativer Gegebenheit (z. B. Verfügbarkeit und Gestaltung von Touchpoints) unterschiedliche Entscheidungsprozesse durchlaufen kann. Touchpoints sind im Sinne des Omni-Channel-Managements miteinander verknüpft; sie folgen in ihrem Verlauf keiner chronologischen Reihenfolge.

Studien für den deutschen Markt zeigen, dass Kunden tendenziell stärker dazu neigen, die Breite des Kanalangebots zu nutzen. Nur noch zehn Prozent der Abschlüsse von Bankprodukten erfolgt ohne Einfluss des Internets; bei 62 % handelt es sich um Omni-Channel-Abschlüsse, d. h. solche, bei denen sowohl Online- als auch Offline-Kanäle genutzt werden (vgl. CJB ROPO 2017, S. 3). Das Smartphone ist Treiber für die zunehmende Nutzung von Online-Kanälen; im Durchschnitt erfolgt jede dritte Google-Suchanfrage mit Bezug auf Bankprodukte über ein Smartphone. Kundinnen und Kunden

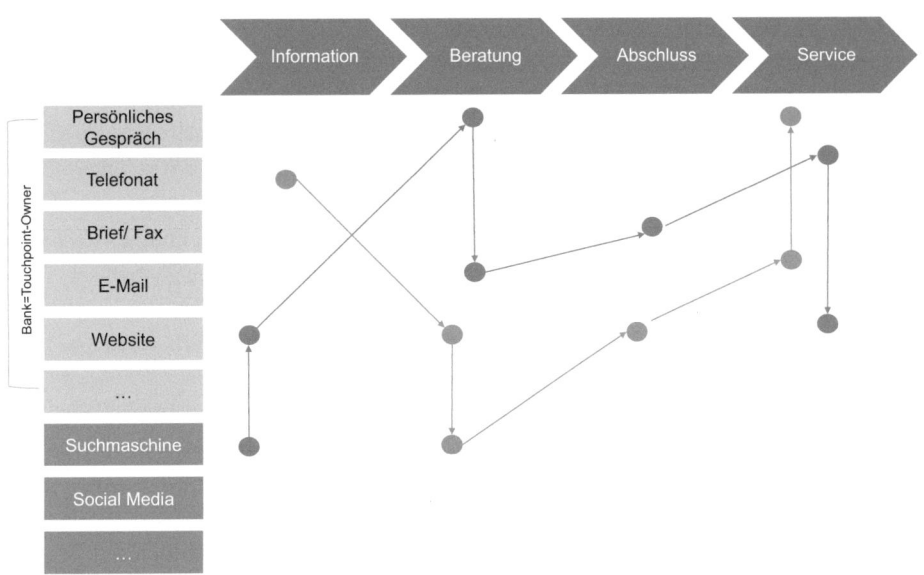

Abb. 2.2 Kanalübergreifende Kundenerfahrungen. (Quelle: in Anlehnung an Stalla 2015)

recherchieren häufig online, während der Abschluss offline erfolgt („ROPO": „Research Online, Purchase Offline"). Erklärungen hierfür liegen einerseits in der Komplexität von Abschlussprozessen (z. B. für Produkte wie Hypothekendarlehen), andererseits liegt die Vermutung nahe, dass Kunden bei langfristigen Entscheidungen (z. B. beim Abschluss eines Bausparvertrags) das Bedürfnis nach einem persönlichen Gespräch verspüren (vgl. CJP ROPO 2017).

Die Gestaltung der Customer Journey ist aus Bankensicht ein hochkomplexes Thema: Die Anzahl der Kanäle nimmt tendenziell zu, die Kanäle sind zu verknüpfen und der Verlauf der Customer Journey ist heterogen – kunden- und situationsspezifisch. Im Durchschnitt hat ein Kunde vor dem Abschluss eines Bankprodukts elf Online-Kontakt-punkte (vgl. CJP ROPO 2017, S. 10).

Der Einsatz von KI kann Banken helfen, Kundenbeziehungen entlang der Customer Journey zu gestalten. Einerseits stellen die vorliegenden Touchpoints Ausgangs-punkte für die Datenerhebung und -analyse dar, z. B. in Form von Trackingdaten oder Clickstreams. Im Sinne einer „Customer Journey Intelligence" können Voraussagen über künftige Customer-Journey-Muster getroffen werden (vgl. Gentsch 2019, S. 70). Zudem kann mittels eines Data-Mining-Modells der Wertbeitrag jedes Touchpoints im Gesamtkanalkontext automatisch berechnet werden. Auch der Erfolg von Optimierungsmaßnahmen kann gemessen werden.

Optimierungsmaßnahmen in der Gestaltung einzelner Touchpoints können das Ziel haben, Inhalte für Kunden stärker zu personalisieren. Insbesondere für die Phasen der Information und Beratung ist anzunehmen, dass das Potenzial zu personalisieren nicht ausgeschöpft wird. Es lassen sich verschiedene Optionen herausstellen, inwiefern Personalisierung umgesetzt werden kann. In Bezug auf die unten aufgeführten Möglichkeiten nimmt der Grad der umgesetzten Personalisierung zu (vgl. Kölmel et al. 2019, S. 250 f.):

1. **Platzhalter/„Field Merges":** Individualisierung einzelner Wörter. Platzhalter stellen eine einfache und bereits verbreitete Form der Personalisierung im Online-Marketing dar; z. B. persönliche namentliche Ansprache, Firmennamen etc.
2. **Dynamische Inhalte (Dynamic Content):** Komplette Text-Inhaltsblöcke sowie Bilder, Links, Buttons, E-Mails, Landingpages und Webseiten, Calls-to-Actions etc. sind individualisiert.
3. **Personas:** Fiktive Charaktere, die in den Kaufprozess eingebunden werden. Personas dienen dazu, spezifische Eigenschaften einer relevanten Zielgruppe exemplarisch darzustellen. Sie basieren auf qualitativen und quantitativen Erfahrungswerten (z. B. aus einer Webanalyse generiert).
4. **Kampagnenstufen:** Bereitstellung des richtigen Contents zur richtigen Zeit über die Informationssteuerung in unterschiedlichen Kampagnenstufen. Es wird geprüft, in welcher Phase sich der potenzielle Kunde befindet und die passende Kampagnenstufe wird ermittelt. Hierdurch wird ein individualisiertes Marketingerlebnis über den bloßen Einsatz von Content hinaus erzielt.
5. **Hyperpersonalisiertes Marketing:** Inhalte werden im Gegensatz zu den oben beschriebenen Personalisierungsgraden dynamisch erstellt. In Echtzeit vorhandene Informationen des Nutzers werden verwendet, um diesen optimal anzusprechen. Durch den Einsatz von Regeln lassen sich komplexe Variationen bei der Personalisierung von Bildern, Textelementen, Grafiken, Statistiken etc. im Rahmen der Corporate Identity umsetzen. Einsatzmöglichkeiten betreffen personalisierte Angebote, Einladungen zu Events, Tickets für Veranstaltungen, Broschüren etc. Diese Form kann sich über die gesamte Customer Journey erstrecken und zu einer verbesserten Customer Experience führen.

Beispiel: Hyperpersonalisiertes Marketing

Ein Kunde sucht auf der Website einer Bank Informationen zu Geldanlagen, verlässt die Seite aber nach zehn Minuten ohne eine Kontaktaufnahme. Daten, wie Suchbegriffe in der Suchmaske, heruntergeladene Informationsbroschüren zu Fonds, der Zeitpunkt der Recherche etc., werden getrackt. Im Rahmen einer hyperpersonalisierten Kampagne könnte eine Push-Nachricht auf dem Handy des Nutzers mit der Ankündigung besonderer Konditionen zu Fonds und der Option eines Beratungstermins erfolgen. ◀

6. **Prädiktive Personalisierung (Predictive Personalization):** Algorithmus, der aufgrund von Echtzeitdaten sowie gespeicherten Nutzerdaten Empfehlungen vorschlägt, z. B. geeignete Produkte für den Kunden. Die hinter dem Konzept stehende „Recommendation Engine" ist insbesondere von den großen Anbietern wie Amazon, Spotify o. Ä. bekannt.

KI-Lösungen setzen bei den beiden letztgenannten Personalisierungsformen an, die die höchstentwickelten Formen des Content Marketings bzw. der Personalisierung darstellen und im Bankwesen bislang noch wenig Anwendung finden. Doch auch die anderen vorgestellten Personalisierungsformen können wertstiftend sein. Beispielsweise können mit dem Persona-Konzept Inhalte besser auf einzelne Kundinnen und Kunden abgestimmt werden und ihre Präferenzen und Erwartungen treffen. Aufgrund des entsprechend höheren Aufwands in der Content-Produktion sollte die Anzahl der Personas jedoch überschaubar bleiben und sich auf besonders wichtige Kunden fokussieren (z. B. drei bis fünf Personas).

Banken, die bislang noch wenige oder keine Personalisierungstools verwenden, sollten im ersten Schritt ermitteln, welcher Personalisierungsgrad für welche Kundengruppe wertstiftend ist oder Begeisterung auslösen kann. Hierbei kann auf Kundensegmentierung und dem Persona-Konzept aufgesetzt werden.

2.3 Chancen und Herausforderungen der KI-gestützten Personalisierung für Banken

2.3.1 Chancen für Banken

Durch personalisierte Angebote können sich Banken von Wettbewerbern differenzieren. Studien belegen, dass Chancen für Banken in der Stärkung der Kundenbeziehung sowie auch in der Kundengewinnung liegen (vgl. BCG 2018, S. 16). Eine höhere Kundenbindung und -loyalität resultiert aus einer zunehmenden Kundenzufriedenheit, wenn die Customer Experience (vgl. Abschn. 2.2) gesteigert werden kann. Dies setzt voraus, dass durch Personalisierung tatsächlich ein Mehrwert für Kundinnen und Kunden entsteht. Es stellt sich die Frage, welche Mehrwerte durch Personalisierung für Kunden erzeugt werden können.

Vor dem Hintergrund der vorliegenden Studie lassen sich Mehrwerte für Kunden auf drei Ebenen beschreiben: Mehrwerte, die mit dem Leistungsangebot an sich zusammenhängen (z. B. bessere Beratungsqualität) sowie Mehrwerte, die mit Zeit- und Kostenvorteilen einhergehen (vgl. Abb. 2.3).

Auf Ebene des Leistungsangebots liegt eine große Chance für Banken darin, die Komplexität ihres Produktangebotes zu reduzieren. Statt dem Szenario, dass der Kunde die gesamte Produktpalette durchsuchen muss, um das Passende zu finden, können Banken auf Grundlage der Datenauswertung vorselektierte, relevante Inhalte anbieten; der Kunde erhält das, was zu seiner Lebenssituation und seinen Bedürfnissen passt. Die

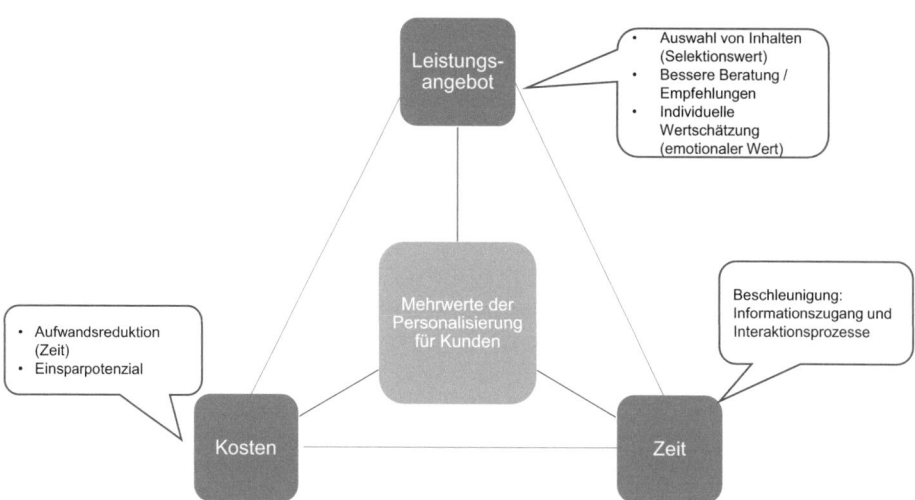

Abb. 2.3 Mehrwerte der Personalisierung für Kunden

Ergebnisse der vorliegenden Studie bestätigen diese Annahme (vgl. auch Bankenverband 2018, S. 5): Bankkunden empfinden eine Angebotsreduktion als Erleichterung und erhoffen sich, durch ein auf ihre Bedürfnisse zugeschnittenes Angebot einen besseren Überblick über Leistungsangebote zu erhalten.

Die Informationsselektion verbunden mit der Berücksichtigung der kundenspezifischen Lebenssituation bietet auch die Basis für eine verbesserte Beratungsqualität – ganz unabhängig vom genutzten Kanal. Empfehlungen von Banken, die die persönliche Lebenssituation der Kundinnen und Kunden berücksichtigen, werden wertgeschätzt. Beispielsweise kann eine automatisierte (KI-gestützte) Auswertung von Daten dabei helfen, dass Banken proaktiv Kunden zu Investitionsvorhaben beraten oder Budget- und Liquiditätsplanungen entsprechend der Lebensumstände bereitstellen (vgl. z. B. Bankenverband 2018; UK Finance 2019). Hierdurch können Kunden Kostenvorteile im Sinne von Einsparungen erzielen.

Nicht zu unterschätzen ist auch der emotionale Wert, der durch Personalisierung erzeugt werden kann. Durch eine kanalübergreifende, personalisierte Ansprache und Beratung fühlen Kundinnen und Kunden sich als Individuum erkannt und wertgeschätzt. Die Wahrnehmung, nicht „Einer von Vielen" zu sein, sondern ein besonderer Kunde mit eigenen Interessenschwerpunkten, führt zu einer zunehmenden Kundenloyalität (vgl. Baker und Holland 2001, S. 39 f.).

Mit der Selektion von Inhalten gehen auch Zeitvorteile für Kunden einher. Die Ergebnisse der Studie bestätigen, dass Kunden es als Mehrwert empfinden, wenn sie durch die Eliminierung von irrelevanten Inhalten oder Werbung schneller auf Informationen zugreifen können und eine Beschleunigung im Interaktionsprozess mit Banken erfahren (vgl. auch Treiblmaier 2007, S. 7). Dies führt zu geringeren Aufwänden in der Informationsbeschaffung.

Je persönlicher das Leistungsangebot gestaltet ist, desto größer können Zeit- und Kostenvorteile für Kunden sein. Damit einher geht auch die Wahrscheinlichkeit für Banken, das Potenzial der Kundenbindung und Neukundengewinnung auszuschöpfen. Neue Kunden können aufgrund der personalisierten Information und Beratung in der Anbahnungsphase (vgl. BCG 2018) oder aufgrund einer höheren Weiterempfehlungsquote gewonnen werden.

Aus Sicht der Banken ist als weitere Chance der Personalisierung der effiziente Einsatz von Ressourcen zu nennen (vgl. FSB 2017, S. 25). Auf Grundlage der Kundendaten ist die persönliche Betreuung gezielt einzusetzen, d. h. dann, wenn die Wertgenerierung besonders hoch ist. Das Wertschöpfungspotenzial für Banken kann aufgrund der Attraktivität von Kunden (z. B. nach Ertragspotenzial) ermittelt werden oder im Sinne der Customer Journey Intelligence (vgl. Abschn. 2.2), je nach prognostizierter Wertgenerierung.

Als Resultat des Datenmanagements können auch neue Ertragsquellen für Banken relevant werden, wenn Kundendaten veräußert werden. Beispielsweise könnten Banken auf Wunsch ihrer Kunden eine bereits erfolgte Legitimationsprüfung Drittunternehmen aus anderen Branchen anbieten, sodass die Kunden hier ebenfalls weniger Aufwand hätten (vgl. BaFin 2018). Insofern stellen neue Geschäftsmodelle, die sich auf Kundendaten der Banken stützen, neben der Kundenbindung und -neugewinnung eine weitere Chance für Banken dar.

2.3.2 Herausforderungen für Banken

Herausforderungen bei der Umsetzung KI-gestützter, personalisierter Kundenangebote ergeben sich auf technologischer und organisatorischer Ebene, bezogen auf die Datensicherheit und den Datenschutz sowie auf Ebene des Change-Managements bzw. des kulturellen Wandels von Banken. Hürden, die auf allen Ebenen zu nehmen sind, erzeugen Aufwand und Kosten für Banken.

Letzteres gilt insbesondere für den Aufbau einer kundenzentrierten Service- und Kommunikationsstruktur mit personalisierter oder gar hyperpersonalisierter Kundenansprache (vgl. Abschn. 2.2.2). Die Systeme vieler Banken sind noch nicht auf KI-Anwendungen vorbereitet, sodass je nach Anwendung zunächst in die IT-Infrastruktur investiert werden muss (vgl. PwC 2016, S. 19). Ein Problem für Banken liegt darin, dass häufig noch Datensilos bestehen; Daten werden dezentral gespeichert und sind nicht über Systemgrenzen hinweg nutzbar. Damit eine Erfassung von Vorgängen und Zuständen in Echtzeit und eine vollständige Sicht auf den Kunden möglich werden, müssen sämtliche isolierte Datenspeicher zusammengefügt werden. Zu den Kosten für den Aufbau einer solchen IT-Infrastruktur – die ebenfalls erhöhten Anforderungen der Datensicherheit gerecht werden muss, um das Risiko von Cyberattacken zu reduzieren (vgl. Bocks 2018, o. S.) – summieren sich außerdem Kosten für den Aufbau des Know-hows der Mitarbeitenden, an dem es häufig mangelt (vgl. Brown 2017, S. 13).

Weitere Herausforderungen ergeben sich mit dem Training der KI und den heranzuziehenden (historischen) Daten. Dabei ist die Qualität der Daten entscheidend (vgl. Eichsteller und Seitz 2019, S. 10 ff.). Wenn die Informationsgrundlage veraltet oder unvollständig ist, spiegelt sich das auch im Output wider. Die vorliegende Menge an Kundendaten ist ein großer Vorteil der Banken. Insbesondere Transaktionsdaten können der KI helfen, Inhalte auf Kundenprofile zuzuschneiden. Es gilt, die KI so anzutrainieren, dass personalisierte Inhalte tatsächlich dem Bedarf in der jeweiligen Lebenssituation entsprechen. Dabei sind Muster in Verhaltensweisen von Kundinnen und Kunden zu identifizieren, die bestimmten Aktivitäten (z. B. Baufinanzierung, Kontokündigung) vorweggehen.

Die Ergebnisse der vorliegenden Studie unterstreichen die Anforderung aus Sicht der Kunden, dass die personalisierten Angebote tatsächlich dem Bedarf entsprechen müssen. Beispielsweise betonen die Teilnehmenden, dass sie von einem personalisierten Bankangebot erwarten, dass sich im WWW erlebte negative Erfahrungen der Personalisierung nicht wiederholen. Personalisierte Werbung, die aktuelle Interessen nicht trifft, wird als störend empfunden – so etwa, wenn Daten über bereits getätigte Einkäufe genutzt werden, um ähnliche Produkte zu bewerben, für die aufgrund des getätigten Kaufabschlusses kein Interesse mehr vorliegt. Ein anderer, in diesem Zusammenhang genannter Aspekt betrifft die eindeutige Identifizierung der Kunden. Auch wenn mehrere Personen den gleichen Zugang nutzen, muss sichergestellt sein, dass das personalisierte Angebot zum jeweiligen Nutzer passt.

Da eine KI nicht programmiert, sondern trainiert wird und selbstständig lernt, liegt ein Problem in der Zuverlässigkeit des Systems. Selbst wenn Lösungen in Testfällen gut funktionieren und personalisierte Inhalte mit Kundenprofilen übereinstimmen, gibt es keine Garantie für den Erfolg im realen Einsatz. Vor diesem Hintergrund sollten Lösungen für Banken auch Absicherungsmethoden berücksichtigen, wie z. B. die Überprüfung mit klassischen Algorithmen oder den Einsatz von Technologien, die Transparenz in die Entscheidungen der KI bringen (vgl. Strehlitz 2019, S. 40). Die Intransparenz über Ergebnisse der KI, die mit eigenständigem Lernen einhergeht, wird auch als Black-Box-Problematik bezeichnet (vgl. Goudarzi et al. 2018, S. 25). Der Prozess eines personalisierten Kundenangebots kann demnach nicht vollständig transparent dargelegt werden und die Nachvollziehbarkeit der Ergebnisse sinkt. Letzteres stellt auch ein Problem für den Datenschutz dar.

Nach der Datenschutzgrundverordnung muss bei personenbezogenen Daten, die sich dadurch auszeichnen, dass sie einer individuellen Person direkt zugeordnet werden können, das Einverständnis vom Kunden zur Verarbeitung zu den beabsichtigten Zwecken eingeholt werden (vgl. Art. 6 Abs. 1 Satz 1 DSGVO). Dabei spielt die Transparenz, also die Offenlegung, welche Daten in welchem Umfang verarbeitet werden, eine bedeutende Rolle (vgl. Unisys 2017, S. 2). Das Spannungsfeld zwischen KI und Datenschutz ist eine generelle Herausforderung für Unternehmen und Rechtsprechung.

Der Aufbau der IT-Infrastruktur und die funktionsfähige KI sind eine notwendige, aber nicht hinreichende Voraussetzung für eine erfolgreiche Einführung KI-basierter, personalisierter Kundenangebote. Mit Blick auf das notwendige Umdenken der Mitarbeitenden sind solche Vorhaben in den Kontext einer übergeordneten Digital- und Transformationsstrategie der jeweiligen Bank einzubinden. Mitarbeitende müssen lernen, in digitalen Geschäftsmodellen zu denken, Kundenbedürfnisse in den Vordergrund zu stellen und anstatt einer produkt- eine lösungsorientierte Sichtweise einzunehmen. Zu den wichtigsten Managementqualitäten gehört ein robustes Change-Management – auch gegen Widerstände und Beharrungstendenzen (vgl. Schönbohm und Egle 2017, S. 220). Bei der Einführung von KI-Lösungen herrschen bei Mitarbeitern häufig Sorgen um die Sicherheit der Arbeitsplätze. Von daher gilt es, Vertrauen in die Vorteile der Technologie aufzubauen (vgl. Brenna et al. 2019, S. 11).

Sind Mitarbeitende dazu bereit, an der Implementierung eines KI-Systems mitzuwirken, ist die Anfangsphase häufig von einer hohen Euphorie geprägt, die schnell in Enttäuschung umschlägt, sobald die Umsetzung nicht auf Anhieb gelingt (vgl. Brenna et al. 2019, S. 11). Aufgrund der hohen Komplexität bei der Bereitstellung von personalisierten Kundenangeboten, ist es sehr wahrscheinlich, dass es zu Fehlschlägen kommt, die einen angemessenen Umgang erfordern. Vor diesem Hintergrund sind das Change-Management und die Begleitung der Mitarbeitenden längerfristig anzusetzen.

Da der erfolgreiche Aufbau einer KI-Lösung wie oben beschrieben qualitativ hochwertige Daten voraussetzt und die Nutzung der Daten in jedem Fall einer Zustimmung der Kundinnen und Kunden bedarf, wird im Folgenden die Frage fokussiert, wovon die Datenfreigabe seitens der Kunden abhängt.

2.4   Einflussfaktoren auf die Datenfreigabe durch Kunden

Die Entscheidung, personenbezogene Daten für Banken zur Nutzung freizugeben, liegt beim Kunden. Dennoch haben Banken Möglichkeiten, diese Entscheidung zu beeinflussen. Einflussfaktoren liegen im Bereich des Vertrauensaufbaus, der Schaffung von Anreizen zur Datenfreigabe und der Gestaltung des (personalisierten) Kundenangebots.

Bezogen auf das Vertrauen, das Kunden Banken entgegenbringen, zeigen Studien, dass Banken tendenziell einen Vorsprung gegenüber neuen Wettbewerbern aus der „digital economy" (z. B. Fintechs) genießen (vgl. BLC 2018). Dieses Vertrauen gilt es weiter auszubauen. Vertrauen kann sich auf Grundlage von Erfahrungswerten oder durch Reputation bilden (vgl. Steinmann 2013, S. 18). Kunden sammeln Erfahrungen (Customer Experience) entlang der Customer Journey, an den jeweiligen Touchpoints. Insbesondere personale Berührungspunkte haben einen großen Einfluss auf die Vertrauensbildung; personales Vertrauen wird im Gegensatz zu Systemvertrauen (das Vertrauen in ein unpersönliches System wie die Bank als Organisation) durch Einzelpersonen gebildet, d. h. von den Bankmitarbeitern in der Interaktion mit Kunden (vgl. Steinmann 2013, S. 18). Auch hier liegt ein Vorteil von Banken gegenüber Wettbewerbern, die schwerpunktmäßig digitale Kanäle nutzen.

Eine andere vertrauensbildende Maßnahme betrifft die Transparenz der Datennutzung und -verarbeitung. Studien zeigen, dass Konsumenten ihre Daten häufig aus Unwissenheit über deren Verwendung nicht preisgeben (vgl. Crowden und Hannich 2015, S. 17). Diese Tendenz wird auch in der vorliegenden Studie für die Bankkunden sichtbar, die hervorheben, dass sie eher bereit sind, Daten freizugeben, wenn die Art und Weise der Datennutzung transparent ist. Die Teilnehmenden betonen darüber hinaus, dass es ihnen wichtig ist, dass nicht alle möglichen Daten von der Bank gesammelt und ausgewertet werden, sondern nur solche, die tatsächlich für die Personalisierung und den damit generierten Mehrwert notwendig sind.

Hinsichtlich einer möglichen Einflussnahme auf die Datenfreigabe von Kundinnen und Kunden werden häufig auch Gegenleistungen in Form von monetären Anreizen oder Zusatzleistungen diskutiert. Einige Studien zeigen, dass Kunden eher dazu bereit sind, ihre Daten freizugeben, wenn sie eine Gegenleistung erhalten (vgl. Crowden und Hannich 2015). Monetäre Anreize können für Bankkunden etwa darin liegen, günstigere Zinssätze zu realisieren. Mögliche Zusatzleistungen sind z. B. in Form von Rabatten oder Geschenken denkbar. Aus der vorliegenden Studie geht die Hypothese hervor, dass Anreize in Form von Zusatzleistungen (z. B. vergünstigte Events) nur dann positiv wahrgenommen werden, wenn sie ebenfalls dem Prinzip der Personalisierung folgen und auf individuelle Präferenzen zugeschnitten sind.

Auch das personalisierte Kundenangebot hat mit der Art und Weise seiner Gestaltung einen Einfluss auf die Datenfreigabe der Kundinnen und Kunden. Wenn Kunden tatsächlich einen Mehrwert durch die Personalisierung erleben (z. B. durch Komplexitätsreduktion, Beschleunigung im Informationszugang, vgl. Abschn. 2.3.1), sind sie eher gewillt, der weiteren Datennutzung zuzustimmen. Banken sollten Kunden nicht zuletzt vor diesem Hintergrund bereits in frühen Phasen der Innovationsentwicklung im Sinne der Co-Creation einbinden, um den Nutzen sicherzustellen und aufzuzeigen. Auch der Dialog zur Datennutzung und -verarbeitung sollte bereits früh erfolgen und nicht erst dann, wenn Lösungen in den Markt eingeführt werden. Dabei gilt es, Stakeholder wie Kunden, aber auch die Politik/Regulierung einzubeziehen (vgl. Servatius 2018).

Die Sensibilität von Kundinnen und Kunden hinsichtlich der Datennutzung kann sich je nach Datentyp unterscheiden. So zeigt etwa eine Studie zur Freigabe von Daten im Internet auf, dass bspw. Daten über das Einkaufsverhalten von Nutzern eher preisgegeben werden als Lebensgewohnheiten und Standortdaten (vgl. Ziefle et al. 2016, S. 261 f.). Die Ergebnisse der vorliegenden Studie zeigen ähnliche Tendenzen. Daten, über die eine Bank sowieso schon aus der regulären Geschäftsbeziehung verfügt, wie Ausweisdaten und Kontobewegungen, werden für die Personalisierungszwecke als eher unkritisch betrachtet. Auch die Daten zum Zahlungsverkehr werden von den Befragten für eine funktionierende Personalisierung als relevant eingeschätzt. Anders verhält es sich mit Standort- und Social-Media-Daten. Diese werden als unnötig für Personalisierungszwecke angesehen, weswegen die Befragten nicht gewillt sind, die Daten zur Nutzung freizugeben.

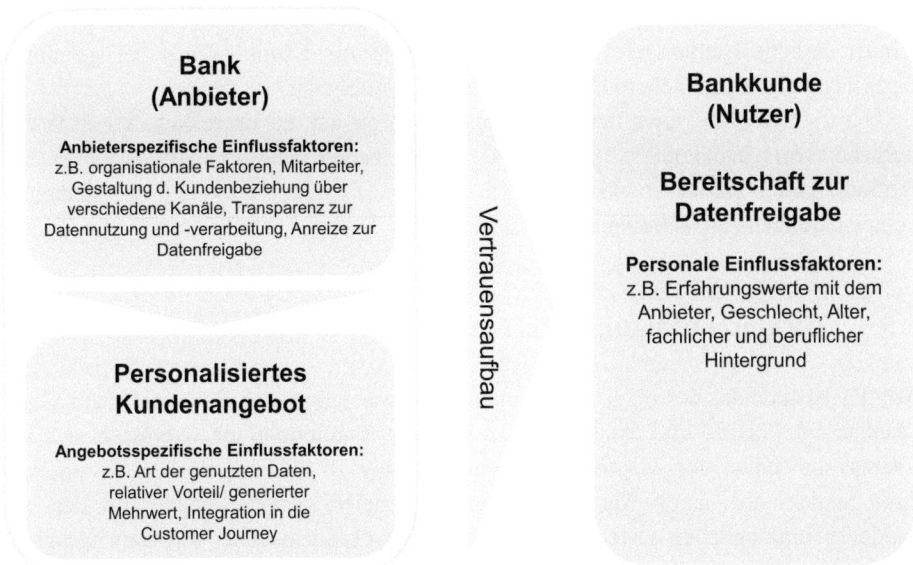

Abb. 2.4 Einflussfaktoren auf die Bereitschaft zur Datenfreigabe von Bankkunden

Neben den oben beschriebenen Faktoren, die die Bank als Anbieter sowie das personalisierte Kundenangebot betreffen, wirken sich auch personale Merkmale von Kundinnen und Kunden auf die Bereitschaft zur Datenfreigabe aus (vgl. Abb. 2.4). Auf der Kundenseite spielen beim Vertrauensaufbau – wie oben beschrieben – Erfahrungswerte mit dem Anbieter eine Rolle; eine positive Wahrnehmung ist aber auch an subjektive Faktoren gebunden (z. B. Erwartungshaltung, Sympathieempfindung).

Weiterhin wird aus Studien deutlich, dass hinsichtlich der Bereitschaft zur Datenfreigabe im Internet geschlechterspezifische Unterschiede vorliegen können – beispielsweise lehnen Männer die Freigabe von Daten über Lebensgewohnheiten stärker ab als Frauen; Frauen sind dagegen weniger gewillt, Standortdaten zu teilen als Männer (vgl. z. B. Ziefle et al. 2016). Ergebnisse solcher Studien sind mit Blick auf die Domäne (hier: Bankwesen) quantitativ zu prüfen.

Weiterer Forschung bedarf ebenfalls der Einfluss des Alters. Aus einer Studie für Deutschland geht hervor, dass Bankkunden unter 40 Jahren eher dazu bereit sind, Zugriff auf persönliche Daten zu gewähren, wenn sie dadurch einen Mehrwert haben, als jene im Alter von über 50 Jahren (vgl. BLC 2018). Für die Generation Z (nach 1995 geboren) zeigt sich aber auch eine gegenläufige Tendenz dahingehend, dass das Vertrauen in die Hausbank sinkt (vgl. EGC 2019, S. 7).

Eine andere Hypothese, die aus der vorliegenden Studie hervorgeht, besagt, dass der fachlich-berufliche Hintergrund der Kunden die Bereitschaft zur Datenfreigabe beeinflussen kann. Bei personalisierten Angeboten von Banken ist insbesondere

technologisches Wissen zu KI und Fachwissen aus dem Bankwesen sowie über daten-
schutzrechtliche Themen relevant. Studienteilnehmer mit Kenntnissen in den genannten
Bereichen zeigen eine höhere Bereitschaft zur Datenfreigabe.

Abb. 2.4 fasst die identifizierten Einflussfaktoren auf die Bereitschaft zur Datenfreigabe von Bankkunden zusammen. Nicht berücksichtigt sind dabei externe
Einflussfaktoren auf den Bankkunden, wie etwa der öffentliche Diskurs (z. B. Medienbe-
richterstattungen zu Datenschutz und -sicherheit).

2.5   Zusammenfassung und Fazit

Auf KI basierende, personalisierte Kundenangebote haben das Potenzial, zum Game
Changer im Finanz- und Bankwesen zu werden. Etablierte Banken müssen sich des
Themas annehmen, um langfristig wettbewerbsfähig zu bleiben; sie können aufgrund
ihrer Stärken aber auch Wettbewerbsvorteile erzielen. Stärken liegen mit der vorhandenen umfänglichen Datenbasis vor, mit einem tendenziellen Vertrauensvorschuss
(gegenüber neuen Wettbewerbern aus der Digital Economy) und einem breiten Kanal-
angebot, das persönliche wie auch digitale Kanäle kombiniert (Omni-Channel).

Maßnahmen zur Gestaltung einer personalisierten Kundenbeziehung sind vielfältig und der Grad der gewählten Personalisierung sollte sich am Kunden und seinen
Präferenzen ausrichten. Der Einsatz von KI kann helfen, Kundinnen und Kunden mit
ihren Bedürfnissen und Verhaltensmustern besser zu verstehen. Potenzial liegt etwa
darin, Voraussagen über künftige Customer-Journey-Muster zu treffen und auf Kunden
proaktiv mit Lösungen zuzugehen, die auf ihre Lebenssituation zugeschnitten sind. Die
vorliegende Studie zeigt, dass Mehrwerte, die seitens der Bankkunden gesehen werden,
u. a. in der Verringerung der Komplexität des Leistungsangebots, einer möglichen
besseren Beratungsqualität sowie einem schnelleren Informationszugang liegen.

Auf methodischer Ebene ist zu reflektieren, dass es Kundinnen und Kunden jedoch
auch schwerfällt, Aussagen zu möglichen Vorteilen oder Mehrwerten von KI zu treffen.
Dies gilt vor allem für Kunden mit geringem fachlichem Know-how (zu KI oder
zur Branche), die Erwartungen oder Wünsche zu neuen Phänomenen wie KI schwer
formulieren können. Für Banken bedeutet dies, dass sie Innovationsentwicklungen agil
ausrichten sollten, um Kunden in kurzen Zyklen Lösungen präsentieren zu können und
Anforderungen iterativ zu erheben. Auch Bedenken hinsichtlich des Datenschutzes
sollten dabei frühzeitig eruiert werden. Banken können Einfluss auf die Bereitschaft
zur Datenfreigabe von Kunden nehmen, indem sie das Vertrauen zu Kunden über sämtliche Produktangebote und Touchpoints hinweg weiter ausbauen, Transparenz über
die Datennutzung schaffen und gezielt Anreize für die Datenfreigabe setzen. Kundenkommunikation zum Datenschutz sollte frühzeitig und adressatengerecht erfolgen; auch
hierbei können Daten helfen, wie z. B. solche zum fachlich-beruflichen Hintergrund.

Mit der Entwicklung von KI-basierten Kundenlösungen begeben sich die meisten
traditionellen Banken auf Neuland. Dabei sind Kosten zu stemmen, die als Investition

in die Zukunft betrachtet werden müssen. Herausforderungen liegen in dem Aufbau des technologischen Know-hows und der zentralen IT-Infrastruktur (im Sinne einer „single source of truth") sowie der Entwicklung der KI. Erfolgskritisch ist es aber auch, Mitarbeitende in Veränderungsprozesse einzubeziehen und den notwendigen Kulturwandel einzuleiten. In diesem Sinne sind Entwicklungen von KI-Lösungen in eine übergeordnete Strategie der digitalen Transformation einzubetten.

Literatur

adesso. (2019). KI-Report: Eine Bestandaufnahme. https://ki.adesso.de/de/erste-schritte/. Zugegriffen: 14. März 2020.

Adobe. (2018). Context is everything – How the pursuit of relevance and personalization has sparked an AI gold rush. https://www.adobe.com/content/dam/acom/uk/modal-offers/pdfs/Adobe%20Research%20Report-Context%20is%20Everything-en.pdf. Zugegriffen: 15. März 2020.

BaFin. (2018). Big Data trifft auf künstliche Intelligenz – Herausforderungen und Implikationen für Aufsicht und Regulierung von Finanzdienstleistungen. https://www.bafin.de/SharedDocs/Downloads/DE/dl%20bdai%20studie.html. Zugegriffen: 11. März 2020.

Baker, S. M., & Holland, J. (2001). Customer participation in creating site brand loyalty. *Journal of Interactive Marketing, 15*(4), 34–45.

Bankenverband. (2018). Nutzung von Daten im Spannungsfeld von Kundenmehrwert und Datenschutz. https://bankenverband.de/media/files/Datenschutzverordnung%20Positionspapier.pdf. Zugegriffen: 14. Apr. 2020.

BCG (2018). Global retail banking 2018. The power of personalization. https://image-src.bcg.com/Images/BCG-The-Power-of-Personalization-May-2018%20tcm20-193016.pdf. Zugegriffen: 14. Apr. 2020.

Bitkom & DFKI. (2017). *Künstliche Intelligenz, Wirtschaftliche Bedeutung, gesellschaftliche Herausforderungen, menschliche Verantwortung.* Berlin: Bundesverband Informationswirtschaft, Telekommunikation und neue Medien.

BLC. (2018). Bankkunden-Studie 2018 – Digitale Dienste Ergebnisübersicht. https://berg-lund.de/publikationen/datenschutz-2018/verbraucher-vertrauen-banken-und-sparkassen-beim-thema-datenschutz-am-staerksten. Zugegriffen: 13. Jan. 2020.

Bocks, B. (2018). Kreditinstitute können Cyber-Sicherheit noch optimieren. https://www.springer-professional.de/bank-it/it-strategie/nicht-alle-kreditinstitute-sind-optimal-auf-cyberangriffe-vorber/16124086. Zugegriffen: 15. März 2020.

Brenna, F., Roelands, M., & Schoonhoven, J. J. (2019). Beyond the hype: A guide to understanding and successfully implementing artificial intelligence within your business. https://www.ibm.com/downloads/cas/8ZDXNKQ4. Zugegriffen: 14. März 2020.

Brown, G. (2017). Können Maschinen kreativ sein? Wie die Technologie Personalisierung und Relevanz im Marketing verändert. https://www.criteo.com/de/wp-content/uploads/sites/3/2017/11/IDC-Machine-Learning-TLP-German-Web-Final.pdf. Zugegriffen: 13. März 2020.

Brühl, V. (2017). Banking 4.0 – Strategische Herausforderungen im digitalen Zeitalter. In V. Brühl & J. Dorschel (Hrsg.), *Praxishandbuch Digital Banking* (S. 3–8). Wiesbaden: Springer Fachmedien.

Chen, C., Li, O., Tan, Y., Zheng, X., & Zhu, M. (2019). FinBrain: When finance meets AI 2.0. *Frontiers of Information Technology & Electronic Engineering, 20,* 914–924.

CJB ROPO. (2017). Customer Journey Banking. ROPO-Studie für Bankprodukte in Deutschland (Research Online & Purchase Offline, inkl. Mobile). Google, Gfk, Postbank (Hrsg). Management Summary, Februar 2017. https://www.thinkwithgoogle.com/qs/documents/4140/947c2%20Studie%20ROPO%20Postbank%20Google%20GfK.pdf. Zugegriffen: 14. Apr. 2020.

Crowden, C. B., & Hannich, F. (2015). Darf ich wissen, wer du bist? – Mehrwert der Identifikation aus Kundensicht. https://www.bsi-software.com/fileadmin/daten/Medien/Studien/Identifikationsstudie/Kunden-Identifikations-Studie%202015.pdf. Zugegriffen: 5. März 2020.

Deloitte. (2019). Künstliche Intelligenz im Compliance-Umfeld von Banken & Co. https://www2.deloitte.com/content/dam/Deloitte/de/Documents/risk/Whitepaper-Künstliche-Intelligenz-im-Compliance-Umfeld-von-Banken-und-Co.pdf. Zugegriffen: 15. März 2020.

EGC. (2019). Eurogroup Consulting Kundenstudie: Erwartungen an das Banking der Zukunft. Repräsentative Befragung junger Menschen in Deutschland und Österreich. https://www.eurogroupconsulting.de/blog/2019/08/08/verspielen-banken-ihre-zukunft-studie-zeigt-hohe-unzufriedenheit-bei-jungen-kunden/. Zugegriffen: 25. Apr. 2020.

Eichsteller, H., & Seitz, J. (2019). Digital Dialog Insights 2019: Intelligentes Marketing – Datenmanagement, Künstliche Intelligenz, Qualität der Werbung. https://www.digital-dialog-insights.com/digital-dialog-insights-2019/. Zugegriffen: 10. März 2020.

Fraunhofer-Allianz Big Data. (2017). Zukunftsmarkt Künstliche Intelligenz Potenziale und Anwendungen. https://www.iais.fraunhofer.de/content/dam/bigdata/de/documents/Publikationen/KI-Potenzialanalyse_2017.pdf. Zugegriffen: 12. März 2020.

FSB. (2017). Artificial intelligence and machine learning in financial services – Market developments and financial stability implications. Financial stability board. https://www.fsb.org/wp-content/uploads/P011117.pdf (November 2017). Zugegriffen: 10. Jan. 2020.

Gentsch, P. (2019). *Künstliche Intelligenz für Sales, Marketing und Service. Mit AI und Bots zu einem Algorithmic Business – Konzepte und Best Practices* (2., überarbeitete und erweiterte Aufl.). Wiesbaden: Springer Gabler.

Goudarzi, S., Hickok, E., & Sinha, A. (2018). AI in banking and finance. https://cis-india.org/internet-governance/files/ai-in-banking-and-finance. Zugegriffen: 15. März 2020.

Gruber, J. L., & Bouché, G. (2017). Umdenken im Vertrieb – Die Digitalisierung des Privatkundengeschäftes. In M. Seidel (Hrsg.), *Banking & Innovation 2017* (S. 31–48). Wiesbaden: Springer Fachmedien.

Kaya, O. (2019). *Künstliche Intelligenz im Bankensektor – Ein bisher kaum genutzter Hebel für Rentabilität.* Frankfurt a. M.: Deutsche Bank AG – Deutsche Bank Research.

Kölmel B., Pfefferle, T., & Bulander R. (2019). Mega-Trend Individualisierung. Personalisierte Produkte und Dienstleistungen am Beispiel der Verpackungsbranche. In Deutscher Dialogmarketing Verband e. V. (Hrsg.), *Dialogmarketing Perspektiven 2018/2019, Tagungsband 13. Wissenschaftlicher interdisziplinärer Kongress für Dialogmarketing* (S. 243–260). Wiesbaden: Springer Fachmedien.

Kruse Brandão, T., & Wolfram, G. (2018). *Digital Connection Die bessere Customer Journey mit smarten Technologien – Strategie und Praxisbeispiele.* Wiesbaden: Springer Fachmedien.

Nilsson, N. J. (1971). *Problem solving methods in artificial intelligence.* New York: McGraw-Hill.

Norvig, P., & Russel, S. (2012). *Künstliche Intelligenz – Ein moderner Ansatz* (3. Aufl.). München: Pearson Studium.

Patel, K. (2018). Artificial intelligence in finance. *International Journal for Science and Advance Research in Technology, 4*(4), 2787–2788.

PwC. (2016). Financial services – Technology 2020 and beyond: Embracing disruption. https://www.pwc.com/gx/en/financial-services/assets/pdf/technology2020-and-beyond.pdf. Zugegriffen: 15. März 2020.

Schönbohm, A., & Egle, U. (2017). Controlling der digitalen Transformation. In D. Schallmo (Hrsg.), *Digitale Transformation von Geschäftsmodellen Grundlagen, Instrumente und Best Practices* (S. 213–236). Wiesbaden: Springer Gabler.

Servatius, H.-G. (2018). Innovationsstrategien gemeinsam mit Stakeholdern gestalten. https://www.competivation.de/2018/08/31/innovationsstrategien-gemeinsam-mit-stakeholdern-gestalten/. Zugegriffen: 25. Apr. 2020.

Stalla, C. (2015). Multikanalstrategie – Optimierung des Multikanalvertriebs in mittelständischen Finanzinstituten. In H. Brock & I. Bieberstein (Hrsg.), *Multi- und Omnichannel-Management in Banken und Sparkassen. Wege in eine erfolgreiche Zukunft* (S. 207–223). Wiesbaden: Springer Fachmedien.

Steinmann, T. (2013). *Vertrauen in Banken. Eine empirische Untersuchung von Determinanten und Konsequenzen.* Dissertation, Springer Gabler, Wiesbaden.

Strehlitz, M. (2019). Den Geheimnissen der Blackbox auf der Spur. *Industrieanzeiger, 25*(19), 36–41.

Treiblmaier, H. (2007). Beziehungsmarketing aus Kundensicht. *Business and Information Systems Engineering – The international journal of Wirtschaftsinformatik, 49,* 42–48.

Turing, A. M. (1950). Computing Machinery and Intelligence. *Mind, 50,* 433–460.

UK Finance. (2019). Artificial intelligence in financial services. UK Finance & Microsoft: June 2019.   https://www.ukfinance.org.uk/system/files/AI-2019%20FINAL%20ONLINE.pdf. Zugegriffen: 14. Apr. 2020.

Unisys. (2017): Unisys security index global. https://www.unisys.com/unisys-security-index-2017. Zugegriffen: 12. März 2020.

VDI. (2018). VDI-Statusreport Künstliche Intelligenz. https://www.vdi.de/ueber-uns/presse/publikationen/details/vdi-statusreport-kuenstliche-intelligenz. Zugegriffen: 25. Apr. 2020.

Wrobel, S. (2017). Interview: Noch lange nicht am Ende der Entwicklung. In Fraunhofer-Gesellschaft e. V. (Hrsg.), *Trends für die Künstliche Intelligenz* (S. 8–13). https://www.fraunhofer.de/content/dam/zv/de/publikationen/broschueren/Trends-fuer-die-kuenstliche-Intelligenz.pdf. Zugegriffen: 12. März 2020.

Ziefle, M., Halbey, J., & Kowalewski, S. (2016). Users' willingness to share data on the internet: Perceived benefits and caveats. https://www.comm.rwth-aachen.de/files/iotbd%202016%20 48%20cr.pdf. Zugegriffen: 5. Apr. 2020.

Prof. Dr. Bita Fesidis ist hauptberuflich Lehrende an der FOM Hochschule in Düsseldorf. Sie hat eine Professur für Innovationsmanagement und Digitalisierung und ist kooptierte Wissenschaftlerin am KompetenzCentrum für Technologie- & Innovationsmanagement. Bita Fesidis studierte Technik-Kommunikation an der RWTH Aachen und promovierte berufsbegleitend. Durch eine Vielzahl von Projekten in der Fachverlagsbranche und langjährige Tätigkeit im Bereich Business Intelligence in der Verpackungsindustrie verfügt sie über einschlägige Praxiserfahrung in der Digitalisierung und digitalen Transformation.

Sophie Gupta ist Junior-Referentin im Business- und Prozess-management der NRW.BANK. Sie schloss ihr Studium zum Bachelor of Arts in Banking and Finance an der FOM Hochschule im März 2020 ab. Durch die Forschungsarbeiten im Rahmen ihrer Bachelor-Thesis sowie durch die Einbindung in verschiedene Projekte verfügt sie über erste praktische Erfahrungen in den Bereichen Digitalisierung und Künstliche Intelligenz im Banken- und Finanzwesen.

Die Einführung von PSD2 und die Folgen

Wenn Banken den Kontakt zu ihren Kunden verlieren

3

Peter Thilo Hasler

Inhaltsverzeichnis

3.1 Von PSD2 zu Open Banking: der regulatorische Kontext 35
3.2 Wie APIs die Transaktionskosten senken 38
3.3 Chance oder Risiko für Banken? 40
3.4 Fazit 44
Literatur 45

3.1 Von PSD2 zu Open Banking: der regulatorische Kontext

Seit der Finanzmarktkrise 2008 stehen Banken vor einer beispiellosen Kombination von Herausforderungen: Auf der einen Seite müssen sie neue regulatorische Kapital- und Sicherheitsrisiken managen, auf der anderen Seite ihre Eigenkapitalgeber zufriedenstellen. Auf der einen Seite müssen sie sinkende Zinsmargen in den Griff bekommen, auf der anderen Seite Mitarbeiter für den Einsatz Künstlicher Intelligenz (u. a. Chatbots, Algorithmen in Beratungssystemen, Fraud Management) umschulen. Auf der einen Seite müssen sie kundenfreundlichere Dienstleistungen entwickeln, um Neukunden zu gewinnen und die Beziehungen zu Bestandskunden zu vertiefen, auf der anderen Seite müssen sie ihre Vertriebsmodelle und internen Organisationsstrukturen überdenken, um dem disruptiven Wettbewerb aus bislang fremden Branchen, insbesondere aus dem Technologiesektor, Paroli zu bieten.

P. T. Hasler (✉)
Sphene Capital GmbH, München, Deutschland
E-Mail: peter-thilo.hasler@sphene-capital.de

© Der/die Autor(en), exklusiv lizenziert durch Springer Fachmedien Wiesbaden GmbH, ein Teil von Springer Nature 2021
M. Seidel (Hrsg.), *Banking & Innovation 2020/2021,* FOM-Edition, https://doi.org/10.1007/978-3-658-32427-8_3

Gerade der technologische Fortschritt ist in den letzten Jahren zum Haupttreiber von Veränderungen im Bankwesen geworden. Sichtbar wird dies in der zunehmenden Verdrängung des traditionellen Filialbankgeschäfts durch das Online-Banking, wodurch die technologische Leistung, das Image und die Marke von zunehmend größerer Bedeutung werden. Zahlreiche Problemfelder, mit denen Banken heutzutage konfrontiert sind, werden so zu einem IT-Problem: Kundenauthentifizierung, Zahlungsabwicklung, grundlegende Kontoinfrastruktur und KYC-Prüfungen (Fenwick und Vermeulen 2019, S. 8).[1]

Im Gegensatz zu den meisten anderen Branchen wird hier jedoch der technologische Fortschritt zu einem erheblichen Teil durch die immer komplexer werdende Regulierungsarchitektur vorangetrieben – etwa am 13. Januar 2018,[2] als in Deutschland die Zahlungsdiensterichtlinie PSD2 („Payment Services Directive 2") in nationales Recht umgesetzt wurde. PSD2 ist eine EU-Richtlinie zur Regulierung von Zahlungsdiensten und Zahlungsdienstleistern mit dem ausgegebenen Ziel,

1. die Sicherheit im Zahlungsverkehr zu erhöhen,
2. den Verbraucherschutz zu stärken,
3. Innovationen zu fördern und
4. den Wettbewerb unter den Banken zu steigern (EU-Kommission 2017).

Die Einführung von PSD2 erfolgte in zwei Stufen:

Die erste Stufe trat zum 13.01.2018 in Kraft und enthielt u. a. die Senkung der verschuldensunabhängigen Haftungsobergrenze bei missbräuchlichen Kartenverfügungen, das Verbot für Online-Shop-Betreiber, zusätzliche Entgelte für die Nutzung bestimmter Zahlungsmittel zu erheben (das sogenannte Surcharching-Verbot), und die Ausweitung des Anwendungsbereiches auf Währungen außerhalb der EU. Diese erste Stufe war im Grunde nicht viel mehr als eine komplexe daten- und technologiebasierte Richtlinie, die darauf abzielte, Wettbewerb und Innovation auf dem europäischen Zahlungsmarkt zu fördern und die Sicherheit von Online-Zahlungen sowie den Zugang zu den Kunden-

---

[1]Damit steht die Bankindustrie nicht allein. Technologische Innovationen haben immer schon erhebliche strategische Auswirkungen auf Unternehmen, da sie die Wettbewerbslandschaft verändern und die Marktdynamik in einer Branche verändern (Porter 1998) – auch, weil der technologische Fortschritt und eine Verschärfung der Wettbewerbsintensität bei sinkenden Preisen für den Endkunden mit einer Verbesserung der Produkt- oder Dienstleistungsqualität verbunden sind (Matsa 2011).

[2]Parallel zur EU-Regulierungsreform hat die britische Regierung im August 2015 die Einrichtung einer Open Banking Working Group (OBWG) angeordnet, die gleichfalls den ordnungspolitischen Rahmen eines offenen API-Standards im Bankwesen setzen sollte. Nach Veröffentlichung verschiedener vorläufiger Empfehlungen wurden anschließend neun große britische Banken mit der Bildung einer Implementierungsstelle beauftragt, um die gemeinsamen technischen Standards für das Open Banking in Großbritannien festzulegen. Im Unterschied zu PSD2 hat sich die Open-Banking-Initiative in Großbritannien jedoch explizit mit der Definition und Entwicklung der erforderlichen APIs sowie den Messaging- und Sicherheitsstandards befasst.

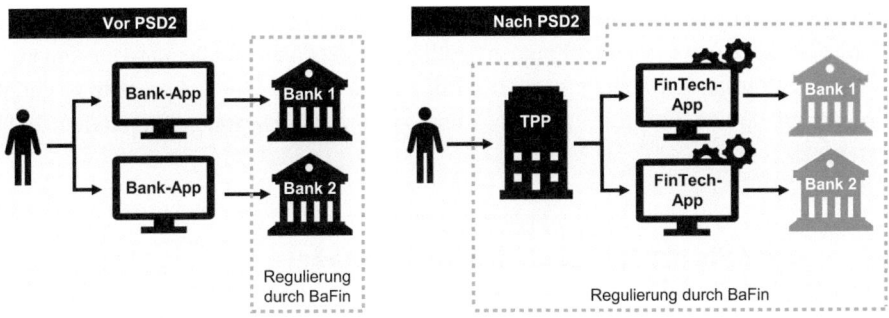

Abb. 3.1 Die Regulierung durch PSD2

konten zu verbessern. Definiert wurden zum Beispiel eine für Endkunden und Dritte diskriminierungsfreie Transparenz bei der Preisgestaltung, Regeln für die Nutzung von Zahlungsauslösediensten für das Initiieren von Überweisungen im Online-Banking oder Informationsdienste zur Abfrage und Auswertung von Kontodaten.

Die zweite und für die Intensivierung des Wettbewerbs unter den Marktteilnehmern an Konsequenzen ungleich reichere (McKinsey 2018, S. 5) Stufe trat am 14.09.2019 in Kraft und betrifft neben der Verpflichtung zu einer starken Kundenauthentifizierung (Strong Customer Authentication, SCA) insbesondere die Öffnung der Zahlungskonten für Dritte (EU-Kommission 2017) (vgl. hierzu Abb. 3.1). Mit ihrer Einführung wurden bisher nicht-regulierte Drittdiensteanbieter („Third Party Payment Service Provider", kurz „TPP") als Zahlungsdienstleister erfasst und in den Anwendungsbereich der Richtlinie einbezogen. Diese, unter der Aufsicht und Kontrolle der Bundesanstalt für Finanzdienstleistungsaufsicht (BaFin) stehenden, Unternehmen können Bankkunden zukünftig Zahlungskarten, Zahlungsauslöse- und Kontoinformationsdienstleistungen anbieten sowie konsolidierte Informationen zu deren Zahlungskonten bei einem oder mehreren Zahlungsdienstleistern zur Verfügung stellen. Das Monopol der Finanzinstitute auf die bislang geschützten Kundendaten im Bereich Payment, Clearing und Settlement wurde damit – vergleichsweise abrupt – aufgehoben.

Die durch PSD2 auferlegte Regulierung gilt für alle Zahlungen, die im EU-Raum abgewickelt werden, sofern sich der Payment Service Provider (PSP) desjenigen, der die Zahlung leistet (Zahler), und desjenigen, der die Zahlung erhält (Zahlungsempfänger), innerhalb der EU aufhalten. PSD2 gilt aber auch für Zahlungen außerhalb des EWR zwischen PSPs mit Sitz innerhalb des EWR (Donnelly 2016). Dies hat zur Folge, dass alle PSPs, die in Europa tätig sind, Informationen bereitstellen müssen, um den Transparenzanforderungen in Bezug auf Gebühren und Bedingungen für nationale und internationale Zahlungen für Transaktionen zu genügen.

Darüber hinaus haftet der PSP für Schäden, die sich aus einer Vernachlässigung der Vorschriften bei der Ausführung von Transaktionen ergeben. Um diese zu vermeiden, werden die kontoführenden Zahlungsdienstleister verpflichtet, qualifizierten

Drittanbietern eigene Anwendungsprogrammierschnittstellen („Application Programming Interfaces", kurz APIs) zur Verfügung zu stellen, mit denen ein automatisierter Zugang zu den Kundentransaktionskonten gewährt wird. Dieser Zugriff (sog. „Access to Account") wird digital und in Echtzeit erfolgen – und zwar zum diskriminierungsfreien Selbstkostenpreis.

3.2   Wie APIs die Transaktionskosten senken

Während Nutzer durch Benutzeroberflächen (User Interface) in die Lage versetzt werden, bestimmte Softwareanwendungen zu verwenden, erlauben es APIs einer Software, die Daten oder Funktionen einer anderen Anwendung zu verwenden. Durch APIs wird also die nahtlose Kommunikation zwischen verschiedenen Softwaresystemen sichergestellt – und zwar in Echtzeit. Ermöglicht wird dies durch eine Reihe vorab vereinbarter Programmieranweisungen, die die Funktionen komplexitätsreduzierender Schnittstellen übernehmen. Dadurch werden API-verbrauchende Geräte oder Anwendungen plug-and-play-fähig, ohne die Besonderheiten der einzelnen APIs kennen zu müssen. Eine solche „agnostische" Interoperabilität zwischen modularen Systemen senkt nicht nur die Technologiekosten, sondern erhöht auch die Innovationsgeschwindigkeit und beschleunigt damit die Marktdurchdringung, da sich die heterogenen IT-Bausteine unabhängig und je nach verfügbaren Ressourcen und technologischem Fortschritt entwickeln können (Baldwin und Clark 2000). Im Grunde genommen sind APIs also nichts anderes als Verträge, in denen die Allgemeinen Geschäftsbedingungen des Dienstes zusammengefasst werden und in denen festgelegt ist, wie die APIs von Drittentwicklern verwendet werden können, wie Informationen zu deren Struktur, Garantien und Einschränkungen bereitgestellt werden müssen und wie Computeranwendungen über ein Netzwerk in einer gemeinsamen Sprache miteinander kommunizieren können (Jacobson et al. 2011, S. 4 f.).

Sind die Vorteile der Interoperabilität und der nichtdiskriminierenden Standardisierung heterogener technischer Systeme durch die Verwendung von APIs geradezu offensichtlich, ist die Frage, wie offen nun offene Systeme sein sollen, ungeklärt. Um sie zu beantworten, muss zwischen privaten und öffentlichen APIs unterschieden werden. Erstere wiederum können in interne APIs, mit denen verschiedene IT-Systemplattformen nahtlos miteinander verbunden werden und der Datenaustausch zwischen den einzelnen Abteilungen ermöglicht wird (Bodle 2011, S. 325), und externe APIs zur Kommunikation mit strategischen Geschäftspartnern, Lieferanten und Kunden unterschieden werden. Private APIs sind Mitarbeitern und externen Vertragspartnern vorbehalten und heute bereits bei den Banken im Einsatz. Öffentliche APIs dagegen sind für jedermann zugänglich und können von Dritten, die nicht notwendigerweise Partner der betreffenden Bank sind bzw. direkt mit dieser zusammenarbeiten, ohne oder mit einer nur begrenzten vertraglichen Vereinbarung verwendet werden. Sie kommen in der Kommunikation nach außen zum Einsatz, um Informationen, Dienstleistungen oder

Produkte einer externen Zielgruppe zugänglich zu machen und damit die Unternehmens-
grenzen zu überwinden. Durch öffentliche APIs können Banken digitale Ökosysteme
aufbauen, in denen für Dritte API-nutzende Anwendungen entwickelt werden.

Neben der Differenzierung zwischen privaten und öffentlichen APIs ist für die weitere
Diskussion die Unterscheidung zwischen push- und pull-gesteuerten APIs relevant.
Erstere kann eine Bank in einen von ihr benötigten Service integrieren (z. B. eine API-
Integration mit einem externen Compliance-Service-Provider), letztere ermöglicht es
einer Bank, einen Dienst, den ihre Kundinnen und Kunden nachfragen, zu integrieren.
Erstmals können externe Dienstleister dann – mit Zustimmung der betroffenen Kunden
– sämtliche Informationen eines oder mehrerer Konten abrufen und deren Inhabern
innovative Dienstleistungen anbieten. Hierunter fallen etwa Dienstleistungen, die es
Kunden ermöglichen, ihre Budgetierungsregeln und Zahlungsgewohnheiten zu über-
prüfen, Dienstleistungen also, die bislang nicht von traditionellen Retail-Banken,
sondern bestenfalls von Privatbanken angeboten wurden.

Was in der abstrakten Definition wenig eingängig ist, wird klarer, wenn wir einige
Beispiele betrachten. In der App des Fahrdienstleisters Uber sind es APIs, die den Ent-
wicklern von Drittanbietern die erforderlichen Bausteine bereitstellen, um mit Google
Maps zu kommunizieren oder die gewählte Zahlungsmethode in die eigene Web-
seite einzubinden. Übertragen auf die Bankenwelt würden es APIs den Entwicklern
von Drittanbietern ermöglichen, neuartige Anwendungen zu Kontoinformations- oder
Zahlungsinitiierungszwecken (Pike 2018, S. 3 bzw. für eine weitergehende Übersicht
Liftoff 2019) zu entwickeln:

- Anwendungen, die Bankkonten vergleichen, Konten eröffnen und automatisch Geld
  zwischen Konten transferieren, um Zinsdifferenzen zwischen den Konten zu nutzen;
- Anwendungen, mit denen Verbraucher analysieren können, wofür sie ihr Geld aus-
  geben, und die sie bei der Erreichung eigener finanzieller Ziele unterstützen;
- Anwendungen, die es einem Drittanbieter ermöglichen, personalisierte Spar- oder
  Kreditdienstleistungen anzubieten.

Diese zweifellos unvollständige Auflistung zeigt, dass sich APIs weniger auf die Big-
Data-Analyse beziehen bzw. auf die Sammlung und Verarbeitung von Datensätzen,
die für traditionelle Datenverarbeitungsanwendungen zu groß oder zu komplex sind.
Sondern sie beziehen sich auf Big-Data-Anwendungen, die Datenanalysemethoden
anwenden, um aus der Masse an Datenpunkten unerwartete Korrelationen zu erkennen,
Korrelationen auf ihre Kausalität zu testen oder die Wahrscheinlichkeit eines vor-
definierten Musters zu bestimmen. Die Bankenwelt im Jahr 2030: Sie wird hyper-
connected sein (Pollari et al. 2019, S. 16).

3.3   Chance oder Risiko für Banken?

Nicht wenige (etwa Dratva 2020) vertreten die Meinung, die Einführung von APIs sei eine Chance für die klassischen Retail-Banken, etwa durch

1. einen stärker diversifizierten Kundenstamm,
2. neue Möglichkeiten der Zusammenarbeit sowohl mit Bank- als auch mit Nicht-Bank-unternehmen,
3. verbesserte Möglichkeiten zur Nutzung des Kundenerlebnisses sowohl für bestehende als auch für neue Kundinnen und Kunden,
4. die Schaffung neuartiger Dienstleistungen,
5. verbesserte Kapazitäten und Fähigkeiten zur Erfüllung einer größeren Bandbreite von Kundenbedürfnissen oder
6. die Möglichkeit, den durchschnittlichen Kundenbeitrag durch Up- und Cross-Selling von Dienstleistungen zu erhöhen.

Allerdings geht es beim zentralen Wertversprechen von Finanzdienstleistungsunter-nehmen nicht nur um den Verkauf von Produkten, sondern – insbesondere bei den Kunden der Generationen Y und Z – auch um den Verkauf von Dienstleistungen, die Transaktionskosten verringern sollen (Munger 2015). Uber, iTunes und Airbnb sind hervorragende Beispiele dafür, wie sich durch Sicherstellung bestimmter Regeln für Qualität und Legalität neue Geschäftsmodelle durchsetzen konnten, und zwar im Geschäftsmodell der Plattformökonomie. Diese ist von einem flachen, umfassenden und innovationsorientierten Ansatz gekennzeichnet (Smedlund et al. 2018). Ihr zentrales Element ist eine Plattform, mit der Menschen, Organisationen und Ressourcen meist unter Einsatz technologischer Systeme zu einem interaktiven Ökosystem verbunden werden (Evans und Schmalensee 2016). Die Schlüsselfunktionen, die ein Plattform-betreiber, der „Orchestrator", bereitstellt, sind die Erleichterung der Kommunikation zwischen Verbrauchern (Nachfrageseite) und externen Produzenten (Angebotsseite) (Ceccagnoli et al. 2012), das Zusammenführen unterschiedlicher Ressourcen und Kennt-nisse verschiedener Unternehmen sowie die Schaffung komplementärer und zusammen-hängender Beziehungen.

Disruptiv wird eine Plattformökonomie aber erst dann, wenn ein zentrales Wertver-sprechen oder eine Infrastruktur in Form eines Produkts, einer Dienstleistung oder einer Technologie entwickelt wurde, auf welche(s) eine große Anzahl von Unternehmen weitere komplementäre Produkte, Dienstleistungen oder Technologien aufbauen können (Gawer und Cusumano 2014). Schon 1937 schlug Coase vor, dass eine Geschäftstätig-keit innerhalb eines Unternehmens durchgeführt werden soll, sofern die eigenen Trans-aktionskosten, also Such-, Koordinierungs- und Verhandlungskosten sowie die Kosten der Informationsasymmetrie, mit denen ein Unternehmen im Produktionsprozess konfrontiert ist, niedriger sind als die Kosten für eine Vergabe an Dritte (Coase 1937).

Paradebeispiel für ein Unternehmen, das die Vergabestrategie erfolgreich praktiziert, ist Apple: Der iPod wurde in Zusammenarbeit mit nur wenigen Technologieunternehmen und einem einzigen Content Provider entwickelt. Erst nach dem Markteintritt im Jahr 2004 wurde das Netzwerk um Dutzende Musiklabels, Gerätehersteller und – besonders bemerkenswert – Wettbewerber erweitert. Nur mit eigenen Ressourcen wäre Apple niemals in der Lage gewesen, eine so große Anzahl von Anwendungen und Apps zu entwickeln. Durch die Öffnung und Kultivierung der Plattform und die Einbindung einer ganzen Community von Entwicklern über offene APIs ist es Apple jedoch gelungen, sowohl in Bezug auf die Anzahl der Anwendungen als auch in Bezug auf die durchschnittlichen Markteinführungszeiten zu skalieren. Das Beispiel Apple zeigt, dass sich eine Plattformökonomie nicht nur aus jenen Unternehmen zusammensetzen sollte, die in die unmittelbare Wertschöpfungskette des Orchestrators eingebunden sind.

Allerdings enthält das Wertversprechen der Plattformökonomie noch einen weiteren Punkt, der sie noch leistungsfähiger macht: den Netzwerkeffekt. Netzwerkeffekte beschreiben den Einfluss der Anzahl der Nutzer auf den Nutzen jedes einzelnen Nutzers einer Plattform (etwa Lenz 2015). Netzwerkeffekte sind auf nahezu jeder Plattform zu finden und können den Wert, den der einzelne Nutzer aus einer Plattform bezieht, erheblich steigern. Netzwerkeffekte sind für die Entstehung von „inverted companies" verantwortlich, wobei Unternehmen ihre Produktion von innen nach außen verlagern, um schneller zu skalieren (van Alstyne 2019, S. 6). Die Regel ist dabei recht einfach: Je mehr Menschen sich in einer Plattform engagieren, desto größer sind die Nutzen, die sie aus der Plattform ziehen (Shapiro und Varian 1998). Allerdings können mit zunehmender Anzahl und Heterogenität der Parteien Interessenkonflikte auftreten und die Funktionsweise einer Plattform gefährden. Daher kann es z. B. für eine Bank erforderlich sein, die Plattformbeteiligung zu moderieren, selbst wenn dies dem Grundsatz der Offenheit widerspricht.

So sind im PSD2-Rechtsrahmen die Funktionen und Verantwortlichkeiten von Kontoinformationsdienstleistern (sog. Account Information Service Provider, AISP) und Zahlungsinitiierungsdienstleistern (sog. Payment Initiation Service Provider, PISP) festgelegt. Erstere sind Online-Dienste, die aggregierte Informationen zu einem oder mehreren Zahlungskonten einer Kundin oder eines Kunden (z. B. Transaktionsverlauf und Guthaben) bei einem anderen PSP oder bei mehr als einem PSP bereitstellen. Ein solcher Service könnte von Banken, FinTechs und anderen nicht-traditionellen Finanzdienstleistungsunternehmen sowie von Einzelhändlern sowie Social-Media- und Telekommunikationsunternehmen erbracht werden. In ähnlicher Weise ermöglichen Zahlungsinitiierungsdienste Unternehmen und Händlern, auf Anfrage der Kunden Online-Zahlungsaufträge in Bezug auf ein bei einem anderen PSP geführtes Zahlungskonto zu initiieren.

Speziellen, autorisierten Payment Initiation Service Providern (PISPs) müssen Banken aber auch die Nutzung ihrer eigenen Zahlungsinstrumente ermöglichen. Die möglichen Zahlungsalternativen in Form von Account-to-Account(A2A-)-Zahlungen werden nicht nur die Transaktionsgebühren senken und die Abwicklung beschleunigen, sondern stellen auch eine ernsthafte Bedrohung für die Credit- und Debit-Karten-industrie dar. Betroffen ist nicht nur die Preisgestaltung, sondern auch die Geschwindig-keit, mit der etwa Überweisungen getätigt werden. Wenn aber Drittanbieter mit relativ geringem Aufwand und niedrigen Kapitalanforderungen in den Markt für Konto-informationsdienste eintreten können und Geschwindigkeit und Preisgestaltung mit weiteren Angeboten verbinden, etwa mit aus dem Einzelhandel bekannten Kunden-bindungsprogrammen, können Drittanbieter die Kontrolle über die „Customer Journey" übernehmen und den Banken Cross-Selling-Möglichkeiten vorenthalten. Dies hat einen wesentlich intensiveren Wettbewerb um Kundenkontaktpunkte zur Folge – und einen deutlich verschärften Preiswettbewerb.

Für Banken sind offene, gemeinsame API-Standards und der zunehmende Wett-bewerb von technologisch agilen PSPs damit eher eine Bedrohung denn eine Chance, da sich der Druck auf Preise und Margen der Banken mit hoher Wahrscheinlichkeit weiter verschärfen wird: Die Bank of England etwa schätzt, dass der Wettbewerbsdruck dazu führen könnte, dass die Gesamtgewinne der britischen Banken im Jahr 2023 um 1,1 Mrd. GBP niedriger ausfallen als im Jahr 2018 (Bank of England 2017, S. 19).

Zufließen werden die Erträge den agilen Startups, den Herausforderern, die innovative Dienstleistungen anbieten. Schon heute sind Lending- oder Crowdfunding-Plattformen, Anbieter kundenspezifischer Versicherungsdienstleistungen, algorithmusgetriebene Robo Advisor und Blockchain-unterstützte Zahlungs- und Kryptowährungssysteme weit ver-breitet. Mittlerweile haben jedoch auch die großen Tech-Unternehmen (inzwischen die Hauptkonkurrenten der Kreditinstitute um Kundendaten) die Bankenbranche für sich entdeckt – und zwar nicht nur in China, wo Alibaba seit längerem auch Finanzdienst-leistungen anbietet (Zhou et al. 2015). Angesichts immer kürzer werdender Lebens-zyklen ist eine Expansion von Technologieunternehmen in andere Branchen – wie eben die Finanzdienstleistungsindustrie – eine Überlebensnotwendigkeit.[3]

Dies wird für die Banken zu einem Problem, weil sie in der Bevölkerung eine notorische Rufschwäche aufweisen. Einer Umfrage von Bain & Company zufolge (Bain 2018) würden 54 % aller Befragten mindestens einem Technologieunternehmen wie den FAGA-Unternehmen (Facebook, Apple, Google, Amazon) oder auch PayPal eher ihr Geld anvertrauen als einer Bank; wenig überraschend, dass die Ergebnisse bei jüngeren Befragten, etwa den Millennials, noch markanter ausfielen. Nach einer Studie von KPMG steigt die Bereitschaft an, Technologieunternehmen zu vertrauen, je jünger die befragten Altersstufen sind. Die größte Bereitschaft, ihre Transaktionsdaten den Techno-logieunternehmen anzuvertrauen, weisen demnach Kunden in der Altersgruppe der 18- bis 28-Jährigen auf. Das mag zwar heute noch eine überschaubare Alterskohorte dar-

---

[3]Bemerkenswert dabei ist, dass nach einer Studie von KPMG (Gałkowski und Podgajny 2019, S. 8) mehr als 40 % der befragten Kreditinstitute in anderen Kreditinstituten die größten Wett-bewerber im ersten Jahr nach Einführung von PSD2 sehen. Erst in den späteren Jahren werden auch Technologiekonzerne als Wettbewerber wahrgenommen.

stellen, hat jedoch zur Folge, dass das öffentliche Vertrauen in Technologieunternehmen mit der Zeit zunehmen wird, wenn die heute noch jungen Kunden zu Mainstream-Kunden werden (Gałkowski und Podgajny 2019, S. 7).

Gerade bei diesen Alterskohorten haben Banken es nicht geschafft, drei wesentliche Vorwürfe zu entkräften: Die Wahrnehmung, dass Banken

1. nicht besonders vertrauenswürdig sind,
2. nicht mehr sind als gewinnorientierte Unternehmensmaschinen, die sich von den Bedürfnissen und Werten der einfachen Menschen abgekoppelt haben, und
3. bürokratische Organisationen sind, die eine egozentrische Variante des Kapitalismus repräsentieren (Envisionit 2018; Harvard Business School 2019).

Dementsprechend wird das Vertrauen in neu entstehende Zahlungsdienstleister ein wichtiger Faktor sein, um die Wettbewerbsbedrohung für Banken zu bestimmen (Hacquebord et al. 2020). Wenn es Drittanbietern also gelingt, Vertrauen mit proprietären Verbraucherverhaltens- und Präferenzdaten zu kombinieren, könnten sie sukzessive traditionelle Bankdienstleistungen übernehmen – zumal die klassischen Finanzdienstleistungsinstitute in Bezug auf die Übernahme innovativer Technologien bestenfalls nicht strukturell schneller, schlimmstenfalls deutlich langsamer sind als andere Industrien. So hat etwa das schwedische FinTech-Unternehmen Tink im Spätsommer 2019 in einem Blog über den Status der europäischen Bankenindustrie behauptet, dass diese drei Monate vor der Einführung von PDS2 noch nicht einmal in der Testphase angekommen war (Tink 2019).

Dies ist sicher auch darauf zurückzuführen, dass die Beziehungen der Banken zu ihren Kunden in der Vergangenheit grundsätzlich lokal geprägt waren. Meist wurden die Kontakte nur in einer einzigen Filiale von einem einzigen Kundenbetreuer durchgeführt. PSD2 stellt diese Kundenlogik infrage. Wenn Skaleneffekte durch IT anstatt durch Kundenbetreuung erreicht werden, machen persönliche Kundenbeziehungen wenig Sinn. Schließlich hat das persönliche Element für den Kunden auch Nachteile: Kunden müssen sich an Öffnungszeiten orientieren oder an der Verfügbarkeit des Betreuers; von deutlich rückläufigen Filialzahlen und steigenden Anfahrtsentfernungen ganz zu schweigen. Daher dürfte der größte Einfluss von APIs darin bestehen, dass APIs das Bankgeschäft von stationären auf digitale Banken verlagern – auf Banken also ohne veraltete IT-Infrastrukturen,[4] die damit die Möglichkeit erhalten, Finanzdienstleistungen zu noch geringeren Kosten und mit noch kürzeren Vorlaufzeiten als herkömmliche Finanzinstitute anzubieten. Open Banking wird damit ein ernsthaftes Risiko für traditionelle Finanzinstitute, vor allem, wenn diese ihre Vorteile nicht nutzen, solange sie noch einen öffentlichen Vertrauensvorsprung genießen.

---

[4]Vgl. hierzu den trefflichen Ausdruck „Death by Cobol" von OnDeck (2019).

Dann hätten FinTechs durch die Nutzung der Finanzdaten von Bankkunden die Möglichkeit, Erkenntnisse aus dem Konsumverhalten der Kunden und deren Ausgabenmuster zu gewinnen, um personalisierte Produkte zu erschaffen, die die Kundenerfahrung, die Kundenzufriedenheit und das Kundenwohlbefinden verbessern. Dies gilt umso mehr, da APIs auf der Vorstellung basieren, dass die Daten dem Kunden gehören und dieser das Recht hat zu entscheiden, wem er den Zugang zu seinen Daten erlaubt (Gałkowski und Podgajny 2019). Auch kann der Kunde die Entscheidung über die Nutzung seiner Finanzdaten in Form von Kunden- oder Transaktionsdaten durch Dritte rückgängig machen, insbesondere wenn er seine Daten nicht in seinem Sinne genutzt sieht.

Dies zeigt, dass nicht nur klassische Banken von PSD2 bedroht sind. Zahlungsalternativen von Konto zu Konto – sogenannte Person-to-Person(P2P)- oder Account-to-Account(A2A)-Zahlungen – sind auch eine ernsthafte Bedrohung für Kredit- oder Debitkarten-ausstellende Unternehmen. Und zwar nicht nur hinsichtlich der Preisgestaltung, sondern möglicherweise auch hinsichtlich der Geschwindigkeit der Zahlungsüberweisung – wenn sie etwa mit dem SEPA Instant Credit Transfer-System („SCT Inst") kombiniert werden.

3.4   Fazit

Auslöser der Diskussion, den Zugang zu Kundendaten zu dezentralisieren, ist nicht zuletzt die positive Konnotation, mit der die Disintermediation, also der Wegfall einzelner Wertschöpfungsstufen, im Bankwesen tendenziell begleitet wird. Diese ist nicht zuletzt auf den inaktiven und trägen Charakter des Konsums von Bankdienstleistungen zurückzuführen, die es etwa für einen britischen Kunden wahrscheinlicher macht, geschieden zu werden, als sein Bankkonto zu wechseln (CMA 2016, S. 3).

Dementsprechend ist es für nationale und supranationale Behörden ein ordnungspolitisches Ziel, die Monopolrenten der Banken zu untergraben, indem Daten und Informationen, obwohl sie sich von traditionellen Waren und Dienstleistungen unterscheiden, als Produkte definiert werden. Während von den meisten regulatorischen Änderungen eine Stärkung des Verbraucherschutzes angestrebt wird, führt die Öffnung der Kontoschnittstellen für Drittdienstleister dazu, dass neue Anbieter von innovativen (Online-)Bezahlmethoden an den Markt gehen werden. Offene API-Standards im Bankwesen können den Wettbewerbsdruck erhöhen, indem sie die Art und Weise, wie Verbraucher Bankdienstleistungen einkaufen, grundlegend verändern. Insbesondere erleichtern APIs das Angebot innovativer Geschäftsmodelle, die den Verbrauchern helfen, einen besseren Nutzen aus ihren bestehenden Bankdienstleistungen zu ziehen und zwischen den Dienstleistungen zu wechseln.

Die Folge ist, dass Banken durch PSD2 Marktanteile verlieren werden, wenn Dienstleistungen, die sich in anderen Branchen bewährt haben, zu Bankplattformen ausgebaut werden. Diese Entwicklung hat gerade erst begonnen und wird die Bankenbranche in den kommenden Jahren in ihren Grundfesten erschüttern. Beispielsweise bereitet

Amazon die Freigabe eines Girokontos vor, das auf Mobilgeräten verfügbar sein wird. Plattformbasierte Technologiekonzerne wie Google oder Facebook werden in Zukunft Daten von Banken beziehen und damit ihr bereits heute umfangreiches Datenvolumen aus sozialen Netzwerken und Portalseiten beträchtlich erweitern.

Banken wiederum, die bereit sind, ihr Geschäftsmodell zu digitalisieren, können durch die Zusammenarbeit mit FinTech-Unternehmen ihre Kundenreichweite durch die Ansprache nicht versorgter bzw. unterversorgter Bereiche erweitern und neue Einnahmequellen aus der Verteilung von Dienstleistungen an Dritte generieren. Auch können Banken von der API-Einführung profitieren, indem sie neue Kundenerkenntnisse generieren und Dienstleistungen anbieten, für deren Entwicklung sie weder eigene Zeit noch eigenes Geld und Ressourcen aufwenden müssen. Allerdings müssen sie eine Einstellung einnehmen, die als „Engagement as a Service" bezeichnet werden kann (Pollari et al. 2019, S. 16).

Literatur

Bain & Company. (2018). In search of customers who love their bank. https://www.bain.com/insights/in-search-of-customers-who-love-their-bank-nps-cx-banking. Zugegriffen: 16. März 2020.

Baldwin, C. Y., & Clark, K. B. (2000). *Design rules: The power of modularity.* Cambridge: MIT Press.

Bank of England. (2017). *Stress testing the UK banking system: 2017 results.* O. O.

Bodle, R. (2011). Regimes of sharing. *Information, Communication & Society, 14*(3), 320–337.

Ceccagnoli, M., et al. (2012). Cocreation of value in a platform ecosystem: The case of enterprise software. *MIS Quarterly, 36*(1), 263–290.

CMA Competition in Markets Authority. (2016). *Making banks work harder for you.* O. O.

Coase, R. H. (1937). The Nature of the firm. *Economica, 4*(16), 386–405.

Donnelly, M. (2016). Payments in the digital market: Evaluating the contribution of payment services directive II. *Computer Law & Security Review, 32,* 827–839.

Dratva, R. (2020). Is open banking driving the financial industry towards a true electronic market? *Electron Markets.*

Envisionit. (2018). FinTech & Millennials just make sense together. https://envisionitagency.com/blog/2018/08/fintech-and-millennials. Zugegriffen: 16. März 2020.

EU-Kommission. (2017). *Delegierte Verordnung (EU) 2018/389 der Kommission vom 27. November 2017 zur Ergänzung der Richtlinie (EU) 2015/2366 des Europäischen Parlaments und des Rates durch technische Regulierungsstandards für eine starke Kundenauthentifizierung und für sichere offene Standards für die Kommunikation.* O. O.

Evans, D. S., & Schmalensee, R. (2016). *Matchmakers: The new economics of multisided platforms.* Boston: Harvard Business Review Press.

Fenwick, M., & Vermeulen E. P. M. (2019). *Banking and regulatory responses to fintech revisited: Building the sustainable financial service "ecosystems" of tomorrow.* SSRN-Paper.

Gałkowski A., & Podgajny M. (2019). *PSD2 and open banking: Revolution or evolution?* Warschau.

Gawer, A., & Cusumano, M. (2014). Industry platforms and ecosystem innovation. *Journal of Product Innovation Management, 31*(3), 417–433.

Hacquebord, F., et al. (2020). Ready or not for PSD2: The risks of open banking. o. O.

Harvard Business School. (2019). Why millennials flock to fintech for personal investing. https://digital.hbs.edu/fintech-digitalcurrencies/millennials-flock-fintech-personal-investing. Zugegriffen: 16. März 2020.

Jacobson, D., et al. (2011). *APIS: A strategy guide*. Beijing: O'Reilly.

Lenz, R. (2015). Banking 2025 – Die Bank Der Zukunft. *Betriebswirtschaftliche Forschung und Praxis (BFuP), 5*(2015), 509–529.

Liftoff. (2019). 2019 mobile finance apps report. www.liftoff.io/blog/finance-apps-2019. Zugegriffen: 16. März 2020.

Matsa, D. A. (2011). Competition and product quality in the supermarket industry. *The Quarterly Journal of Economics, 126*(3), 1539–1591.

McKinsey. (2018). The lending revolution: How digital credit is changing banks from the inside. https://www.mckinsey.com/business-functions/risk/our-insights/the-lending-revolution-how-digital-credit-is-changing-banks-from-the-inside. Zugegriffen: 10. März 2020.

Munger, M. (2015). Coase and the sharing economy. In C. Veljanovski (Hrsg.), *Forever contemporary: The economics of ronald coase* (S. 187–208). London: Institute for Economic Affairs.

OnDeck. (2019). Digital banks are racking up users, but will they ever make money? https.//www.ondeck.com/home5-lendstart. Zugegriffen: 10. März 2020.

Pike, C. (2018). *Competition and Open API Standards in Banking, OECD Digitalisation and Finance*. SSRN-Paper.

Pollari, I., et al. (2019). *The future of digital banking*. KPMG-Paper. O. O.

Porter, M. E. (1998). *The competitive advantage: Creating and sustaining superior performance*. New York: Free Press.

Shapiro, C., & Varian, H. R. (1998). *Information rules: A strategic guide to the network economy*. Boston: Harvard Business Press.

Smedlund, A., et al. (2018). Platform ecosystem orchestration for efficiency, development, and innovation. In A. Smedlund, et al. (Hrsg.), *Collaborative value – Co-creation in the platform economy* (S. 29–40). Singapore: Springer.

Tink. (2019). The sobering september review: Banks' PSD2 APIs far from ready. https://tink.com/blog/2019/06/14/psd2-updated-sandbox. Zugegriffen: 10. März 2020.

van Alstyne, M. (2019). The opportunity and challenge of platforms. In World Economic Forum (Hrsg.), *Platforms and ecosystems: Enabling the digital economy* (S. 5–13).

Zhou, W., et al. (2015). *Regulation of digital financial services in China: Last mover advantage?* Tsinghua China Law Review.

Peter Thilo Hasler ist seit Anfang der 1990er-Jahre als Aktienanalyst und Unternehmensberater tätig. Er ist Gründer und Finanzanalyst der Sphene Capital GmbH, die ausgewählten Unternehmen hochwertiges Aktien-Research und Dienstleistungen in der Unternehmensbewertung anbietet. 2015 gründete er zudem die sphaia advisory GmbH, die mittelständische Unternehmen in Corporate-Finance- und Kommunikationsfragen berät. Peter Thilo Hasler ist Vorstand und Referent der DVFA sowie Dozent an Münchener Hochschulen zu Unternehmensbewertung und -finanzierung sowie sonstigen Kapitalmarktthemen. Er ist Autor zahlreicher Blogs, Artikel und Bücher zur Unternehmensbewertung, Corporate Finance, Kapitalanlage und Investor Relations.

Prozessinnovationen im Bereich Banken und Versicherungen

4

Hans-Dieter Schat

Inhaltsverzeichnis

4.1   Einleitung.. 49
4.2   Kontinuierlicher Verbesserungsprozess/Kaizen................................ 50
4.3   Lean Management, agiles Arbeiten und Produktionssysteme..................... 51
4.4   Produktionssysteme und andere Systematisierungen 53
4.5   Zusammenfassung 54
Literatur.. 54

4.1 Einleitung

Das betriebliche Vorschlagswesen wurde bei Krupp entwickelt, der kontinuierliche Verbesserungsprozess als „Kaizen" in der japanischen Industrie und alleine der Begriff „Produktionssystem" verrät schon seine Herkunft. Ansätze der Prozessoptimierung und Prozessinnovation werden also nicht selbstverständlich mit der Branche der Banken und Versicherungen zusammengedacht. Andererseits finden sich immer wieder Praxisbeispiele aus dem Finanzbereich, in denen Prozesse optimiert oder komplett neu entwickelt wurden. „Lean Banking" oder gar „Finanzindustrie" sind ebenfalls eingeführte Begriffe.

Doch wie verbreitet sind diese Konzepte tatsächlich? Welcher Nutzen ist hier zu erwarten? Was sind die Erfolgsfaktoren? Diese Fragen sollen im Folgenden mit den Daten der Ideenmanagement-Studie 2021 (Landmann und Schat 2021, im Erscheinen) beantwortet werden.

H.-D. Schat (✉)
FOM Hochschule, Stuttgart, Deutschland
E-Mail: Hans-Dieter.Schat@fom.de

M. Seidel (Hrsg.), *Banking & Innovation 2020/2021,* FOM-Edition,
https://doi.org/10.1007/978-3-658-32427-8_4

Die Befragung wurde am 19. März 2020 abgeschlossen. Befragt wurden zunächst Ideenmanager, also Manager, die in ihrer Organisation Verantwortung für Prozessorganisation und -optimierung tragen. Hier beantworteten 106 Personen unseren Fragebogen.

Außerdem wurden Studierende der FOM Hochschule für Oekonomie & Management befragt. Diese Studierenden arbeiten in unterschiedlichsten Funktionen und sind in der Regel nicht für Prozessmanagement verantwortlich. Sie sind jedoch die „Empfänger" oder „Kunden" der Ideenmanager. So nehmen sie eine komplementäre Perspektive zu den Ideenmanagern ein und können deren Angaben ergänzen, gegebenenfalls auch korrigieren. Auf der anderen Seite sind diese Beschäftigten typischerweise nicht mit Details der Prozessverbesserung in ihren Organisationen vertraut. Daher konnte hier nicht der vollständige Fragebogen für die Ideenmanager eingesetzt werden; diese „normalen" Beschäftigten haben also nur eine Auswahl der Fragen beantwortet. Hier beantworteten 146 Personen den Fragebogen.

In diesem Beitrag konzentrieren wir uns auf den Finanzbereich. Dieser besteht aus Banken, Versicherungen sowie Dienstleistern, die sich explizit auf den Finanzbereich konzentrieren. Aus dem Finanzbereich liegen 49 Angaben vor.

„Prozessinnovation" ist kein einheitlicher Ansatz, sondern besteht aus unterschiedlichen Methoden, die allerdings ähnliche Ziele verfolgen und auf ähnlichen Voraussetzungen aufbauen. So ist es möglich (und vielleicht auch ratsam), mehrere dieser Methoden einzusetzen. Gemeinsam ist ihnen auch der Ansatz, in den zielorientierten Dialog mit den Beschäftigten zu gehen. Dieser Ansatz ist insbesondere im Finanzbereich erfolgversprechend (vgl. zum Beispiel Union Invest: Firydus et al. 2019). Sehen wir uns einige Methoden an.

4.2   Kontinuierlicher Verbesserungsprozess/Kaizen

Der Grundsatz des kontinuierlichen Verbesserungsprozesses findet sich bereits in der Bezeichnung: das Bestreben, fortwährend besser zu arbeiten. Leitsätze wie „Waste nothing" oder „Cut off all unnecessary actions" finden sich bereits in der Autobiographie von Benjamin Franklin (1790, S. 79). Neue Beachtung fand dieser Ansatz unter dem Titel „Kaizen", insbesondere durch das gleichnamige Buch von Masaaki Imai (deutsche Erstausgabe 1991). Hier stellte Imai die Beziehung von Sprunginnovationen und inkrementellen Verbesserungen dar. Der Ansatz des kontinuierlichen Verbesserungsprozesses wird auch im Finanzbereich erfolgreich eingesetzt (für das Beispiel der Landesbank Baden-Württemberg vgl. Haumann 2019).

Der kontinuierliche Verbesserungsprozess findet während der Arbeitszeit statt und beschäftigt sich mit den Themen und nutzt die Methoden, die das Unternehmen vorgibt. Darin unterscheidet es sich vom betrieblichen Vorschlagswesen, das nicht Thema dieses Aufsatzes ist, aber durchaus seine Berechtigung hat (vgl. Schat 2019).

Der kontinuierliche Verbesserungsprozess ist klassischerweise eine zusätzliche Aufgabe. Neben der normalen Arbeitsaufgabe treffen sich Beschäftigte jede oder jede zweite Woche und besprechen Verbesserungsmöglichkeiten. Die Themen werden von der hier verantwortlichen Führungskraft vorgegeben, die auch die Entscheidung über die Umsetzung der Vorschläge dieser Gruppe trifft und häufig die Gruppensitzungen moderiert.

In einer Variante werden Beschäftigte von ihren normalen Arbeitsaufgaben freigestellt und entwickeln hauptberuflich Verbesserungen. Diese Variante wird als „Experten-KVP" bezeichnet (siehe Tab. 4.1).

Der klassische kontinuierliche Verbesserungsprozess wird im Finanzbereich nur selten angewendet (sieben Unternehmen in unserer Befragung), entsprechend vorsichtig sind die Angaben hier zu interpretieren. Der Experten-KVP wird deutlich häufiger eingesetzt.

Die hier befragten Organisationen aus dem Finanzbereich beschäftigten im Durchschnitt 13.776 Menschen. Demnach scheinen KVP und Experten-KVP eher in mittleren Unternehmen ihren Platz zu finden. Der berechenbare Nutzen pro Mitarbeiter und Jahr liegt bei den Anwendern einer der Methoden des KVP über dem Branchendurchschnitt von 335 € (Median = 12 €). Doch irritiert, dass die Ergebnisse des KVP deutlich über denen des Experten-KVP liegen. Möglicherweise sind hier die kleinen Fallzahlen insbesondere bei den KVP-Anwendern für ein statistisches Artefakt verantwortlich.

4.3 Lean Management, agiles Arbeiten und Produktionssysteme

Um 1990 war unübersehbar, dass japanische Autos eine höhere Qualität für einen geringeren Preis boten als ihre amerikanischen Konkurrenten. Warum war dies so? Auf dem Weg zu einer Antwort erstellten James Womack et al. (1990, deutsch 1991) Auswertungen, etwa einen Vergleich US-amerikanischer und japanischer Automobil-Montagewerke.

Tab. 4.1 KVP und Experten-KVP

	KVP	Experten-KVP
Anzahl der Unternehmen mit …	7	20
Beschäftigte (Ø)	4058	6504
Berechenbarer Nutzen pro Mitarbeiter (Ø)	2387 €	459 €
Berechenbarer Nutzen pro Mitarbeiter (Median)	3313 €	14 €
Realisierungsquote (Ø)	36 %	28 %
Realisierungsquote (Median)	48 %	28 %

Japanische Autofabriken produzierten weniger Montagefehler und setzten dabei weniger Montagestunden pro Fahrzeug ein. Das widersprach der Auffassung, dass Qualität das Ergebnis von sorgfältigen und aufwendigen Produktionsverfahren ist. Noch mehr irritierte, dass die Verhältnisse in japanischen Fabriken denen von Fabriken in Nordamerika mit japanischem Management entsprachen, sich aber deutlich von Fabriken in Nordamerika mit US-amerikanischem Management unterschieden. Standortbedingungen konnten also nicht die Ursache der Unterschiede sein, diese Ursache musste im Management liegen. Schon bald sprach sich herum, dass beispielsweise hohe Lagerbestände zu mehr Verwechslungsgefahr führen, als wenn genauso viele Teile gelagert sind, wie aktuell benötigt werden. Als herausragendes Unternehmen in dieser Hinsicht kristallisierte sich in der Folgezeit Toyota heraus (Liker 2004; Rother 2010). Ähnlich wie im kontinuierlichen Verbesserungsprozess und dem Kaizen werden die Verbesserungen gerne durch die Vermeidung von überflüssigen Prozessschritten realisiert. Voraussetzung hierfür ist eine konsequente Standardisierung – wie aber will man einen Prozess verbessern, wenn unklar ist, wie dieser Prozess überhaupt abläuft?

Agiles Arbeiten entstammt der gleichen Denkrichtung. Hier geht es stärker um schlankes Projektmanagement, das Unsicherheiten und Unplanbarkeiten berücksichtigt. Kurze Arbeitspakete erlauben schnelle Rückmeldungen durch die Nutzer, Kunden oder Auftraggeber (siehe Tab. 4.2).

Auch Lean Management wird nur von relativ wenigen Unternehmen eingesetzt, diese scheinen tendenziell überdurchschnittlich viele Menschen zu beschäftigen. Der durchschnittliche, berechenbare Nutzen pro Mitarbeiter und Jahr ist mit 800 € recht hoch, der Median eher niedrig. Das lässt auf eine schiefe Verteilung schließen: Einige wenige Unternehmen erreichen einen sehr hohen Nutzen, andere Unternehmen geben sich mit sehr bescheidenem Nutzen zufrieden.

Die Realisierungsquote liegt mit 40 bis 50 % im normalen Bereich. Die Realisierungsquote ist ein Maß für die Effizienz eines Ideenmanagements: Eingereichte, verwaltete und bearbeitete Ideen und Verbesserungsvorschläge, die dann nicht umgesetzt werden, sind Blindleistungen und frustrieren alle Beteiligten. Eine Reihe von Erfolgsfaktoren im Ideenmanagement zielt auch auf die Verbesserung der Realisierungsquote.

Tab. 4.2 Lean Management und agiles Arbeiten

	Lean Management	Agil
Anzahl der Unternehmen mit …	11	17
Beschäftigte	21.660	28.444
Berechenbarer Nutzen pro Mitarbeiter (Ø)	800 €	779 €
Berechenbarer Nutzen pro Mitarbeiter (Median)	7 €	7 €
Realisierungsquote (Ø)	45 %	45 %
Realisierungsquote (Median)	49 %	49 %

4.4   Produktionssysteme und andere Systematisierungen

Produktionssysteme fassen den kontinuierlichen Verbesserungsprozess, Lean Management, agile Arbeitsformen und ähnliche Ansätze zusammen. Diese Ansätze sind zwar verwandt und zielen in etwa in die gleiche Richtung, können sich aber auch überlappen und unter Umständen gegenseitig Konkurrenz machen. Daher kann es sinnvoll sein, für das eigene Unternehmen eine Systematik aufzubauen und die einzelnen Methoden dort zu definieren und ihren Einsatz spezifisch für das eigene Unternehmen zu beschreiben.

Vorreiter bei der Entwicklung von Produktionssystemen sind die Automobilhersteller, allen voran Toyota (ifaa 2008). Die Analyse von Produktionssystemen im Finanzbereich ist kurz: Kein einziges Unternehmen hat über den Einsatz eines Produktionssystems berichtet. Dies mag auch der Benennung geschuldet sein: In der „Finanzindustrie" fühlen sich ebenso die Beschäftigten nicht als „Produktioner". Dennoch kann es sinnvoll sein, verschiedene Methoden für seine Organisation in eine Systematik zu bringen – zumindest, wenn mehrere Methoden im gleichen Unternehmen eingesetzt werden (siehe Tab. 4.3).

Fassen wir Tab. 4.3 zusammen: 16 Unternehmen setzen keine dieser Methoden der Prozessoptimierung ein, davon gehören vier zum öffentlichen Bereich (Sparkassen etc.).

Tab. 4.3 Einsatz von Methoden der Prozessoptimierung

KVP	Experten KVP	Lean Management	Agil	Anzahl der Nutzer
				16
X				0
	X			12
X	X			1
		X		1
X		X		2
	X	X		0
X	X	X		0
			X	3
X			X	1
	X		X	5
X	X		X	0
		X	X	5
X		X	X	1
	X	X	X	0
X	X	X	X	2

Offensichtlich haben einige Unternehmen des Finanzbereichs, auch privatwirtschaftlich geführte Unternehmen, noch Potenzial in ihrer systematischen Prozessoptimierung, das nun in Krisenzeiten mit Nachdruck zu heben ist.

Zwölf Unternehmen setzen nur einen Experten-KVP ein, dieser Ansatz ist damit der am häufigsten genutzte Ansatz im Finanzbereich. Oben wurde bereits dargestellt, dass diese Methode zu guten Erfolgen führt. Schließlich finden sich noch acht Unternehmen, die Lean Management und agile Arbeitsweisen gemeinsam einsetzen, weitere drei Unternehmen arbeiten nur agil. Dies erklärt auch die ähnlichen Werte für die Kennzahlen von Lean Management und agilem Arbeiten in Abschn. 4.3: Beide Gruppen beinhalten weitgehend die gleichen Unternehmen.

Insgesamt 17 Unternehmen nutzen zwei oder mehr Methoden der Prozessoptimierung. Diese Unternehmen benötigen ein Konzept, wie diese Methoden sinnvoll zusammenspielen sollen. In welchen Bereichen und für welche Zwecke soll jeweils welche Methode eingesetzt werden? Dieses Konzept mag „Produktionssystem" heißen, oder das Unternehmen sucht sich einen für die eigene Branche passenden Namen. Notwendig ist ein solches Konzept auf jeden Fall. Zu dem Nutzen durch die Prozessoptimierung kommt dabei auch der Imagegewinn nach außen (Oswald und Brem 2016).

4.5 Zusammenfassung

Aktuelle Methoden der Prozessinnovation und -optimierung werden im Finanzbereich eher selten eingesetzt – so selten, dass eine Bewertung der Ergebnisse aktuell nur auf der Basis weniger Unternehmensangaben gemacht werden kann. Doch die Tendenz ist eindeutig: Unternehmen, die diese Methoden einsetzen, können einen relativ hohen Nutzen erreichen.

Literatur

Firydus, E., Krampe, J., & Lehleiter, M. (2019). Dialogformate für die Ideengenerierung. In N. Landmann & H. D. Schat (Hrsg.), *Ideen erfolgreich managen*. Wiesbaden: Springer Gabler.

Franklin, B. (1790). Autobiography. In E. Chaplin (Hrsg.), *Benjamin Franklin's Autobiography*. New York: Simon & Schuster.

Haumann, T. (2019). Best Practice am Beispiel des Ideenmanagements der LBBW. In N. Landmann & H. D. Schat (Hrsg.), *Ideen erfolgreich managen*. Wiesbaden: Springer Gabler.

ifaa Institut für angewandte Arbeitswissenschaft (Hrsg.). (2008). *Produktionssysteme*. Köln: Bachem.

Imai, M. (1991). *Kaizen*. München: Langen Müller.

Landmann, N., & Schat, H. D. 2021. *Ideenmanagement Studie*. Eschborn: HLP (im Erscheinen).

Liker, J. (2004). *The Toyota way*. New York: McGraw-Hill.

Oswald, C., & Brem, A. (2016). Innovative Unternehmen stärken Reputation nach innen und außen. *HR Performance, 1,* 54–56.

Rother, M. (2010). *Toyota Kata*. New York: McGraw-Hill.

Schat, H. D. (2019). *Betriebliches Vorschlagswesen*. München: amazon.

Womack, J., Jones, D., & Roos, D. (1991). *Die zweite Revolution in der Autoindustrie*. Frankfurt a. M.: Campus.

Prof. Dr. Hans-Dieter Schat ist Professor für Personalwesen an der FOM Hochschule und arbeitet als Wissenschaftler, Autor und Blogger für das Ideenmanagement. Aktuelles findet sich auf www. IdeenmanagementBlog.de. Er war zuvor u. a. bei Daimler und Fraunhofer als Einreicher, Gutachter, Führungskraft und Ideenmanager beschäftigt.

Agiles Kundenbeziehungsmanagement in Banken

5

Axel Steudle

Inhaltsverzeichnis

5.1   Wege zum agilen Arbeiten in Banken   58
5.2   Beispiele für agiles Kundenbeziehungsmanagement in Banken   62
5.3   Trends und Handlungsempfehlungen für Banken   63
Literatur.   63

Aufgrund der veränderten Kundenerwartungen, des zunehmenden Wettbewerbs und der technologischen Veränderungen (Fintecs) ist das Thema der Agilität bei Banken angekommen. Weitere Rahmenbedingungen wie die Regulatorik und das Negativzinsumfeld erhöhen bei den Banken einen ausgeprägten Handlungsdruck, um diesen Herausforderungen zu begegnen. Der Nachholbedarf ist bei Banken besonders groß, da in den letzten Jahren wenige Veränderungen, ungeachtet des erkennbaren Paradigmenwechsels hin zu einer zentrierten Kundenfokussierung, stattgefunden haben.

Das Festhalten der etablierten Banken an bestehenden Prozessen und Abläufen haben neue agile Wettbewerber, wie z. B. eines der größten Fintec-Unternehmen N26, entstehen lassen. Mit der Positionierung „… Mitarbeiter … [,] die sich darauf konzentrieren, das Banking-Erlebnis für die digitale Generation neu zu erfinden …" (N26 2019) ist der Unterschied deutlich erkennbar. Bislang hatte der Kunde lediglich eine beschränkte Auswahl und Zugang des Produkt- und Dienstleistungsangebots der Banken erlebt, das zu geringen Zufriedenheitswerten von rd. 60 % der Bankkunden geführt hat.

A. Steudle (✉)
Pforzheim, Deutschland
E-Mail: axel.steudle@web.de

M. Seidel (Hrsg.), *Banking & Innovation 2020/2021,* FOM-Edition,
https://doi.org/10.1007/978-3-658-32427-8_5

Auf der anderen Seite entsprechen nur einige Fintech-Lösungen den Bedürfnissen der Bankkunden. Die Durchführung des Zahlungsverkehrs und weiterer Anwendungen im Online-Banking hat sich etabliert. Die digitale Abwicklung einer Finanzierung über Online-Banken wird noch wenig angenommen, da diese häufig eine beratungsintensive Dienstleistung mit hoher Bedeutung für die Kundinnen und Kunden darstellt. Die Einbindung der Kunden in die Entwicklung neuer Angebote sollte durch die Banken verfolgt werden, um die Akzeptanz und Eignung der Lösungen im Vorfeld zu prüfen. Computerbasierte Lösungen werden stärker in den Vordergrund treten, um die Anlagegeschäfte der Kunden mittels automatisierter Beratungsdienstleistungen (Bsp. Robo Advice) zu unterstützen. Jedoch sind häufig noch Bedenken seitens der Kunden vorhanden, da z. B. der zugrunde liegende Algorithmus des automatisieren Angebotes wenig transparent erscheint.

5.1 Wege zum agilen Arbeiten in Banken

Vor diesem Hintergrund stellt sich die Frage, wie Agilität in den Kundenbeziehungen der Banken etabliert werden kann. Agil im Sinne von flexibel, variabel, lebhaft, beweglich und initiativ bedarf einer Konzeption auf höchster Führungsebene, d. h., die Strategien der Banken müssen überdacht und neu formuliert werden, um den Fintech- bzw. Neobank-Wettbewerbern zu begegnen. Eine Investition in neueste Technologien ist eine Voraussetzung ungeachtet der Herausforderungen von regulatorischen Vorgaben, welche die prozessuale und technische Leistungsfähigkeit der Banken beansprucht haben. Anbieter im Genossenschaftsbereich und in der Sparkassenorganisation sind von hohen Konsolidierungsanstrengungen, wie z. B. im Rahmen von Zusammenführungen von Rechenzentren, Fusionen und Veränderungen im Wertpapierabwicklungsprozess, gezeichnet. Weiterhin sind folgende Aspekte zu einer agilen, kundenorientieren Ausrichtung der Banken, wie z. B. das veränderte Nutzerverhalten auf mobilen Plattformen, das daraus resultierende Pull-Verhalten (Informationsbeschaffung und Interaktion) der Kunden, zu beachten. Die Veränderung der Werte jüngerer Generationen hin zu einer sozialen, persönlichen und einfachen Handhabung der Bankdienstleistung führt zu der Forderung des Kundenerlebens und der Einbeziehung der Kunden (Customer Engagement) in das Kundenbeziehungsmanagement von Banken (vgl. Peverelli et al. 2016, S. 58).

Viele Bankgeschäfte sind durch zahlreiche Kunden mit einer niedrigen Gewinnmarge und einer einfachen Beziehungsstruktur geprägt (vgl. Kotler et al. 2016, S. 65). Nach einem Plan-Do-Check-Act-Kreislauf zielt das Beziehungsmanagement auf die Initiierung, Stabilisierung, Intensivierung, Wiederaufnahme und ggf. Beendigung der Kundenbeziehung zur gegenseitigen Nutzenstiftung (vgl. Bruhn 2016, S. 12). Dieser Nutzen muss dem Kunden im Rahmen der Interaktion mit der Bank im Licht des digitalen Kontextes erlebbar gemacht werden.

Durch die Anforderungen an die Reaktionsgeschwindigkeit seitens der Kunden sind eine agile Arbeitsweise und Organisation der Anbieter notwendig bzw. unabdingbar, um den Ansprüchen der Zielgruppen gerecht zu werden. Dabei ist auf die Einfachheit der Produkte und Dienstleistungen zu achten, da die Zufriedenheit aufgrund der Klarheit und dem Vertrauen steigt, zudem stehen einfache Produkte aus Sicht der Kunden für Innovation (vgl. Peverelli et al. 2016, S. 32).

Da die Kunden der sogenannten „Neo-Banks" jung (<35 Jahre), mit hohem Einkommen versehen (>40.000 € Jahresbrutto), im urbanen Umfeld lebend und digital aktiv sind, müssen die Banken über die konventionellen Vertriebs- bzw. Informationswege hinaus attraktive Angebote für die zunehmende Zahl junger und nachwachsender Kunden schaffen.

Bei Projekten, die verschiedene Digitalisierungsstrategien zur Anpassung des Produkt- und Dienstleistungsangebotes durchführen, werden Veränderungen durch Mitarbeiter im Rahmen von Projektgruppen und mittels externer Dienstleister umgesetzt. Die Symbiose von internem und externem Know-how spielt eine entscheidende Rolle, um die Kundenbedürfnisse aus verschiedenen Blickwinkeln zu betrachten und agile Umsetzungen zu ermöglichen.

Dabei sind die bekannten Methoden wie Design Sprint, Scrum, Think New (Customer Journey, Design Thinking) im Einsatz. Dies führt auf Ebene der Organisation der Banken häufig zu New-Work-Konzepten mit Einbezug der Partizipation, Kooperation und Kollaboration, um nachhaltige Lösungen zu entwerfen und zu implementieren, sodass Innovationen möglich werden (vgl. Akademie deutscher Genossenschaften, New Work Sessions, Montabaur). Die Zielrichtung ist, über Sachverhalte nachzudenken und auch unorthodoxe Ideen nicht direkt zu verwerfen. Es wird häufig Inspiration im Austausch mit willkürlich selektierten Gesprächspartnern oder sogar Fremden gesucht. Zuerst ist jeder Gedanke wertvoll und wird erfasst, im Ablauf werden dann die Ideen bewertet und eingegrenzt.

Ein Barcamp (auch Unkonferenz, Ad-hoc-Nicht-Konferenz) ist eine offene Tagung mit Workshops, deren Inhalte und Ablauf von den Teilnehmern zu Beginn selbst entwickelt und im weiteren Verlauf gestaltet werden. Barcamps dienen dem inhaltlichen Austausch und der Diskussion, können teilweise aber auch bereits am Ende der Veranstaltung konkrete Ergebnisse vorweisen, wie z. B. bei gemeinsamen Programmierworkshops oder anderen Formaten. In der Genossenschaftlichen Finanzgruppe (GFG) findet seit einigen Jahren das GENObarcamp zweimal jährlich statt. Dies ist ein Netzwerk von und für Innovatoren, digitale Pioniere und Vorausdenker der GFG. In diesem speziellen Veranstaltungsformat vernetzen sich die Teilnehmer, diskutieren und bewerten Trends und Innovationen und tauschen sich über aktuelle Innovationsprojekte aus (vgl. GENObarcamp 2019).

Agiles Vorgehen bei der Verprobung neuer Ideen ist durch den „Learn and Fail"-Ansatz möglich. Bei dieser Herangehensweise werden Ideen tiefergehend erörtert, betrachtet und geprüft (auch mehrfach), um im Sinne eines Lernprozesses schnell und mit geringem Mitteleinsatz einen Erfolg und ein Lernen zu erreichen. Selbst ein „Scheitern" (= Fail) ist ein hilfreiches, positiv zu bewertendes Lernen. Dieses Vorgehen ist eng verknüpft mit der Fehlerkultur eines Unternehmens, welche wiederum als fester Bestandteil in der Unternehmenskultur verbunden sein muss (vgl. Rollett 1999, S. 71).

Die Implementierung einer dezentralen, autonomen Organisation, deren Managementstruktur und -regeln digital und unveränderbar durch einen Smart Contract festgeschrieben werden, die dann dezentral (wie z. B. durch das Ethereum-Netzwerk) ausgeführt werden und daher ohne konventionelle Entscheidungsgremien wie einen Vorstand auskommen, ist in den deutschen Banken bislang nicht festzustellen, da häufig noch hierarchische Strukturen existieren (vgl. Kypriotaki et al. 2015, S. 284–290).

Ein strategisch-analytisches Kundenbeziehungsmanagement benötigt als Grundlage eines funktionierenden Modells eine Kundendatenbank, welche mit Big Data die wichtigsten Informationen erkennt. Von besonderer Bedeutung können Alter, Beruf, Einkommen, Geschlecht, Wohnort bzw. Lebenssituation, Interessen, Anzahl der Kinder etc. sein (vgl. Kreutzer 2016, S. 50). Dabei entstehen häufig Schwierigkeiten, da die Banken die Daten nicht eindeutig interpretieren können bzw. weil Datenschutzanliegen dem entgegenstehen. Daher beschäftigt sich nur rund ein Drittel der Banken mit dem Thema Big Data (Bitkom Research 2017, S. 49).

Im operativen Kundenbeziehungsmanagement gilt es, den Customer-Buying-Lifecycle oder auch die Customer Journey mit den Phasen „vor Kauf", „Kauf" und „nach Kauf" zu beachten (vgl. Foscht et al. 2015, S. 184). Neben den bereits genannten unternehmensbezogenen Aktivitäten sind die Kunden heute aufgrund eigener Informationsgewinnung via Internet (Bsp. Unternehmenshomepage, Unternehmensblogs, Portale und Werbung) häufig besser informiert (vgl. Mylius und Palter 2017, S. 51).

Der Vertrieb im engeren Sinne im Rahmen von Kundenberatungen wird heute vor Ort beim Kunden oder beim Anbieter und mit dem Einsatz von Technik via Internet, Telefon, Videoberatung, Webkonferenzen und Chatverbindungen dargestellt. Die Rolle der Künstlichen Intelligenz ist in vielen Prozessen deutlich zu spüren. Jedoch wird die kognitive Leistung des Kundenberaters bislang noch von Kundinnen und Kunden präferiert. Die Zukunftsszenarien einer Robo-Beratung mit besseren bzw. vergleichbaren Ergebnissen ist im standardisierten Beratungsbereich vorstellbar, in komplexen und beratungsintensiven, erläuterungsbedürftigen Produkten und Dienstleistungen ist dies noch nicht der Fall. Es bleibt aber abzuwarten, zu welchem Zeitpunkt dies möglich erscheint und beim Kunden Akzeptanz findet. Die Empathie ist eines der wesentlichen Differenzierungsmerkmale des Kundenberaters vs. der rein digitalen Beratung mittels Robo-Advice, da die Kundenbedürfnisse, seine Wünsche, Anliegen und Ziele derzeit noch besser von einem Menschen verstanden bzw. „erfühlt" werden (vgl. Ott 2016, S. 543).

Der Regelkreis des Kundenbeziehungsmanagements kombiniert die strategischen und operativen Ansätze, das gewonnene Wissen über die Kunden wird zur Erfüllung der Kundenbedürfnisse systematisch eingesetzt. Die Quelle der Erkenntnisse können aus der Kundendatenbank (strategisch) bzw. aus der Kundeninteraktion (operativ) resultieren und sich gegenseitig unterstützen (vgl. Leußer et al. 2011, S. 606).

Ausgehend von diesen Überlegungen stellen die Kernkompetenzen wie Kunden-recherche, Datenübersetzung, Beziehungspflege, Regelbruch und Agilität die wichtigsten Voraussetzungen für ein erfolgreiches Bestehen in der Veränderung dar (vgl. Capellmann et al. 2012, S. 34). Mit der Erlangung einer agilen Herangehensweise als methodischem Ansatz kann auf das veränderte Kundenverhalten, wie dem Verlangen von Transparenz und Einfachheit, dem Vergleichen von Angeboten, der Schwarmintelligenz im Inter-net sowie ethischen Ansprüchen und dem Anspruch, Teil der Gemeinschaft mit Nähe zu sein, geantwortet werden. Dass sich Agilität besonders eignet, konnte in anderen Branchen, wie z. B. im Automobilsektor mit ähnlich großen Herausforderungen auf-grund des Strukturwandels, gesehen werden. Erste Anzeichen von Veränderungen sind im äußeren Erscheinungsbild der Banken (Internetauftritt, Dresscode der Mitarbeiter und öffentliche Positionierung) erkennbar.

Über erste Schritte hinaus bedarf es eines ganzheitlichen Ansatzes, um eine integrierte, gemeinsame und gelebte Agilität zu erreichen. Dazu ist eine auf Basis der Strategie unterlegte Agilität mit geeigneten Prozessen, organisatorischer Fundierung und Einbeziehung in der jeweiligen Unternehmenskultur eine Voraussetzung für nachhaltigen Erfolg.

Die Ausrichtung auf den Kunden, um zeitnah, passend und zielgerichtet auf die Anforderungen zu reagieren, bedarf vollständig integrierter Handlungsstränge, um das gewünschte Kundenerlebnis zu gewährleisten. Hierbei ist die Organisation mit klaren Zuständigkeiten von hoher Bedeutung, um die Planung, Koordination und Steuerung des Kundenbeziehungsmanagements sicherzustellen – sei es in einer eigenständigen Einheit oder im Marketingbereich angesiedelt mit dem Ziel, die Verwaltungs-, Beratungs- und Vertriebseinheiten sowie das Produktmanagement im Sinne der Kundenorientierung zu vereinen.

Die Umsetzung im Rahmen einer IT-basierten Projektarbeit sollte primäre und sekundäre Stakeholder berücksichtigen, wenn auch die gesamten Bemühungen final auf den Kunden ausgerichtet sind. Unter den primären Stakeholdern können Entwickler, Anwender, Projektmanager und Business-Analysten verstanden werden, wo hingegen die sekundären Interessensinhaber aus den Kunden, Interessenten, Lieferanten, Medien, Aktionären, Investoren, Gesellschaftern und der Gesellschaft bestehen (vgl. Barenkamp et al. 2019, S. 224–237). Dabei sind die Mitarbeiter und die externen Dienstleister bei der Umsetzung im Rahmen eines Change-Prozesses zu berücksichtigen. Wie in vielen Veränderungsprozessen müssen mit verschiedenen Projektteilnehmern Wege der Kommunikation und Überzeugungsarbeit mit Workshops, direkten Ansprachen und Ver-anstaltungen geleistet werden. Die Mitarbeiter können in verschiedene Gruppen nach der aufgeschlossenen bzw. ablehnenden Haltung zur Agilität und nach dem Umfang der Projekterfahrung eingeteilt werden. Daraus resultieren Potentials, Multiplikatoren, Unerfahrene und Zweifler. Ziel ist die Fokussierung aller Beteiligten auf ein einheit-lich festgelegtes Herangehen und die Priorisierung der Projektverantwortung auf einen Projektleiter, der agile Methoden initiiert und erst bei einem Abweichen auf alte Methoden einschreitet. Daher ist Führung unverändert notwendig, da ein klarer Rahmen und Regeln unabdingbar sind, wenn auch der Ansatz der Agilität auf Freiwilligkeit beruht. Der Projektrhythmus wird z. B. durch Sprints im Rahmen der neuen Arbeitsformen verändert und muss erst erlebt und verstanden werden.

Der Erfolg der eingeführten Agilität sollte mittels konkreter Kennzahlen gemessen werden, damit die Veränderung der neuen Abläufe bestmöglich eingeschätzt werden kann. Eine agile Unternehmenskultur auf Basis von Selbstorganisation und Freiwilligkeit bedingt unverändert, dass die durch die Unternehmensführung gesetzten Ziele vorgegeben werden. Die Mitarbeiter entscheiden jedoch autonomer, wie die Ziele erreicht werden. Gleiches gilt für die Frequenz der Meetings: So sei ein ein- oder zweiwöchiger Sprint je nach Projekt besser geeignet. Als Ergebnis muss eine schnellere und qualitativ höherwertige Erreichung der Vorgaben im Vergleich zu klassischen Organisations- und Arbeitsformen stehen. Es sind lediglich Werkzeuge, von denen die Mitarbeiter überzeugt sein müssen, damit der Kunde besser bedient bzw. betreut wird.

5.2 Beispiele für agiles Kundenbeziehungsmanagement in Banken

Neue Geschäftsmodelle erfordern schlankere Prozesse und eine höhere Datenqualität. In Branchen, welche von ähnlich disruptiven Veränderungen wie Banken betroffen sind, ist diese Entwicklung deutlich sichtbar. Die BMW Bank GmbH unterstützt die BMW AG in ihren Absatzaktivitäten im Bereich der Financial Services mit Finanzierungen und Leasinggeschäften. Jedoch haben sich der Gebrauch und die Nutzung von Automobilen über die Zeit mit den Angeboten von Mietwagen, Carsharing und Ridesharing verändert. Diese neuen Geschäftsmodelle sind datenzentriert, wie auch die Aufsicht der Banken einen datenorientierten Ansatz verfolgt. Daher verfolgt die BMW Bank GmbH eine agile Transformation ihrer Produkte mit klarer Zuordnung zum Produkt Owner (Optimierung der Entwicklungsarbeit) und dem Feature-Team, welches cross-funktional tätig ist (vgl. Walch 2019, S. 14).

Die Development Bank of Singapore (DBS Bank Ltd.) hat ihre digitale Transformation früher als ihre Wettbewerber im Jahr 2014 begonnen und somit eine sehr erfolgreiche Entwicklung verzeichnet. Die Entwicklung von umfassenden Programmen für die digitale Transformation, welche die digitale Kundenreise und den Kulturwandel unterstützen, wurde mit passenden Controllingmethoden begleitet (vgl. DBS Bank Ltd. 2018). Die technologische Infrastruktur der Bank wurde neu ausgerichtet und ist zu über 80 % cloud-basiert. DBS wurde eine kundenzentrierte Bank und zu diesem Zweck wurde das Motto zu „live more, bank less" verändert. Diese Aussage reflektiert die Überzeugung, dass Kunden weniger Zeit mit den Abläufen der Bank aufwenden müssen und mehr Zeit für ihre Lebenszufriedenheit aufbringen sollten.

Mit der Markteinführung der Digibank in Indien durch die DBS wurden hohe Standards im Bereich des mobilen Bankings gesetzt. Beispielsweise ist der Kontoeröffnungsprozess einzigartig im Sinne der Kontengeneration und Verifizierung und das finanzielle Reporting wurde auf intelligente Weise digital gestaltet. Hierbei spielen die Themen Automatisierung, Robotics und Datenanalyse eine zentrale Rolle, um intelligente Entscheidungen zu treffen (vgl. DBS Bank Ltd. 2019).

5.3 Trends und Handlungsempfehlungen für Banken

Die FinTech Times erstellt folgende Prognosen für die Bankenbranche für das Jahr 2020: Reduzierung der Fixkosten mit dem Ersatz herkömmlicher Bankfilialen durch andere Formate wie Filialen in Kaffeegeschäften, Fokussierung der digitalen Kundenerfahrung, Kunden verwenden weniger Bargeld und nutzen mobile Bezahlsysteme, Blockchain und Internet of Things (IoT) werden zunehmend genutzt, weisen jedoch Sicherheitsfragen auf und Smartphones werden die Service-Dienstleistungen und Interaktionen prägen (vgl. The Fintech Times 2019).

Im Hype Cycle der digitalen Bankentransformation von Gartner aus dem Jahr 2019 werden die technischen Entwicklungen im zeitlichen Ablauf und im Kontext der Erwartungen dargestellt. Dabei erfahren die biometrischen Authentifizierungsmethoden und Banken-Matching-Plattform-Modelle eine Tendenz zu höherer Produktivität. Im Kontrast werden die technischen Entwicklungen der Kryptowährungen (Hardware- und Software-Wallets) als derzeit zu hoch bewertet eingeschätzt.

Abschließend ist festzustellen, dass die Sicherstellung der Zufriedenheit der Kunden für den Unternehmenserfolg eine große Rolle spielt, da den Kunden aufgrund der zunehmenden Transparenz alternative Anbieter zur Verfügung stehen. Durch das geänderte Informationsverhalten der Kunden ist eine aktive Kontaktaufnahme seitens der Nachfrager im Gegensatz zum herkömmlichen Verkauf von Produkten und Dienstleistungen seitens der Banken festzustellen. Die Technisierung der Informations- und Verkaufsabwicklungen erschwert die Aufrechterhaltung bzw. den Aufbau der Beziehung zum Kunden. Daher ist das Thema der Agilität in Banken relevant, um diesen Herausforderungen mit hoher Geschwindigkeit und erhöhter Qualität zu begegnen. Mithilfe eines geeigneten Kundenbeziehungsmanagement können Kunden gewonnen bzw. gehalten werden. Dabei ist auf die Wertschöpfung des Kunden im zeitlichen Ablauf zu achten, da die Ressourcen der Banken zielgerichtet eingesetzt werden sollten. Demnach hat das agile Kundenbeziehungsmanagement eine zentrale Bedeutung für den Unternehmenserfolg und sollte mit entsprechender Priorität betrachtet und umgesetzt werden.

Literatur

Barenkamp, M., Thomas, O., & Zarvic, N. (2019). „Agile" – Nur ein Buzzword? *Wirtschaftsinformatik und Management, 11*(4), 224–237.

Bitkom Research. (2017). *Digitalisierung – Deutschland endlich auf dem Sprung?* Berlin: Tata Consultancy Services.

Bruhn, M. (2016). *Relationship Marketing: Das Management von Kundenbeziehungen* (5., über-arbeitete). München: Vahlen.

Capellmann, W., Peverelli, R., & Walter, C. (2012). *Wie sich die Finanzbranche neu erfindet: Was Kunden von Finanzdienstleistern wirklich erwarten*. München: Finanz Buch.

DBS Bank Ltd. (2018). DBS Group Holdings Ltd. – Annual Report 2018. https://www.dbs.com/annualreports/2018/downloads/dbs-annual-report-2018. Zugegriffen: 8. Mai 2020.

DBS Bank Ltd. (2019). Newsroom – The latest on DBS. https://www.dbs.com/newsroom/DBS_named_Worlds_Best_Bank_by_Euromoney_magazine. Zugegriffen: 8. Mai 2020.

GENObarcamp. (2019). https://genobarcamp.de/. Zugegriffen: 8. Mai 2020.

Foscht, T., Swoboda, B., et al. (2015). *Käuferverhalten – Grundlagen, Perspektiven, Anwendungen* (5. Aufl.). Wiesbaden: Springer Gabler.

Kotler, P., Armstrong, G., et al. (2016). *Marketing* (6. Aufl.). Hallbergmoos: Person.

Kreutzer, R. (2016). *Kundenbeziehungsmanagement im digitalen Zeitalter – Konzepte, Erfolgsfaktoren, Handlungsideen*. Stuttgart: Kohlhammer.

Kypriotaki, K., Zamani, E., & Giaglis, G. (2015). From bitcoin to decentralized autonomous corporations. *International conference on enterprise information systems*, April, 284–290.

Leußer, W., Rühl, D., et al. (2011). IT-Unterstützung von Marketing-Prozessen. In H. Hippner, & B. Hubrich, et al. (Hrsg.), *Grundlagen des CRM – Strategie, Geschäftsprozesse und IT-Unterstützung* (3. Aufl.). Wiesbaden: Gabler.

Mylius, C., & Palter, J. (2017). Omnikanalstrategien: Ein Modell für die Umsetzung. *Zeitschrift für das Versicherungswesen, 2, 57*.

N26. (2019). https://n26.com/de-de/ueber-n26. Zugegriffen: 8. Mai 2020.

Ott, H. (2016). Beratungsqualität von Online-Beratungstools: Die Rolle der Empathie. *Zeitschrift für das Versicherungswesen, 17, 36*.

Peverelli, R., et al. (2016). *Reinventing Customer Engagement – Kundenbeziehungen neu erfinden*. München: Finanz Buch.

Rollett B. (1999). Auf dem Weg zu einer Fehlerkultur. In W. Althof (Hrsg.), *Fehlerwelten*. Wiesbaden: VS Verlag.

The Fintech Times. (2019). 2020 banking predictions. https://thefintechtimes.com/2020-bankingpredictions/. Zugegriffen: 8. Mai 2020.

Walch, M. (2019). Data Governance in Präsentation: Implementierung von Data Governance in der BMW Bank, S. 14 (Data Quality Management from the COO´s Perspective am 26.03.2019).

Dr. Axel Steudle ist als Senior Berater bei der DZ PRIVATBANK Niederlassung Stuttgart im Private Banking tätig. Zuvor hat er zahlreiche berufliche Stationen im Bankbereich vom Kreditgeschäft für Firmenkunden/Akquisitionsfinanzierungen über Private Equity hin zu Vermögensverwaltungen durchlaufen. Nebenberuflich ist er Dozent an der FOM Hochschule in den Themenfeldern Turnaround Management, International Finance und Management Basics.

Erste Lehren aus INGs agiler Transformation

6

Leif Erik Wollenweber

Inhaltsverzeichnis

6.1 ING als agile Avantgarde 65
6.2 Lehre 1: Agilität verändert die Machtstrukturen und die Rolle der Führungskräfte 69
6.3 Lehre 2: Die Umstellung auf Agilität erfordert ein spezifisches Change-Management . . . 70
6.4 Lehre 3: Stakeholder-Management ist ein Erfolgsfaktor – gerade im stark regulierten
     Finanzsektor 71
6.5 Lehre 4: Das Ziel von Agilität ist optimierte Kundenorientierung 71
6.6 Lehre 5: Agiles Management braucht visionäre, kommunikationsstarke Führung 72
6.7 Lehre 6: Spezifische Controlling-Systeme für agiles Management entwickeln 73
6.8 Personalentwicklung an die veränderten Anforderungen und Karrierepfade anpassen 73
6.9 Fazit: Auch ein alter Hund kann neue Tricks lernen 74
Literatur 75

6.1 ING als agile Avantgarde

Die meisten Manager sind mit den Vorzügen agiler Organisation vertraut. Agilität versetzt Unternehmen in die Lage, näher am Kunden zu bleiben und sich schneller an veränderte Bedingungen anzupassen, als es zuvor möglich war. Wenn agile Methoden richtig umgesetzt werden, führen sie fast immer zu einer höheren Mitarbeitermotivation, Teamproduktivität, schnelleren Markteinführung und höheren Kundenorientierung bei geringerem Risiko als traditionelle Ansätze (vgl. Rigby et al. 2018; Ramsauer et al.

L. E. Wollenweber (✉)
FOM Hochschule, Köln, Deutschland
E-Mail: leif-erik.wollenweber@fom.de

© Der/die Autor(en), exklusiv lizenziert durch Springer Fachmedien Wiesbaden GmbH,   65
ein Teil von Springer Nature 2021
M. Seidel (Hrsg.), *Banking & Innovation 2020/2021,* FOM-Edition,
https://doi.org/10.1007/978-3-658-32427-8_6

2017, S. 17 ff.). Als Arbeitsdefinition soll deshalb gelten: Agilität ist die Fähigkeit, sensitiv, intelligent, schnell und flexibel auf Kundenanforderungen und Veränderungen in der Organisationsumwelt reagieren zu können (vgl. Aghina et al. 2017; Armutat et al. 2018, S. 127 ff.; Hackl et al. 2015, S. 31 ff.).

Das alte, effizienzorientierte Paradigma des Industriezeitalters wird abgelöst durch Unternehmen, die funktionieren wie Organismen (Aghina et al. 2017). Angesichts des dynamischen Wandels in der Unternehmensumwelt und auf vielen Märkten streben Unternehmen nicht mehr nur danach, robuster zu werden, sondern antifragil. Das heißt, Veränderung schadet dann nicht mehr, sondern wird zum Vorteil genutzt (vgl. Taleb 2014, S. 21 ff.; Rigby et al. 2018).

Kein Wunder also, dass einer McKinsey-Studie zufolge 68 % aller Unternehmen, die noch keine agilen Methoden einsetzen, dies anstreben. Aber nur vier Prozent der Unternehmen in derselben Studie waren bereits agil organisiert. Immerhin 37 % waren auf dem Weg, vor allem kundenrelevante Funktionen agil zu gestalten. Doch noch liegt eine erfolgreiche, agile Transformation für die meisten in der Ferne (vgl. Ahlbäck et al. 2017).

So verlockend die Vision des agil funktionierenden Unternehmens auch ist, so schwierig ist es, sie in die Realität umzusetzen (vgl. Aghina et al. 2017). Unternehmen haben schon Schwierigkeiten zu wissen, welche Funktionen in multidisziplinäre Tribes umorganisiert werden sollten. Auch ist es nicht ungewöhnlich, dass Unternehmen agile Einheiten als Testballons gründen, nur um sie dann an ihrer Bürokratie und Mikropolitik scheitern zu sehen (vgl. Rigby et al. 2018). Doch gibt es bereits Erfolgsbeispiele, aus denen Unternehmen lernen können, die mit einer Transformation liebäugeln (vgl. Ahlbäck et al. 2017).

Ist die Rede von Agilität, werden viele zuerst an Google, Apple, Facebook oder Amazon denken. Denn agile Methoden sind Teil des Erfolgsgeheimnisses der „fabulous four" und all der anderen in den letzten gut 20, maximal 25 Jahren gegründeten Wachstumsunternehmen, die inzwischen weite Teile der Geschäftswelt dominieren, deutlich über die Internetwirtschaft hinaus (vgl. Galloway 2017, S. 1 ff.). Da sie inzwischen teils sogar aggressiv die Märkte etablierter Anbieter angreifen, überleben diese auf Dauer nur, wenn sie ebenfalls schnell, wendig und kundenorientiert werden. Doch noch hat kaum ein traditionelles, „klassisch" organisiertes, alteingesessenes Unternehmen die umfassende Transformation zur Agilität versucht, geschweige denn geschafft. Was passiert also, wenn ein Unternehmen, dessen Wurzeln mehr als ein Jahrhundert zurückreichen, sich für agile Managementmethoden entscheidet, die in der Softwareindustrie entwickelt wurden?

Viele experimentieren zwar mit Innovation Labs im Silicon Valley oder anderen Hubs, aber diese Einheiten machen meist nur einen Bruchteil des Gesamtunternehmens aus und gehören nicht zu dessen produktiven Funktionen. Sie rangieren deshalb irgendwo zwischen Testeinheit für neue Produkte wie Managementmethoden und Feigenblatt für uninspiriertes Innovationsmanagement. Weiter sind da Unternehmen wie Bosch, Siemens oder Vießmann, die noch weit überwiegend konservativ organisiert sind, aber eine wesentliche Funktion, meist die mit der für den Kunden wichtigsten Leistung, agil organisiert haben (vgl. Kotter 2012, S. 26 ff.; Petry 2016, S. 231 ff.; Rigby et al. 2018).

Ein besonders interessantes Fallbeispiel für die Wandlung zum agilen Unternehmen ist deshalb die ING-Bank in den Niederlanden, die mit ihrer bereits über 100-jährigen Firmengeschichte wahrlich kein Neuling ist. Zudem gilt die Finanzindustrie eher als konservativ und risikoavers. Trotzdem entschloss sich die Unternehmensführung 2014 dazu, konsequent den Weg zum vollständig agil organisierten Unternehmen zu gehen (Schlatmann, in Mahadevan 2017, S. 3 f.). Die Muttergesellschaft in den Niederlanden fungierte als Pilot, die ING DiBa als deutsche Tochter zog einige Jahre später nach (vgl. ING 2020; Gleibs und Alpert 2019, S. 294 f.). Die Erkenntnisse, die bereits in verschiedenen Fallstudien und auch hier gewonnen werden, können nach gut fünf Jahren nur als vorläufig gelten, aber dennoch schon wertvolle Aufschlüsse über Vorteile, aber auch Risiken einer solchen Transformation geben.[1]

Einen fruchtbaren Boden für ihren tiefgreifenden organisatorischen Wandel hatte die ING vielleicht schon durch ihre positiven Erfahrungen als Vorreiter im Online-Banking und z. B. bei der Gründung der ING DiBa in Deutschland (Birkinshaw 2017). Hinzu kam, dass die niederländische IT-Abteilung bereits erfolgreich auf Scrum und andere agile Methoden umgestellt hatte (Barton et al. 2018, S. 37).

Außerdem erkannte sie die strategische Dringlichkeit, den Schritt zu gehen. Die Tech-Unternehmen Alphabet, Facebook, Netflix, Spotify oder Zappos fungierten als Vorbild, da sie durch ihre agilen Organisationsmodelle Wettbewerbsvorteile vor allem durch stärkere Mitarbeiter- und Kundenorientierung erzielten (vgl. Schlatmann, in Mahadevan 2017, S. 1; Barton et al. 2018, S. 38). Zugleich waren verschiedene Fintechs, allen voran vielleicht Paypal, bereits in den Bankensektor eingebrochen (Gleibs und Alpert 2019, S. 294). Es war klar: Man würde diese nur erfolgreich in Schach halten können, wenn man sich die Stärken der Angreifer selbst zu eigen machen könnte (Birkinshaw 2017). Dazu kam, dass ING durch interne Untersuchungen feststellte, dass bürokratische Strukturen, Bereichsegoismen und Risikoaversion bereits zu einer Last geworden waren. Die Umstrukturierung sah vor, zunächst am Hauptsitz der ING in Amsterdam zu beginnen. Dieser Schritt war als Pilotprojekt und Vorbild geplant, die Tochtergesellschaften sollten aus den Erfahrungen lernen und nachziehen.

Ziel der ING war es, eine fluide, stets anpassungsbereite, agile Organisation zu schaffen. Dazu wurden die 3500 Mitarbeiter der Zentrale zu 350 Squads geformt: Teams von bis zu neun Personen mit Verantwortung für eine bestimmte kundenbezogene Aktivität. Dazu mussten sich 2500 der Mitarbeiter um ihre neuen Aufgaben bewerben (Rigby et al. 2018). Die Squads sollten dann nach agilen Prinzipien arbeiten: eine Reihe von kurzen „Sprints", täglichen Berichten zum Projektfortschritt und mit häufigem Feedback

---

[1]So wechselte Bart Schlatmann – als COO einer der für den Transformationsprozess maßgeblichen Manager der ING – 2017 als Chief Transformation Officer zur Sberbank und ist nun CEO des europäischen Direktgeschäfts der Allianz SE (Allianz SE 2018).

der internen und externen Kunden. Die Squads wurden 13 Stämmen, sogenannten Tribes, zugeordnet. Ausgenommen wurden nur einige wenige Zentralfunktionen und solche mit regulatorischen Aufgaben, die aber ebenfalls agile Methoden anwenden und eng mit den Tribes zusammenarbeiten. Jeder Tribe hat bis zu 150 Mitarbeiter, was Anonymität verhindert und Kommunikation sowie Vertrauensbildung fördert.[2] Jeder Stamm erhält einen Tribe Lead, der die übergeordneten Prioritäten bestimmt, entsprechende Budgets festlegt, Aufgaben als Personalverantwortlicher wahrnimmt und als interner wie externer Netzwerker für Informationsaustausch sorgt (vgl. Mahadevan 2017, S. 1 f.; Barton et al. 2018, S. 37).

Die Squads haben die Schlüsselfunktion, für interne oder externe Kunden bestimmte Aufgaben zu definieren und zu erfüllen. Dieses „End-to-end"-Prinzip ist ein Kernelement der agilen Organisation, indem alle Fachdisziplinen in einem Team vereint werden, die für den Projekterfolg notwendig sind (vgl. Gleibs und Alpert 2019, S. 297 ff.; Rigby et al. 2018). ING hat diesen Ansatz übernommen und in seinen Squads je nach Aufgabenstellung Marketingexperten, Produkt- und Vertriebsspezialisten, User-Experience-Designer, Datenanalysten und Programmierer verbunden (vgl. Mahadevan 2017, S. 2). Ein Mitglied des Squads wacht als „Product-Owner" darüber, dass das Projekt zielstrebig verfolgt wird und den Kundenanforderungen entspricht. Er koordiniert dafür die Arbeit des Squads und legt die Prioritäten fest (vgl. Barton et al. 2018, S. 37).

Typischerweise werden Squads aufgelöst, wenn eine bestimmte Aktivität abgeschlossen ist, um dann wieder in anderen Konstellationen für neue Projekte zur Verfügung zu stehen. Squads, die besonders gut agieren und die sich auf bestimmte Tätigkeiten spezialisieren, können dennoch zusammenbleiben und als Team eigeninitiativ immer wieder neue Aufgaben übernehmen. Die Lebensdauer von Squads variiert dadurch zwischen wenigen Wochen und mehreren Jahren (vgl. Barton et al. 2018, S. 37).

Die Vertreter bestimmter Spezialdisziplinen in den jeweiligen Squads gehören ihrerseits zusätzlich entsprechenden Chaptern an, in denen sie sich fachlich austauschen, Neuerungen erfahren und Best Practices kommunizieren. Der Chapter-Lead koordiniert diese Tätigkeiten und fungiert zugleich als Coach und fachlicher Vorgesetzter. Die durch die Chapter entstehende Matrix-Organisation ermöglicht es, die Vorteile klassischer Fachfunktionen mit denen der agilen Projekte zu verbinden (vgl. Barton et al. 2018, S. 38).

---

[2]Nicht nur zufällig bedienen sich agile Methoden der Nomenklatur der Ethnologie entsprechend der Stammesgesellschaften von einigen wenigen hundert Menschen, die in kleinen Jagdgruppen auf Nahrungssuche gingen – die ursprüngliche Weise unseres Zusammenlebens. Sie erfüllen so soziale und psychologische Bedürfnisse weit besser als die auf Basis des Scientific Management geplanten, effizienzorientierten Organisationsmodelle und sind diesen vermutlich auch deshalb hinsichtlich ihrer Anpassungsfähigkeit und der intrinsischen Motivation der Mitarbeiter überlegen.

Eine große Gefahr für das Funktionieren der Tribes und vor allem der Squads ist der Rückfall in die Unsitten klassischer Organisationen, so etwa Bereichsegoismen, Karrierismus, mangelnde Kommunikation oder Einzelgängertum. Besonders leicht geraten Manager in Versuchung, in die selbstgesteuerte Arbeitsweise der Squads einzugreifen, um ihre eigenen Interessen durchzusetzen. So berechtigt dies im Einzelfall sein mag, unterhöhlt ein solches Vorgehen aber die agilen Grundregeln. Der agile Coach hat deshalb die Aufgabe, Einzelne und Squads bei der Anwendung der agilen Methoden zu unterstützen und sie im Extremfall vor systemfremden Interventionen konfliktlösend zu schützen (vgl. Barton et al. 2018, S. 38 f). Peter Jacobs, zu dem Zeitpunkt der Transformation verantwortlicher Chief Information Officer der ING Niederlande, betonte allerdings, dass die „alte Garde" keineswegs zurückhaltender war als die jüngeren Generationen, sondern in vielen Fällen die agilen Methoden sogar schneller als diese adaptierte (Jacobs in: Mahadevan 2017, S. 9).

Der Startschuss für die neue Struktur in den Niederlanden fiel am 15. Juni 2015 (vgl. Schlatmann in: Mahadevan 2017, S. 1). 18 Monate später war das Mitarbeiterengagement gestiegen, der Net-Promoter-Score – als zentrale Kennzahl zur Messung der Kundenzufriedenheit – verbesserte sich in den Niederlanden von –21 % im Jahr 2015 auf –7 % im Jahr 2017 und das spezifische Aufwand-Ertrag-Verhältnis sank im gleichen Zeitraum von 65 % auf 51 % (vgl. Mahadevan 2017, S. 1, 9; Barton et al. 2018, S. 38; Birkinshaw 2017; Perkin 2017). Über den Transformationsprozess der ING kann deshalb ein positives Zwischenfazit gezogen werden, wenngleich nicht alle Ziele vollständig erreicht wurden. Aus dem Beispiel der ING können die in den folgenden Abschnitten aufgeführten sieben Lehren für die Transformation klassischer Unternehmen vor allem des Finanzsektors gezogen werden.

6.2 Lehre 1: Agilität verändert die Machtstrukturen und die Rolle der Führungskräfte

Agiles Management verändert die Machtbalance in Unternehmen. Überspitzt dargestellt, arbeiten die Angestellten nicht mehr für die Führungskräfte, sondern die Führungskräfte unterstützen die Angestellten im Erreichen von deren Zielen. Eine der größten Widerstandskräfte im Change-Prozess sind deshalb die Manager, die ihre Machtposition nicht aufgeben und den Rollenwechsel nicht vollziehen wollen. Längst nicht alle waren zu überzeugen, aber eine so eingreifende Veränderung war nur unter der Bedingung erfolgreich zu gestalten, dass die weit überwiegende Mehrheit der Führungskräfte mitzog. Zu Beginn des Transformationsprozesses in den Niederlanden trennte sich ING deshalb von gut einem Drittel der Manager (Birkinshaw 2017). Bei dem nachfolgenden Prozess der ING in Deutschland waren es ebenfalls fast 40 % (Anm. des Verfassers). Insgesamt wurde der Personalbestand in den Niederlanden im Zuge der Transformation um 1500 Mitarbeiter reduziert (Birkinshaw 2017).

Ein Gutteil der Führungskräfte, die blieben, musste sich auf die neuen Positionen bewerben, da durch die neue Struktur die alten Führungsstrukturen und -aufgaben aufgelöst worden waren. Der Veränderungsdruck, der bei einer solchen Zäsur auf den Führungskräften lastet, darf nicht unterschätzt werden. Der agile Mindset war für das interne Recruiting wichtiger als Fähigkeiten und Erfahrung, da die neuen Rollen veränderte Kompetenzanforderungen stellten und das Topmanagement Behinderungen durch hochrangige Quertreiber verhindern wollte (vgl. Schlatmann, in: Mahadevan 2017, S. 9; Rigby et al. 2018).

6.3   Lehre 2: Die Umstellung auf Agilität erfordert ein spezifisches Change-Management

Die Umstellung auf agiles Management in einem traditionsreichen Unternehmen bedarf eines besonders sorgfältigen Change-Managements und einer entsprechenden Change-Kommunikation (vgl. Gleibs und Alpert 2019, S. 302). Die Notwendigkeit des Wandels muss ebenso klar sein wie der Vorteil im Falle des Gelingens. Die fortschreitende Digitalisierung und der Margendruck durch das ungünstige Zinsumfeld in Folge der Finanzkrise bereiteten einen guten Boden für die Argumentation der ING-Führungsspitze. Vielen Mitarbeitern war bereits klar, dass der Wettbewerb unter den Finanzdienstleistern und durch neuartige Fintechs im Zweifel eher zunehmen würde (vgl. Rigby et al. 2018). Trotzdem blieb die angekündigte Veränderung eine große Herausforderung, zumal noch keine andere europäische Bank den Sprung gewagt hatte. Für das Storytelling half, dass das Topmanagement auf Erfolgsgeschichten aus der Vergangenheit zurückgreifen konnte. So entstand im Unternehmen ein recht breiter Konsens, dass sich der ING 2015 die einmalige Gelegenheit bot, sich aus einer Position der Stärke heraus, planvoll und geordnet zur agilen Organisation zu wandeln (vgl. Schlatmann, in: Mahadevan 2017, S. 3 f.; Birkinshaw 2017).

Der Transformationsprozess der ING in Deutschland, der noch andauert, trifft auf größere Widerstände. Ein Grund könnte sein, dass die Führungskräfte und Mitarbeiter ihre alten, lieb gewonnenen Gewohnheiten bereits aufgeben mussten, die neuen Methoden aber noch nicht vollständig adaptiert haben und deshalb deren Vor- wie Nachteile nicht ausreichend gut einschätzen können (vgl. Tillmann 2019). Ein Fehler der ING dabei könnte sein, dass man bei der Transformation der Muttergesellschaft in den Niederlanden noch vorsichtig vorging, da der Erfolg noch nicht sicher, die genaue Vorgehensweise unklar und das Risiko des Scheiterns hoch war. Nachdem der Pilot nun als gelungen gilt, könnte die Selbstgewissheit beim Ausrollen der agilen Transformation bei den Tochtergesellschaften nun gar zu groß sein. Für diese These spricht der Unmut, der in Deutschland zu vernehmen ist (vgl. Slodczyk 2019). Freilich verwundert die Kritik gerade der Führungskräfte, die die ING verlassen mussten, keineswegs, war es ja gerade der fehlende agile Mindset, der auch anfangs bei der ING Niederlanden zu einer Welle von Demissionen geführt hat. Trotzdem sollte jeder Veränderungsprozess als ein eigenständiges Projekt angesehen werden, der auch im Falle von positiven Vorreitern mit der gleichen Vorsicht und Sensibilität durchgeführt werden muss wie beim ersten Mal.

6.4   Lehre 3: Stakeholder-Management ist ein Erfolgsfaktor – gerade im stark regulierten Finanzsektor

Zu einem erfolgreichen Change-Management gehört auch die Einbindung wichtiger Stakeholder. Die Bankenaufsicht musste informiert werden und zeigte sich zunächst skeptisch, da sie agile Methoden mit IT-Unternehmen assoziierte und für den Bankenbereich eher für ungeeignet hielt (vgl. Schlatmann, in: Mahadevan 2017, S. 8). Sie zweifelte insbesondere mit Blick auf die streng regulierten Bankaktivitäten daran, dass diese mit agilen Strukturen ordnungsgemäß ausführbar seien. Daraufhin lud die ING-Führung die Aufsichtsbehörde in die Zentrale ein, um zu demonstrieren, dass die agilen Methoden zu einem verbesserten Kundenservice führten. Ausschlaggebend war jedoch, dass vor allem die Finanz-, Compliance- und Rechtsfunktionen weiterhin traditionell erledigt wurden.

6.5   Lehre 4: Das Ziel von Agilität ist optimierte Kundenorientierung

Agilität ist kein Selbstzweck und darf es nicht bleiben (vgl. Schlatmann, in: Mahadevan 2017, S. 10), sondern Agilität heißt, das ganze Geschäft auf die Bedürfnisse des Kunden auszurichten (frei nach Peter F. Drucker). Die Idee der Kundenorientierung ist so alt wie der Markt, aber klassische Unternehmen liegen zwar zu Anfang richtig, halten dann aber zu lange an ihrer ursprünglichen Lösung fest, obwohl sich die Kundenbedürfnisse verändern. Das Ziel der Agilität ist es deshalb, nicht am eigenen Angebot, sondern am Kunden zu „kleben". Das heißt, die Produkte und Dienstleistungen werden möglichst synchron mit den sich verändernden Kundenbedürfnissen weiterentwickelt.[3] Agile Methoden bieten hier deutliche Vorteile – ist doch die iterative Produktentwicklung mit direkter Kundenintegration ihr Kernmerkmal.

ING setzte dies um mit Squads, die sich auf eine bestimmte Kundengruppe konzentrieren. Diese Trupps wurden dann zu größeren Stämmen zusammengefasst, die an verwandten Aktivitäten arbeiteten. ING differenziert dabei zwischen „Experience Tribes", die neue Kunden werben, und „Service Tribes", die bestehende Kunden pflegen.

---

[3]Ein ideales Beispiel hierfür ist Netflix, dessen Gründer Reid Hastings das Geschäftsmodell gezielt von der Online-Videothek zum Streamingdienstleister und schließlich zum Filmproduktionsunternehmen mutierte. Erwähnenswert ist dazu, dass Netflix für jeden Nutzer ein seinen Präferenzen entsprechendes Streamingprofil bietet, inzwischen basierend auf der Nutzung Künstlicher Intelligenz.

Wichtig ist es, die Strukturen stets flexibel zu halten, damit sie weiterentwickelt werden können. So war zum Beispiel der für das tägliche Bankgeschäft zuständige „Experience Tribe" eine Zeit lang für verschiedene Aufgaben der Kundenkommunikation zuständig. Es zeigte sich aber, dass dafür der auf Kommunikation spezialisierte Tribe besser geeignet war, sodass die Aufgabe auf diesen verlagert wurde. Ebenso hat die ING das Konzept der „Pop-up-Squads" geschaffen, um einmalige, kurzfristige Projekte zu verwalten.

6.6   Lehre 5: Agiles Management braucht visionäre, kommunikationsstarke Führung

Die Erfahrung von ING erinnert daran, dass man in einer agilen Organisation immer noch eine Aufsicht auf höchster Ebene braucht – um die Vision und die abgeleiteten Unternehmensziele zu kommunizieren und das Niveau der Ambitionen hoch zu halten.

Für das Gelingen der agilen Transformation ist die Vorbildfunktion aller Führungskräfte besonders wichtig. Diese müssen lernen, sich gegenüber ihrer klassischen Kompetenzzuordnung deutlich zurückzunehmen. Gefragt ist ein demokratischer Führungsstil, der nach der Maxime funktioniert, die eigene Leistung in den Dienst der Vorhaben der geführten Mitarbeiter in deren Tribes und Squads zu stellen.

Die Bedeutung der fachlichen Kompetenzen der Führungskräfte nimmt dadurch ab, während die Anforderungen an Empathie, psychologische Kompetenzen und Coachingfähigkeit wachsen. Ebenfalls erhöht Agilität den Anspruch an die Fähigkeit, Ziele an die Mitarbeiter in der agilen Organisation zu kommunizieren, Aufgaben an eigenständig arbeitende Squads zu delegieren und Entscheidungsprozesse wie -kriterien so transparent zu machen, dass die Mitarbeiter diese nicht nur verstehen, sondern selbst vollziehen können, um in ihren Squads noch selbständiger zu arbeiten (vgl. Ahlbäck et al. 2017).[4]

Wie Schlatmann verdeutlicht, müssen die Führungskräfte die Balance finden zwischen der weitgehend autonomen Arbeitsweise der Squads und ihrer Koordination zu einem großen Ganzen. Auch darf das Bemühen, Kundenwünsche zu erfüllen, nicht die Ressourcen des Unternehmens überfordern oder sogar seinen legitimen Interessen zuwiderlaufen. Dazu bedarf es regelmäßiger Abstimmungstreffen im Abstand im Quartals- oder Halbjahresrhythmus. Und die Tribes mit ihren Squads müssen immer wieder auf die übergeordneten Unternehmensziele zurückgeführt werden (vgl. Mahadevan 2017, S. 10).

---

[4]Interessanterweise ist dem Anspruch das „Führen mit Auftrag" ähnlich. Der Vorgesetzte gibt dem Untergebenen die Aufgabe, meist noch den Zeitansatz und die benötigten Kräfte vor. Auf Basis dieser Parameter verfolgt und erreicht dieser das Ziel selbstständig und ist innerhalb der allgemeinen Regeln frei in der Durchführung. Dies erhöht die Flexibilität und entlastet die Führungskräfte (Zarthe 2005).

6.7   Lehre 6: Spezifische Controlling-Systeme für agiles Management entwickeln

Agilität führt nicht zum Verzicht von Steuerung. Doch die kurzen, kundenorientierten Prozesse erfordern ein angepasstes Controllingsystem. Klassische Controllingmethoden stoßen hier an ihre Grenzen. Tech-Unternehmen wie Google und Netflix arbeiten erfolgreich mit dem vierteljährlichen Geschäftsprüfungsprozess (QBR) und „Objectives and Key Results" (OKR).

Diese Controllinginstrumente hat ING übernommen. Viermal im Jahr schreibt jeder Tribe-Leader im QBR eine maximal sechsseitige Zusammenfassung darüber, was der Tribe erreicht hat, was er nicht erreicht hat (und warum nicht), was er im nächsten Quartal erreichen wird und welche Abhängigkeiten außerhalb der Kontrolle des Tribes bestehen. Diese Reports werden dann in einem großen Treffen (dem QBR-Markt) diskutiert, an dem die Tribe Leader und andere relevante Führungspersonen teilnehmen – einem Steuerungskreis von etwa 20 Personen. Sie stellen die Errungenschaften und Pläne der anderen in Frage und lösen dabei oft Spannungen oder Überschneidungen. Jeder Tribe-Leader leitet eine Reihe von OKRs aus dem QBR für das folgende Quartal ab. Dafür wird zunächst ein qualitatives, ehrgeiziges Ziel („Objective") gesetzt, das mit einer spezifischen Kennzahl („Key Result") unterlegt werden muss. Die OKRs werden dann in Aufgaben für die einzelnen Squads innerhalb des Tribes umgesetzt, deren Fortschritt in kurzem Takt überprüft wird.

Auch diese Umstellung war nicht einfach für die Mitarbeiter der ING. Zunächst vereinfachten sie den Umgang mit dem QBR und den OKRs, indem sie Ziele vereinbarten, die eher bequem zu erreichen waren. Die ING-Führung musste sie deshalb zu ambitionierten Zielen drängen, denn der Gedanke der OKR ist, von der Erfüllung eines Plansolls wegzukommen und anstatt dessen das tatsächlich Mögliche auszuloten, Risiken einzugehen und so zu kreativen Neuerungen zu kommen. Da es im klassischen Controlling darum geht, Vorgaben möglichst zu 100 % zu erfüllen, war es ungewohnt, nun schon eine Zielerreichung von 80 % als erfolgreich anzusehen. Deshalb war auch für die Umstellung des Controllingsystems ein Kulturwandel notwendig (vgl. Birkinshaw 2017; Mahadevan 2017 S. 8 f.; Barton et al. 2018, S. 38).

6.8   Personalentwicklung an die veränderten Anforderungen und Karrierepfade anpassen

Agile Strukturen können für Mitarbeiter verunsichernd sein, die daran gewöhnt sind, dass ihre persönliche Entwicklung und ihr beruflicher Werdegang von den Personalabteilungen oder den üblichen Karrierepfaden einer bestimmten Branche festgelegt werden. Außerdem kann die kürzere Taktung agiler Prozesse dazu führen, dass Mitarbeiter sogar zu aufgaben- und ergebnisorientiert agieren und ihre eigene, langfristige Karriereentwicklung vernachlässigen. Angesichts der hohen Leistungsanforderungen und der Ziele, die oft unmöglich vollständig zu erreichen sind, besteht ein erhöhtes Burnout-Risiko. ING hat diese Risiken präventiv untersucht und im betrieblichen Gesundheitsmanagement Vorkehrungen getroffen.

Zuständig für die fachliche Mitarbeiterentwicklung sind der Product Owner, der Chapter Lead und der agile Coach, die zusammen auch für das Empowerment einer Truppe verantwortlich sind. Sie treffen sich wöchentlich, um die Aktivitäten ihrer Gruppe und ebenso die Entwicklungsbedürfnisse der einzelnen Mitarbeiter gemeinsam zu diskutieren.

Dies war eine der Veränderungen, die ING Probleme bereitete, da in agilen Prozessen aktuelle Projekte in den Vordergrund treten und ebenfalls wichtige, aber längerfristige Aufgaben hintangestellt werden. Außerdem liegen die Mitarbeiterführung und -entwicklung – letztere im Zusammenspiel mit dem Personalmanagement – in der klassischen Organisation häufig in der Hand meist nur einer Führungskraft. Im agilen Management dagegen liegen die Elemente Produkt, Prozess und Mitarbeiter in der Verantwortung je einer anderen Person. Den neuen Chapterleitern, Produktbesitzern und agilen Coaches fiel es deshalb schwer, sich daran zu gewöhnen, bestimmte neue Verantwortlichkeiten zu übernehmen, andere Kompetenzen aber nicht mehr zur Verfügung zu haben (vgl. Birkinshaw 2017).

Offenbar müssen die Rollenträger in agilen Prozessen noch intensiver auf ihre Aufgaben vorbereitet und dafür sensibilisiert werden, über die kurzfristig orientierte Zielverfolgung nicht die ebenso wichtige Weitsicht zu verlieren. Ein ebenfalls wichtiger Aspekt ist, dass die flachen Hierarchien deutlich weniger Managementpositionen und Aufstiegschancen für karriereorientierte Mitarbeiter bieten. Dies können Tech-Unternehmen durch ihr Wachstum, das Karrierechancen eröffnet, durch Aktienpakete für Mitarbeiter und durch die Förderung von Intrapreneurship kompensieren.

Alle drei Optionen stehen Unternehmen wie der ING aber kaum zur Verfügung. Sie steht gerade am Anfang ihrer Entwicklung, sodass sich die Frage der Entwicklungsperspektive für besonders ehrgeizige und leistungsstarke Mitarbeiter vielleicht noch nicht in aller Brisanz stellt, aber bereits deutlich wird, dass auch hier Lösungen gefunden werden müssen. Schließlich sind agile, kundenorientierte Unternehmen ganz besonders von hochmotivierten und qualifizierten Mitarbeitern abhängig (vgl. Gleibs und Alpert 2019, S. 302 ff.). Für den langfristigen Erfolg der ING könnte deshalb die Achillesferse im Coaching und der nachhaltigen Entwicklung der Mitarbeiter liegen.

6.9   Fazit: Auch ein alter Hund kann neue Tricks lernen

Die agile Transformation der ING beweist, ein „alter Hund kann neue Tricks lernen". Unternehmen mit dominierendem Projektgeschäft und Start-ups, die direkt mit agiler Organisation groß werden, sind die Avantgarde des neuen Managementparadigmas. Aber wenn ING als Unternehmen mit mehr als einhundertjähriger Geschichte in dem stark reglementierten Finanzsektor den Wandel schafft, dann können viele andere folgen. Das

Beispiel von ING zeigt, dass Agilität nicht mit dem Verzicht auf die Stabilität erkauft werden muss, die Unternehmen in traditionellen Branchen auszeichnet (vgl. Aghina et al. 2015, S. 1 f.).

Auch Schlatmann betont, jede Organisation könne agil werden, aber Agilität sei kein Allheilmittel. Er rät jedem Unternehmen, vor Beginn der Reise zur Agilität die Fragen zu stellen:

1. Warum will es agil werden?
2. Was ist das strategische Ziel?
3. Ist man bereit, die Opfer zu bringen, die die Veränderung erfordert?

Vor allem die Manager müssen ihre gewohnte Position und Arbeitsweise aufgeben. Ohne die breite Unterstützung der Führungskräfte scheitert das agile Management. Außerdem müssen sich bestehende Unternehmen von ihrer traditionellen Hierarchie, den Karrierepfaden, den formellen Treffen und Gepflogenheiten, der Sicherheitskultur, dem daraus resultierenden Hang zum Over-Engineering, der Liebe zur Detailplanung und von ihrer Binnenorientierung trennen.

Anstelle dessen müssen sie auf hierarchieübergreifende Kommunikation, Transparenz, eigenverantwortliche Teams, informelle Netzwerke und radikale Kundenorientierung vertrauen. Dies beinhaltet den Blick über Branchengrenzen hinaus zur Entwicklung des eigenen Geschäftsmodells und die Entwicklung einer Risikokultur, die es erlaubt, Neues zu wagen, intelligent zu scheitern, gerade aus seinen größten Fehlern zu lernen und dadurch Innovationssprünge zu machen. Der Lohn ist eine Organisation, die allen Fährnissen der Umwelt und der Märkte trotzt (vgl. Schlatmann, in: Mahadevan, S. 10).

Literatur

Aghina, W., Smet, A. D., & Weerda, K. (December 2015). Agility: It rhymes with stability. *McKinsey Quarterly*, S. 1–12. https://www.mckinsey.com/~/media/McKinsey/Business%20 Functions/Organization/Our%20Insights/Agility%20it%20rhymes%20with%20stability/ Agility%20It%20rhymes%20with%20stability.ashx. Zugegriffen: 18. Apr. 2020.

Aghina, W., Ahlbäck, K., De Smet, A., Fahrbach, C., Handscomb, C., Lackey, G., Lurie, M., Murarka, M., Salo, O., Seem, E., & Woxholth, J. (December 2017). The five trademarks of agile organizations. *McKinsey*, S. 1–22. https://www.mckinsey.com/business-functions/ organization/our-insights/agility-it-rhymes-with-stability. Zugegriffen: 18. Apr. 2020.

Ahlbäck, K., Clemens, F., Monica, M., & Olli, S. (2017). How to create an agile organization. *McKinsey*, S. 1–16. https://www.mckinsey.com/~/media/McKinsey/Business%20Functions/ Organization/Our%20Insights/How%20to%20create%20an%20agile%20organization/How-to-create-an-agile-organization.ashx. Zugegriffen: 18. Apr. 2020.

Allianz SE. (2018). Allianz ernennt Bart Schlatmann zum CEO ihres europäischen Direktgeschäfts. https://www.allianz.com/de/presse/news/unternehmen/personalien/180831-schlatmann-neuer-ceo-des-europaeischen-direktgeschaefts.html. Zugegriffen: 24. Apr. 2020.

Armutat, S., Bartholomäus, N., Franken, S., Herzig, V., & Helbich, B. (Hrsg.). (2018). Personal-management in Zeiten von Demografie und Digitalisierung – Herausforderungen und Bewältigungsstrategien für den Mittelstand, Wiesbaden 2018.

Barton, D., Carey, D., & Charan, R. (Juli 2018). Probleme zügig lösen. *Harvard Business Manager,* S. 36-39.

Birkinshaw, J. (2017). What to expect from Agile. MITSloan Management Review, Magazine Winter 2018 Issue. https://sloanreview.mit.edu/article/what-to-expect-from-agile/. Zugegriffen: 10. März 2020.

Galloway, S. (2017). The four. The hidden DNA of Amazon, Apple, Facebook, and Google, New York 2017.

Gleibs, C., & Alpert, S. (2019). Agile Transformation und agile Führung bei der ING – Die erste agile Bank in Deutschland. In T. Petry (Hrsg.), *Digital Leadership. Erfolgreiches Führen in Zeiten der Digital Economy* (2. Aufl., S. 293–304). Freiburg.

Hackl, B., Gerpott, F., Malessa, M., & Jeckel, P. (2015). Auf dem Weg zur Agilität. *Personal-magazin, 2,* 30–32.

ING. (2020). ING. Die erste agile Bank Deutschlands. https://www.ing.de/ueber-uns/menschen/agile-bank/. Zugegriffen: 28. Apr. 2020.

Kotter, J. P. (2012). Die Kraft der zwei Systeme. *Harvard Business Manager, 12,* 22–36.

Mahadevan, D. (January 2017). ING's agile transformation. Interview mit Bart Schlatmann und Peter Jacobs, ING. *McKinsey Quarterly,* S. 1–10. https://www.mckinsey.com/industries/financial-services/our-insights/ings-agile-transformation. Zugegriffen: 16. März 2020.

Perkin, N. (2017). Agile transformation at ING – A case study. https://agilebusinessmanifesto.com/agilebusiness/agile-transformation-at-ing/. Zugegriffen: 24. Apr. 2020.

Petry, T. (Hrsg.). (2016). Digital Leadership. Erfolgreiches Führen in Zeiten der Digital Economy. Freiburg 2016.

Ramsauer, C., Kayser, D., & Schmitz, C. (2017). Erfolgsfaktor Agilität: Chancen für Unternehmen in einem volatilen Marktumfeld, Weinheim 2017.

Rigby, D. K., Sutherland, J., & Noble, A. (2018). Agile at scale. Harvard Business Review, From the May–June 2018 Issue. https://hbr.org/2018/05/agile-at-scale. Zugegriffen: 18. März 2020.

Slodczyk, K. (14. November 2019). Der radikalste Laborversuch der deutschen Unternehmens-welt. *Manager Magazin.* https://www.manager-magazin.de/premium/agiles-arbeiten-wie-radikal-nick-jue-die-bank-ing-umbaut-a-57b3b24d-b6e0-491a-8004-f01e2041691d. Zugegriffen: 10. Apr. 2020.

Taleb, N. N. (2014). Antifragilität. Anleitung für eine Welt, die wir nicht verstehen (5. Aufl.). New York.

Tillmann, R. (22. August 2019). Gelähmt vor lauter Beweglichkeit. *Süddeutsche Zeitung.* https://www.sueddeutsche.de/karriere/agiles-arbeiten-kritik-ing-1.4571035. Zugegriffen: 10. Apr. 2020.

Zarthe, S. (2005). *Die militärischen Führungsphilosophien, Führungskonzeptionen und Führungs-konzeptionen Ungarns und Deutschlands im Vergleich,* Inauguraldissertation. München.

Prof. Dr. Leif Erik Wollenweber lehrt Unternehmensführung, Marketing und Change als Professor für Allgemeine Betriebswirtschaftslehre an der FOM Hochschule. Außerdem ist er gefragter Gastdozent für Entrepreneurship, Management und Führung an renommierten Universitäten in den Niederlanden und in Großbritannien. Als Managing Partner einer mittelständischen Unternehmensberatung ist er spezialisiert auf Beratung und Training zu den Themen Strategie, Agilität, Change-Management und Digital Leadership. Dazu sorgt er als zertifizierter Coach und Business-Trainer auch für die Umsetzungskompetenz der Management-Teams. Die neuesten Forschungserkenntnisse zu den neuen, digitalen Business- und Managementmodellen vermittelt er zudem als Autor und Keynote Speaker. Zu seinen Kunden zählen namhafte internationale Konzerne, Dax-Unternehmen und mittelständische Hidden Champions.

Nachhaltigkeit in deutschen Banken – eine empirische Analyse nachhaltiger Assets im Kontext des BaFin-Merkblattes aus 2019

7

Svend Reuse, Eric Frère und Frank Thole

Svend Reuse, Eric Frère und Frank Thole

Inhaltsverzeichnis

7.1	Einleitende Worte	82
7.2	Strukturierung und Definition von Nachhaltigkeit	83
	7.2.1 Ziele von Nachhaltigkeit: Sustainable Development Goals (SDG)	83
	7.2.2 Kategorien von Nachhaltigkeit: Environment Social Governance (ESG)	83
	7.2.3 Verschiedene Definitionen von Nachhaltigkeit	86
	7.2.4 Zur Auswahl nachhaltiger Assets: Negativ-Screening vs. Impact Investing	88
7.3	Aufsichtsrechtliche Anforderungen	88
	7.3.1 Überblick der Entwicklung aufsichtsrechtlicher Anforderungen	88
	7.3.2 Europäische Regelungen zur Nachhaltigkeit	90
	7.3.3 BaFin-Merkblatt zur Nachhaltigkeit (2019)	91

Die in diesem Beitrag geäußerten Auffassungen sind die der Autoren und müssen nicht notwendigerweise mit denen des jeweiligen Arbeitgebers übereinstimmen.

Die Originalversion dieses Kapitels wurde revidiert. Ein Erratum ist verfügbar unter https://doi.org/10.1007/978-3-658-32427-8_12

S. Reuse (✉)
FOM Hochschule, Düsseldorf, Deutschland
E-Mail: svend.reuse@fom.de

E. Frère
FOM Hochschule, Essen, Deutschland
E-Mail: frere@frere-consult.de

F. Thole
WEPEX Unternehmensberatung, Frankfurt am Main, Deutschland
E-Mail: frank.thole@wepex.de

© Der/die Autor(en), exklusiv lizenziert durch Springer Fachmedien Wiesbaden GmbH, ein Teil von Springer Nature 2021, korrigierte Publikation 2021
M. Seidel (Hrsg.), *Banking & Innovation 2020/2021,* FOM-Edition,
https://doi.org/10.1007/978-3-658-32427-8_7

	7.3.4	Handlungsimpulse für die Institute und kritische Würdigung	93
	7.3.5	Zusammenfassung der wesentlichen Aspekte	99
7.4	Empirische Analyse nachhaltiger Assetklassen	100
	7.4.1	Status quo in der Forschung	100
	7.4.2	Ableitung von Hypothesen	102
	7.4.3	Verwendete Indizes und Daten	102
	7.4.4	Durchführung und Ergebnisse der empirischen Analyse	106
	7.4.5	Kritische Würdigung der Ergebnisse	115
7.5	Fazit und Ausblick auf die Zukunft	115
	7.5.1	Zusammenfassung der Ergebnisse	115
	7.5.2	Ausblick auf die Zukunft	116
7.6	Zusammenfassung	117
Literatur	117

7.1 Einleitende Worte

Begriffe wie Nachhaltigkeit („Sustainability") sowie ESG („Environment Social Governance", dt.: Umwelt, Soziales, Unternehmensführung) und SDG („Sustainable Development Goals", dt.: Ziele für nachhaltige Entwicklung) als Standardkriterien nachhaltiger Anlagen sind in aller Munde. Nachhaltige Investments haben einen enormen Zuwachs erhalten. Die Vereinten Nationen betonten Ende März 2020 die Notwendigkeit, aus der COVID-19-Pandemie die entsprechenden Schlüsse zu ziehen und die Nachhaltigkeitsziele und die Agenda 2030 konsequenter und schneller umzusetzen (vgl. United Nations 2020a).

Daher erscheint es im gemeinsamen Interesse der Regierungen und des Finanzsektors, dass Sustainable Finance noch konsequenter verankert wird. In Europa sorgt dafür u. a. die EU-Kommission mit einem eigens ins Leben gerufenen Aktionsplan, in dessen Kontext die „High Level Expert Group on Sustainable Finance" (HLEG) zahlreiche Maßnahmen zur Finanzierung von nachhaltigem Wachstum erarbeitet hat (vgl. u. a. HLEG 2018). Aus Sicht der Autoren beinhalten diese Entwicklungen für Banken nicht nur neue regulatorische Verpflichtungen, sondern auch innovative Möglichkeiten.

Infolgedessen fragen sich auch Anleger, inwieweit Banken, Asset-Manager und Vermögensverwalter in der Lage und bestrebt sind, die Nachhaltigkeitskriterien umfänglich zu erfüllen. Die Nachhaltigkeitskriterien orientieren sich nämlich nicht nur an der Verringerung von Klimaschäden, sondern auch an der Förderung von sozialer Teilhabe und guter Unternehmensführung.

Dieser Artikel zeigt dazu verschiedene Definitionen des Nachhaltigkeitsbegriffs und Kriterien zur Messung auf, verschafft einen Überblick über die verschiedenen aufsichtsrechtlichen Anforderungen und diskutiert Handlungsimpulse für Banken und Sparkassen u. a. im Kontext des neuen BaFin-Leitfadens. Mit dieser Ausarbeitung sollen zwei Forschungsfragen beantwortet werden.

1. Zum einen geht es um die Frage, inwieweit Banken und Sparkassen Nachhaltigkeit in ihre Strategie, Risikosteuerung und Prozesse integrieren sollen bzw. müssen und dabei innovative Chancen aus der Nachhaltigkeitsentwicklung nutzen können.

2. Zum anderen soll empirisch analysiert werden, welche Renditen, Risikoprofile und Korrelationen nachhaltige, nach ESG-Kriterien strukturierte Kapitalanlagen gegenüber traditionellen Kapitalanlagen aufweisen, und ob Sustainable Investments in der Lage sind, langfristig eine Outperformance zu erzielen.

Hierzu wird wie folgt vorgegangen: Abschn. 7.2 definiert und strukturiert den Nachhaltigkeitsbegriff. Abschn. 7.3 analysiert die aufsichtsrechtlichen Anforderungen und leitet auf deren Basis Handlungsimplikationen für die Institute zur Beantwortung der ersten Forschungsfrage ab. Abschn. 7.4 beinhaltet die Empirie. Hier wird auf Basis von historischen Daten anhand mehrerer Hypothesen nachgewiesen, ob und inwiefern nachhaltige Assets ein besseres Risk/Return-Profil aufweisen. Auf dieser Basis kann die zweite Forschungsfrage beantwortet werden. Mit Abschn. 7.5, dem Fazit und dem Ausblick in die Zukunft, schließt dieser Beitrag.

7.2 Strukturierung und Definition von Nachhaltigkeit

7.2.1 Ziele von Nachhaltigkeit: Sustainable Development Goals (SDG)

Die Vereinten Nationen veröffentlichten im Dezember 2015 in Paris 17 Ziele für nachhaltige Entwicklung als politische Zielsetzungen, welche einer nachhaltigen Entwicklung auf ökonomischer, sozialer und ökologischer Ebene dienen soll (vgl. United Nations 2015, S. 14; United Nations 2020b). Dies visualisiert Abb. 7.1. Die Mitgliedsstaaten der Klimarahmenkonvention der Vereinten Nationen einschließlich Deutschland und die gesamte EU haben sich dabei zu dem Ziel einer Begrenzung der Erderwärmung bekannt. Deutschland hat dieses Abkommen ebenfalls ratifiziert (vgl. Bundesgesetzblatt 2016, S. 1240 f.).

Die SDG gelten weltweit für alle Staaten und zwar zunächst bis 2030, weshalb von Agenda 30 gesprochen wird (vgl. United Nations 2020b). Sie sind somit ein neueres Konzept zur Bewertung der Nachhaltigkeit, für das im März 2016 von der UN-Statistikkommission ein Katalog von Indikatoren beschlossen wurde. Basis für die SDG-Umsetzung ist die im Januar 2017 von der Bundesregierung (2016) verabschiedete Deutsche Nachhaltigkeitsstrategie.

7.2.2 Kategorien von Nachhaltigkeit: Environment Social Governance (ESG)

Um die Nachhaltigkeit von Finanzanlagen festzustellen und daraus zusätzliche Informationen über Nachhaltigkeitsrisiken abzuleiten, sind aussagefähige und transparente Ratings erforderlich. ESG-Ratings existieren z. B. bereits seit 1999 am Markt

Abb. 7.1 SDG – Ziele für nachhaltige Entwicklung. (Quelle: in Anlehnung an United Nations 2020b)

und werden von verschiedenen Unternehmen und registrierten Ratingagenturen angeboten.

Die drei Buchstaben ESG beschreiben dabei, Umwelt-, Sozial- und Governance-Faktoren zu verwenden, um Unternehmen und Länder hinsichtlich der Nachhaltigkeits-fortschritte zu bewerten. ESG war das erste Nachhaltigkeitsbewertungskonzept, das von großen Indexanbietern frühzeitig übernommen wurde (z. B. S & P Dow Jones Indices: Dow Jones Sustainability World Index 1999). Letztlich lässt sich dies wie in Tab. 7.1 dargestellt strukturieren.

Für die Einordnung als nachhaltiges Finanzprodukt fehlen momentan noch ein-heitliche Begrifflichkeiten und allgemeine Standards, woraus unterschiedliche Inter-pretationen folgen. Ein Anhaltspunkt kann die von der Kommission vorgeschlagene

Tab. 7.1 Beispiele für ESG. (Quelle: erweiterte Darstellung in Anlehnung an BaFin 2019, S. 13; KfW 2017)

Kriterium	Definition/Beschreibung
Umwelt (Environmental)	Umweltauswirkungen des Produktportfolios
	Klimaschutz und Klimastrategie
	Anpassung an den Klimawandel
	Schutz der biologischen Vielfalt
	Nachhaltige Nutzung und Schutz von Wasser- und Meeresressourcen
	Übergang zu einer Kreislaufwirtschaft, Abfallvermeidung und Recycling
	Vermeidung und Verminderung der Umweltverschmutzung
	Schutz gesunder Ökosysteme, Öko-Effizienz
	Nachhaltige Landnutzung
	Energiemanagement
Soziales (Social)	Produktverantwortung inklusive sozialer Auswirkungen
	Einhaltung anerkannter arbeitsrechtlicher Standards (keine Kinder- und Zwangsarbeit, keine Diskriminierung)
	Einhaltung der Arbeitssicherheit und des Gesundheitsschutzes
	Angemessene Entlohnung, faire Bedingungen am Arbeitsplatz
	Chancengleichheit, Diversität sowie Aus- und Weiterbildungschancen
	Gewerkschafts- und Versammlungsfreiheit
	Gewährleistung einer ausreichenden Produktsicherheit, einschließlich Gesundheitsschutz
	Gleiche Anforderungen an Unternehmen in der Lieferkette inklusive der Projekte bzw. Rücksichtnahme auf die Belange von Gemeinden und sozialen Minderheiten
	Steuerehrlichkeit
	Menschenrechte
Unternehmensführung (Governance)	Unternehmensethik
	Maßnahmen zur Verhinderung von Korruption
	Vorstands-, Aufsichtsrats- und Aktionärsstruktur
	Nachhaltigkeitsmanagement durch Vorstand und Aufsichtsrat
	Vorstandsvergütung in Abhängigkeit von Nachhaltigkeit
	Ermöglichung von Whistle Blowing
	Gewährleistung von Arbeitnehmerrechten
	Gewährleistung des Datenschutzes
	Offenlegung von Informationen
	Aktionärsdemokratie

und von der technischen Expertengruppe im weiteren Detail ausgearbeitete sogenannte EU-Taxonomie liefern (vgl. EU Technical Expert Group on Sustainable Finance 2019). Diese befindet sich allerdings noch in der Entwicklung und ist noch nicht vollständig ausgereift. So sind bisher nur funktionale Blöcke mit CO_2-Emission und Energieverbrauch ohne eine Aggregation vorhanden.

Die Entwicklung weltweit einheitlicher Kriterienstandards und deren Anwendung ist auch eine wesentliche Voraussetzung für die langfristige Etablierung von ESG-Ratings als Informationsquelle zur Bewertung der Nachhaltigkeit von Finanzanlagen (weiterführend zu ESG-Ratings vgl. Wong et al. 2019). Die Verwender von ESG-Ratings haben diese im Hinblick auf die Bewertung der Nachhaltigkeit einer Finanzanlage angemessen zu plausibilisieren und Aspekte der Nachhaltigkeit von denen der Bonität oder des Kreditrisikos zu unterscheiden, sofern diese Aspekte in keinem Zusammenhang stehen (vgl. BaFin 2019, S. 39).

7.2.3 Verschiedene Definitionen von Nachhaltigkeit

Während das Thema Nachhaltigkeit in Deutschland seinen Begriffsursprung insbesondere in der Forstwirtschaft hat und sich in den 1960er und 1970er Jahren in der Umweltdiskussion weiter herausgebildet hat (vgl. Gröneweg 2019, S. 18), hat die Veröffentlichung des sogenannten Brundtland-Berichts den weltweiten Diskurs über Nachhaltigkeit ausgelöst. Der Bericht mit dem Titel „Unsere gemeinsame Zukunft" wurde 1987 von der Weltkommission für Umwelt und Entwicklung der Vereinten Nationen veröffentlicht, in der die ehemalige norwegische Ministerpräsidentin Gro Harlem Brundtland den Vorsitz hatte (vgl. United Nations 1987). Der Brundtland-Bericht lieferte eine vielbeachtete Definition mit besonderer Berücksichtigung der Generationengerechtigkeit. Im Zuge dieser Debatten luden die Vereinten Nationen im Jahr 1992 zu einer Konferenz über Umwelt und Entwicklung in Rio de Janeiro ein. Nachfolgekonferenzen fanden 1997 in New York, 2002 in Johannesburg und 2012 wieder in Rio de Janeiro statt (vgl. BMZ o. J.).

Im Laufe der Zeit wurden weitere Konzepte zum Nachhaltigkeitsbegriff geprägt, die sich in ihrer Fokussierung sowie zeitlichen und sachlichen Anwendbarkeit unterschieden. Tab. 7.2 zeigt eine Auswahl von Definitionen zum Überblick.

Während Anleger „nachhaltige" Geldanlagen häufig mit „sicheren" Geldanlagen verbinden und in Unternehmen investieren, die zukunftsorientiert wirtschaften, verstehen andere unter Nachhaltigkeit generationenübergreifende Verantwortung für die dauerhafte ökologische Verträglichkeit wirtschaftlichen Handelns. Tab. 7.3 aggregiert die Erkenntnisse zu einer Definition von Nachhaltigkeit, wie sie in diesem Beitrag Anwendung findet.

Im letzten Schritt gilt es, die Begriffe Nachhaltigkeit und nachhaltiges Geschäftsmodell voneinander abzugrenzen. Letzteres hat die European Banking Authority (EBA) bereits in 2014 im Kontext des Supervisory Review and Evaluation Process (SREP) formuliert.

Tab. 7.2 Verschiedene Definitionen von Nachhaltigkeit

Quelle	Definition
Davis (1973, S. 312–313)	Business assumption of social responsibility bzw. CSR (Corporate Social Responsibility) werden hier als eine Mischung aus sozialen und finanziellen Vorteilen als Mittel für Unternehmen beschrieben, um die Verbesserung der Gesellschaft zu stärken.
United Nations (1987, S. 41) BMZ (o. J)	Im Brundtland-Report werden Nachhaltigkeit bzw. nachhaltige Entwicklung als eine Entwicklung beschrieben, die nicht nur die Bedürfnisse der Gegenwart befriedigt, sondern vielmehr vermeidet zu riskieren, dass künftige Generationen ihre eigenen Bedürfnisse nicht befriedigen können.
Ahrens (2011, S. 2)	Als nachhaltige Investments werden solche Kapitalanlagen bezeichnet, die das Kapital nachhaltig und somit langfristig sicher investieren.
Pierschel und Halbach (2018, S. 16)	Nachhaltige Finanzwirtschaft (Sustainable Finance) wird als der Beitrag der Finanzmärkte zur Wandlung gesellschaftlicher, umweltbeeinflussender und wirtschaftlicher Faktoren beschrieben, um der Menschheit langfristig das Überleben auf der Erde zu ermöglichen.
Sustainable Finance Study Group (2018, S. 4) EBA (2019, S. 4)	Die EBA übernimmt die Definition der Sustainable Finance Study Group aus 2018 wörtlich. Unter nachhaltigem Finanzmanagement wird all das verstanden, was zu einem starken, nachhaltigen und ausbalancierten Wachstum beiträgt und was gleichzeitig die Ziele für nachhaltige Entwicklung (SDG) direkt oder indirekt unterstützt.
BaFin (2019, S. 9)	Die BaFin bestimmt den Nachhaltigkeitsbegriff im Sinne von ESG und summiert alles unter dem Begriff der Nachhaltigkeit, was die ESG-Kriterien erfüllt.

Tab. 7.3 Verwendete Definition von Nachhaltigkeit

Definition	Quelle
Nachhaltigkeit wird als die Summe aller Handlungen verstanden, die in die ESG Kategorien Umwelt, Soziales und Unternehmensführung fallen und…	In Anlehnung an BaFin (2019, S. 13).
…die Ziele für nachhaltige Entwicklung SDG unterstützen.	In Anlehnung an EBA (2019, S. 4).

Demnach liegt ein nachhaltiges Geschäftsmodell einer Bank dann vor, wenn das Institut in der Lage ist, „*[m]it der Strategie aufgrund ihrer strategischen Pläne und finanziellen Prognosen eine akzeptable Rendite über einen zukunftsgerichteten Zeitraum von mindestens drei Jahren zu erzielen"* (EBA 2014, Tz. 55, S. 74–77; vgl. auch Reuse 2018, S. 150).

Die EBA zielt hier folglich auf etwas ganz anderes ab: Nachhaltigkeit im Kontext des SREP wird als „dauerhaft positiv" verstanden und hat nichts mit den erwähnten ESG- oder SDG-Aspekten zu tun. Der Fokus in diesem Beitrag liegt nicht auf der aufsichtsrechtlichen Definition der EBA, sondern vielmehr auf der Nachhaltigkeitsdefinition gemäß Tab. 7.3.

7.2.4 Zur Auswahl nachhaltiger Assets: Negativ-Screening vs. Impact Investing

Generell ist davon auszugehen, dass nachhaltige Investments dann für Anleger interessant sind, wenn der finanzielle Ertrag gesichert ist. Das hierbei am häufigsten genutzte Instrument, um Kriterien für nachhaltige Investitionen festzulegen und eine Selektion vorzunehmen, ist nach wie vor das Exclusionary Screening (sog. Negativ-Screening). Das Negativ-Screening ist für Kundinnen und Kunden leicht nachzuvollziehen und kann auf unkomplizierte Weise angewandt werden, indem z. B. bestimmte Branchen wie Tabakunternehmen oder Waffenhersteller von vornherein ausgeschlossen werden. Ein anderes Instrument ist Impact Investing, das nicht bzw. nur teilweise auf den finanziellen Ertrag fokussiert ist. Es wird von Investoren praktiziert, die eine gesellschaftliche und ökologische Wirkung erzielen und außerdem finanzielle Erträge erwirtschaften möchten. Impact Investing zeigt zwar eine entsprechende Wachstumsrate, diese ist aber nach wie vor relativ gering im Vergleich zum Volumen des nach den Kriterien des Negativ-Screening verwalteten Anlagevolumens (vgl. Berenberg 2018, S. 24; GSIA 2017, S. 3–5). Beispiele für Impact Investing sind die GLS Bank und die KfW, insbesondere mit ihrer Tochtergesellschaft DEG.

7.3   Aufsichtsrechtliche Anforderungen

7.3.1   Überblick der Entwicklung aufsichtsrechtlicher Anforderungen

Auch wenn es somit schon länger „ethische" oder „grüne" Geldanlagen gab und sich einzelne Banken wie die GLS Bank, Fondsgesellschaften oder auch Vermögensverwalter hierauf fokussieren, so ist eine neue Dynamik aufgetreten, als seitens der United Nations im Dezember 2015 in Paris 17 Ziele für nachhaltige Entwicklung (SDG) veröffentlicht wurden (vgl. United Nations 2015, S. 14). Tab. 7.4 verschafft einen chronologischen Überblick über die Entwicklung der aufsichtsrechtlichen Anforderungen in den vergangenen fünf Jahren.

Tab. 7.4 Überblick der Entwicklung der aufsichtsrechtlichen Vorgaben

Zeitpunkt	Ereignis	Quelle
Dezember 2015	Die United Nations veröffentlichen 17 Ziele für nachhaltige Entwicklung (SDG).	United Nations (2015, S. 14)
Oktober 2016	Deutschland ratifiziert das Abkommen: Gesetz zu dem Übereinkommen von Paris vom 10. Oktober 2016.	Bundesgesetzblatt (2016, S. 1240 f.)
Dezember 2016	High-Level Expert Group on Sustainable Finance (HLEG) startet Arbeit, um verbindliche Empfehlungen auszuarbeiten.	Europäische Kommission (o. J.)
Januar 2018	HLEG legt Abschlussbericht mit Maßnahmen zur Finanzierung von nachhaltigem Wachstum vor, nach denen sich der Finanzsektor richten soll.	HLEG (2018)
Mai 2018	EU-Kommission veröffentlicht Aktionsplan „Financing and Sustainable Growth".	Europäische Kommission (2018a) Europäische Kommission (2018b)
Mai-Juni 2018	Europäische Kommission erbittet Rückmeldung zu Änderungen der delegierten Rechtsakte gemäß der Richtlinie über Märkte für Finanzinstrumente (MiFID II) und der Richtlinie über den Vertrieb von Versicherungen, um ESG-Überlegungen in die Beratung einzubeziehen.	Europäische Kommission (o. J.)
Juni 2018	Technical Expert Group (TEG) startet ihre Arbeit.	Europäische Kommission (o. J.)
März 2019	EU-Kommission konkretisiert Offenlegungspflichten zu nachhaltigen Anlagen und Nachhaltigkeitsrisiken.	Europäische Kommission (2019a)
Juni 2019	EU-Kommission und EU Technical Expert Group on Sustainable Finance (TEG) veröffentlichen Berichte und Leitlinien zur Nachhaltigkeit.	Europäische Kommission (2019b) EU Technical Expert Group on Sustainable Finance (2019)
Dezember 2019	Die EBA veröffentlicht ihren „Action Plan for Sustainable Finance".	EBA (2019)
Dezember 2019	Die im Dezember 2019 auf politischer Ebene vereinbarte Taxonomie-Verordnung (TR) schafft eine Rechtsgrundlage für die EU-Taxonomie.	Europäische Kommission (2019c)

(Fortsetzung)

Tab. 7.4 (Fortsetzung)

Zeitpunkt	Ereignis	Quelle
Dezember 2019	BaFin veröffentlicht Merkblatt zur Berücksichtigung von Nachhaltigkeitsrisiken.	BaFin (2019)
Januar 2020	Die Europäische Kommission legt mit dem European Green Deal einen übergreifenden Rahmen und ein Aktionsprogramm zur Umgestaltung der europäischen Wirtschaft vor.	Europäische Kommission (2020)
Februar 2020	EU-Wertpapieraufsichtsbehörde ESMA legt eine bis 2021 reichende Sustainable-Finance-Strategie vor und strebt an, mit der EU-Bankenaufsichtsbehörde EBA gemeinsame technische Standards zu Transparenzpflichten zu erarbeiten.	ESMA (2020)
März 2020	Technical Expert Group veröffentlicht Final Report zur Sustainable-Finance-Taxonomie, Fertigstellung der Taxonomie. Dies ersetzt die beiden vorherigen Berichte aus der TEG (Rückmeldungsbericht: Dezember 2018, technischer Bericht: Juni 2019).	EU Technical Expert Group on Sustainable Finance (2020)

7.3.2 Europäische Regelungen zur Nachhaltigkeit

Die Transparenz und Messbarkeit der Einhaltung von Nachhaltigkeitskriterien ist in der Praxis für Banken und sonstige Finanzmarktakteure eine zentrale Herausforderung. Die EU hat folgerichtig die Entwicklung einer Taxonomie initiiert, mit deren Hilfe nachhaltige Anlagen identifiziert werden sollen. Hierzu hat die nominierte Technical Expert Group Prinzipien festgelegt, nach denen die Klassifizierung der relevanten Wirtschaftsaktivitäten durchgeführt wird. Diese resultieren aus den Vorgaben und Zielen der europäischen Klimapolitik (vgl. EU Technical Expert Group on Sustainable Finance 2020, S. 7 ff.).

Die Finanzmarktteilnehmer müssen bis zum 31. Dezember 2021 ihre ersten Angaben zur Taxonomie machen, die Aktivitäten abdecken, die wesentlich zur Eindämmung bzw. Anpassung des Klimawandels beitragen. Die technischen Überprüfungskriterien werden im Rahmen der ausdrücklichen gesetzlichen Anforderungen der Europäischen Kommission bis Ende 2020 veröffentlicht. Bis Ende 2022 wird ein erweiterter Satz von Angaben zu Aktivitäten erforderlich sein. Technische Überprüfungskriterien für Aktivitäten, die einen wesentlichen Beitrag zu Wasser, Kreislaufwirtschaft, Vermeidung und

Verminderung der Umweltverschmutzung und Schutz von Ökosystemen leisten, werden bis Ende 2021 ausgestellt (vgl. EU Technical Expert Group on Sustainable Finance 2019, S. 26, 2020, S. 10).

Die TEG-Empfehlungen orientieren sich am Klassifizierungssystem der NACE (Nomenklatur des Activités Économiques dans la Communauté Européenne) der EU. Das TEG hat technische Überprüfungskriterien für wirtschaftliche Aktivitäten in vorrangigen Makrosektoren festgelegt. Dieses Klassifizierungssystem wurde aufgrund seiner Kompatibilität mit den EU-Mitgliedstaaten und den internationalen statistischen Rahmenbedingungen sowie aufgrund seiner breiten Abdeckung der Wirtschaft ausgewählt (vgl. EU Technical Expert Group on Sustainable Finance 2019, S. 48; Bormann und Grebhahn 2019, S. 16).

Im Januar 2018 hat die HLEG-Expertengruppe zahlreiche Maßnahmen zur Finanzierung von nachhaltigem Wachstum empfohlen, nach denen sich der Finanzsektor richten soll. Im Februar 2020 hat die EU-Wertpapieraufsichtsbehörde ESMA eine Sustainable-Finance-Strategie vorgelegt und schreibt dabei Transparenzpflichten und die Angleichung der nationalen Aufsichtspraxis vor (vgl. Neubacher 2020, S. 3). Angesichts ähnlicher Initiativen anderer Behörden wächst im Markt zusehend die Sorge vor divergenten Regeln. Die ESMA stellt Transparenzpflichten, die Risikoanalyse grüner Bonds, Anlagen nach den ESG-Prinzipien sowie die Angleichung der nationalen Aufsichtspraxis in den Mittelpunkt ihrer Nachhaltigkeitsstrategie. Der 2019 von der EBA veröffentlichte „Action Plan for Sustainable Finance" erläutert den sequenzierten Ansatz der EBA, beginnend mit Schlüsselkennzahlen, Strategien, Risikomanagement und hin zu Szenarioanalysen und Nachweisen für etwaige Anpassungen der Risikogewichte (vgl. EBA 2019).

Im Januar 2020 legte die Europäische Kommission den sogenannten „European Green Deal" vor, d. h. einen übergreifenden Rahmen und ein Aktionsprogramm zur Umgestaltung der europäischen Wirtschaft. Eine Schlüsselkomponente des Green Deal ist das vorgeschlagene „Klimagesetz", das eine rechtliche Verpflichtung der EU zur Erreichung der Klimaneutralität bis 2050 enthält. Die EU wird einen umfassenden Plan vorlegen, um das Klimaziel der EU für 2030 auf mindestens 50 % zu erhöhen. Die EU wird auch eine überarbeitete und ehrgeizigere Strategie zur Anpassung an den Klimawandel vorlegen, die auf den Anpassungszielen des Pariser Übereinkommens und der SDGs aufbaut (vgl. Europäische Kommission 2020).

7.3.3 BaFin-Merkblatt zur Nachhaltigkeit (2019)

Am 20. Dezember 2019 veröffentlichte die BaFin ein Merkblatt, mit dem die beaufsichtigten Unternehmen eine Orientierungshilfe im Umgang mit Nachhaltigkeitsrisiken erhalten. Das Merkblatt wird als Kompendium unverbindlicher Verfahrensweisen (Good-Practice-Ansätze) vorgestellt, das unter Berücksichtigung des Proportionalitätsprinzips (Wahrung der Verhältnismäßigkeit, d. h. große Unternehmen haben umfangreiche, kleinere Unternehmen kleinere Anforderungen zu erfüllen) von den beaufsichtigten Unternehmen im Bereich von Nachhaltigkeitsrisiken zur Umsetzung der gesetzlichen Anforderungen an eine ordnungsgemäße Geschäftsorganisation und ein angemessenes Risikomanagementsystem angewendet werden kann. Das Merkblatt ist somit nicht 1:1 wie ein Gesetz oder eine Verordnung umzusetzen. Die bestehenden gesetzlichen Vorgaben, konkretisiert insbesondere durch die Mindestanforderungen an das Risikomanagement für Kreditinstitute (MaRisk), seien zu beachten. Dies bedeutet, dass alle (wesentlichen) Risiken zu identifizieren, zu bewerten, zu überwachen, zu steuern und zu kommunizieren sind. Hierzu zählen als Teilaspekte bekannter Risikoarten auch Nachhaltigkeitsrisiken (vgl. BaFin 2019, S. 9–11).

Das diesbezügliche Risikomanagement sei essentiell und beinhalte die Prozesse der Risikoidentifikation, der -steuerung und des -controllings sowie die „klassischen" Methoden und Verfahren unter besonderer Berücksichtigung von Nachhaltigkeitsrisiken. So heißt es im Merkblatt, die BaFin nehme die aus dem Klimawandel resultierenden Risiken ernst, die daraus resultierenden Schäden könnten sich bei Fortschreibung der gegenwärtigen Entwicklung nach jüngeren Modellrechnungen auf weltweit bis zu US$ 550 Billionen summieren. Darum halte die BaFin insbesondere die beaufsichtigten Unternehmen dazu an, diese Risiken noch stärker in den Fokus zu nehmen. Nachhaltigkeit dürfe sich dabei nicht in Klimafragen erschöpfen, vielmehr könnten auch andere ökologische und soziale Aspekte gravierende Finanzrisiken für beaufsichtigte Unternehmen darstellen (vgl. BaFin 2019, S. 12).

Aus Sicht der BaFin seien daher alle ESG-Risiken zu berücksichtigen, die sich letztlich aus den Nachhaltigkeitszielen der Vereinten Nationen ableiten lassen (vgl. BaFin 2019, S. 13).

Die BaFin definiert Nachhaltigkeitsrisiken wie folgt:

> „Nachhaltigkeitsrisiken im Sinne dieses Merkblatts sind Ereignisse oder Bedingungen aus den Bereichen Umwelt, Soziales oder Unternehmensführung [...], deren Eintreten tatsächlich oder potenziell negative Auswirkungen auf die Vermögens-, Finanz- und Ertragslage sowie auf die Reputation eines beaufsichtigten Unternehmens haben können." (BaFin 2019, S. 13)

Es ist positiv zu erwähnen, dass die BaFin Nachhaltigkeitsrisiken als Teilaspekt der bekannten Risikoarten und nicht als separate Risikoart sieht. Dies folgt der Argumentation, dass Nachhaltigkeitsrisiken auf alle bekannten Risikoarten einwirken und eine Abgrenzung kaum möglich wäre. Dies zeigt Tab. 7.5.

Klassische Kreditratings berücksichtigen gemäß der EU-Ratingverordnung nur die für die Beurteilung der Bonität eines Unternehmens bzw. des Kreditrisikos eines Finanzinstruments notwendigen Faktoren. Dies können durchaus auch ESG-Faktoren sein. Sofern ESG-Faktoren auf die Bonität eines Unternehmens bzw. das Kreditrisiko eines Finanzinstruments jedoch im Einzelfall keinen Einfluss haben, sollten sie im Rahmen des Kreditratings auch keine Berücksichtigung finden. Anderenfalls besteht das Risiko, die Aussagekraft eines Ratings über die Ausfallwahrscheinlichkeit zu verfälschen (vgl. BaFin 2019, S. 39).

Tab. 7.5 Nachhaltigkeitsrisiken als Teilaspekt der bekannten wesentlichen Risikoarten. (Quelle: in Anlehnung an BaFin 2019, S. 18)

Risikoart	Beispiel
Kreditrisiko/Adressenausfallrisiko	Eine (ggfs. politisch geförderte) Ablösung des Verbrennungsmotors durch andere Technologien macht das Geschäftsmodell eines Zulieferers von Teilen für Verbrennungsmotoren obsolet, der Kredite von einer Bank erhalten hat.
Markt(preis)risiko	Unternehmen des Energiesektors, der Schwerindustrie oder der Chemie erfüllen die Nachhaltigkeitskriterien nicht mehr bzw. nur ansatzweise. Eine Änderung der Marktstimmung wegen Einpreisung erwarteter regulatorischer Maßnahmen kann zu Abwertungen der Aktien- und Fondspreise führen.
Liquiditätsrisiko	Nach einer katastrophalen Überflutung ziehen zehntausende Kunden Geld von ihren Konten bei einem regional tätigen Kreditinstitut ab, um damit die Schadenbeseitigung zu finanzieren. Das Kreditinstitut muss daraufhin in hohem Maße Aktiva auflösen.
Operationelles Risiko	Durch die oben genannte Überflutung werden auch die Filialen dieses Kreditinstitutes in Mitleidenschaft gezogen. Der Verkauf von nur vermeintlich nachhaltigen Finanzprodukten (sog. „Greenwashing") an ESG-bewusste Anleger kann ebenfalls ein Reputationsrisiko darstellen (BaFin 2019).

7.3.4 Handlungsimpulse für die Institute und kritische Würdigung

7.3.4.1 Rahmenbedingungen

Wie schon bei der Umsetzung anderer neuer regulatorischer Anforderungen, wie z. B. MiFID II/MiFIR, EMIR, FATCA usw., wird viel Arbeit auf die Banken zukommen. So erwartet die BaFin, dass die Banken eine intensive Auseinandersetzung mit den entsprechenden Risiken sicherstellen. Dies bezieht sich auf Strategien, verantwortliche Unternehmensführung und Geschäftsorganisation. Dabei ist die Gesamtverantwortung der Geschäftsleitung für die Geschäfts- und Risikostrategie und deren Kommunikation und Umsetzung im Unternehmen herauszustellen, sowie eine den Risiken angemessene Geschäftsorganisation mit Verantwortlichkeiten, Prozessen, Ressourcen und Funktionen (vgl. BaFin 2019, S. 9–10). Als Hilfestellung für den Einstieg kann die Checkliste in Tab. 7.6 dienen.

7.3.4.2 Überblick über den potenziellen Handlungsbedarf

Die Banken müssen sich zeitnah darauf einstellen, im Front-, Middle- und Backoffice sowie im Research die neuen ESG-Kennzahlen verarbeiten zu können. Aber auch

Tab. 7.6 Nachhaltigkeits-Checkliste. (Quelle: in Anlehnung an BaFin 2019, S. 18–39)

Nr.	Frage	Erledigt?
1.	**Orientierung:** Kennen Sie die für Ihr Unternehmen relevanten aktuellen Gesetzesinitiativen auf globaler, auf EU- und auf nationaler Ebene? Haben Sie sich insbesondere mit dem immer wichtiger werdenden Themenfeld Nachhaltigkeit(srisiken) und ESG-Kriterien befasst und sich orientieren können? Wissen Sie, wo Ihr Unternehmen im Vergleich zu Wettbewerbern, Vorreitern und Nachzüglern steht? Kennen Sie die Kriterien, anhand derer Sie einen Vergleich anstellen können?	
2.	**Compliance/Revision:** Überwacht Compliance die Implementierung wirksamer Verfahren zur Einhaltung der gesetzlichen (Nachhaltigkeits-)Anforderungen? Prüft die Revision den angemessenen Umgang mit diesen Risiken im Rahmen ihrer Prüfungsaktivitäten?	
3.	**Strategie:** Haben Sie Ihre Geschäfts- und Risikostrategie hinsichtlich Nachhaltigkeit und der ESG-Kriterien untersucht? Haben Sie Ihre Kommunikation dahingehend angepasst?	
4.	**Verantwortliche Unternehmensführung:** Ist die Strategieverantwortung hinsichtlich Nachhaltigkeit und der ESG-Kriterien geklärt worden? Wie kann die Geschäftsleitung ihrer Verantwortung und ihrer Vorbildfunktion gerecht werden?	
5.	**Geschäftsorganisation:** Sind Nachhaltigkeitsrisiken in die schriftlich fixierte Ordnung integriert und ist sichergestellt, dass sie in bestehende Prozesse integriert werden? Werden bei der Erstprüfung einer Transaktion relevante Informationen zu Nachhaltigkeitskriterien/-risiken analysiert und identifiziert sowie ein Risikoklassifizierungsverfahren erstellt? Wenn ja, ist dieser Prozess in den relevanten Organisationsrichtlinien hinterlegt? Werden zukünftig ex ante Kundeninformationen anhand der Vorgaben der ESG erstellt?	
6.	**Risikomanagement:** Haben Sie Aufgaben, Verantwortlichkeiten sowie den zeitlichen Rahmen für die Identifizierung und Überwachung von Nachhaltigkeitsrisiken definiert? Haben Sie Methoden zur Steuerung und/oder Begrenzung der Nachhaltigkeitsrisiken festgelegt? Werden bei der Kreditvergabe die neuen Richtlinien der europäischen Bankenaufsicht bezüglich ESG berücksichtigt? Sind diese bereits im Kreditvergabeprozess integriert?	
7.	**Stresstest:** Haben Sie geprüft, inwieweit Ihre bestehenden Stresstests Nachhaltigkeitsrisiken in geeigneter Weise abbilden oder ob hierfür neue bzw. modifizierte unternehmensindividuelle Stresstests zu erstellen sind?	
8.	**Auslagerung/Ausgliederung:** Haben Sie Vorgaben an den Dienstleister über die Identifizierung, Beurteilung, Steuerung, Überwachung und Berichterstattung von Nachhaltigkeitsrisiken geregelt? Haben Sie Nachhaltigkeitsrisiken auch in die Organisationsrichtlinie für das zentrale Auslagerungsmanagement aufgenommen?	

(Fortsetzung)

Tab. 7.6 (Fortsetzung)

Nr.	Frage	Erledigt?
9.	**Gruppenweite Anwendung:** Sind die Nachhaltigkeitsaspekte bei Ihnen in der gesamten Unternehmensgruppe adressiert worden? Werden Geschäfts- und Risikostrategie sowie die Organisationsrichtlinien gruppenweit konsistent umgesetzt? Gibt es Überlegungen zur gruppenweiten Steuerung oder Einführung einer zentralen Stabsabteilung?	
10.	**Verwendung von Ratings:** Haben Sie sich über am Markt erhältliche Ratings informiert? Haben Sie sichergestellt, eine angemessene Plausibilisierung vornehmen und Aspekte der Nachhaltigkeit von denen der Bonität oder des Kreditrisikos unterscheiden zu können?	

Risk-Management, Compliance, Treasury, Reporting und die Anlageberatung sind von den neuen Vorgaben betroffen. Für Investmentberater gilt zukünftig, ESG-Kriterien als Bestandteil einer jeden Investitionsentscheidung in den Anlageprozess einzubeziehen und diesen gemäß MiFID II transparent zu gestalten und zu dokumentieren. Bemerkenswerterweise hat die ESMA im April 2019 Anpassungen von MiFID II vorgeschlagen, deren Inkrafttreten wiederum von der für 2021 geplanten ESG-Taxonomie abhängig ist. Wenn dabei MiFID II wie geplant bezüglich der Geeignetheitsprüfung für den Zielmarkt angepasst wird, bedeutet dies, dass neben den heute dort einfließenden Faktoren, wie Anlagehorizont, Risikotragfähigkeit etc., zusätzlich und separat ESG berücksichtigt werden muss. Wie dies genau zu geschehen hat, wird aktuell in den in Arbeit befindlichen Technical Standards konkretisiert. Dies stellt die Banken vor weitere Herausforderungen, da es weder einheitliche Ratings, Datenquellen noch Vorgaben gibt, auf welcher Detailebene die Bewertung erfolgen muss. Es müssen Datenfeeds angeschlossen, Beurteilungsprozesse aufgesetzt und Produktdokumentationen angepasst werden (vgl. ESMA 2019). Abb. 7.2 zeigt einen Überblick über potenzielle Anpassungen durch die neuen Nachhaltigkeitsanforderungen, aufgeteilt auf die im Bankbereich typischen Bereiche Vertrieb, Betrieb und Steuerung. Diese werden mit den aus Sicht der Autoren wichtigen Objekten/Themen gekreuzt. Jeweils rechts in schwarzen Blöcken sind die aus Sicht der Autoren relevanten Kapitel des BaFin-Merkblattes angeführt.

Wichtig erscheint eine frühzeitige Verortung der möglichen Anpassungen in den jeweiligen Bankbereichen. Dabei wird sich der Bedarf an neuen Informationen ergeben und erhöhen, z. B. Umsatz/Gewinn nach den Taxonomie-Aktivitäten, die Ergebnisse bezüglich technischer Kriterien sowie eine Abbildung der sozialen Systeme zum Beispiel zu den Rechten von Arbeitern (vgl. EU Technical Expert Group on Sustainable Finance 2019, S. 71).

7.3.4.3 Auswahl verlässlicher Ratings und Messverfahren

Die Anzahl der ESG- und SDG-Datenanbieter für Nachhaltigkeitsbewertungen ist bereits recht groß (z. B. S & P Dow Jones, Reuters/Refinitiv, MSCI, Sustainalytics, Inrate, vgl.

	Vertrieb	Betrieb	Steuerung & Treasury
Kunden	Angepasste Anforderungen an die Vertriebsaktivitäten sowie an die Anlageberatung hinsichtlich ESG, Erweiterung des CRM hinsichtlich ESG-Präferenzen. _(1.1, 3.4)_	Fokus auf nachhaltige Investitionsobjekte. _(1.1, 5.6, 5.7, 5.12)_	Auswahl nachhaltiger Kontrahenten und Emittenten, Verankerung in der Strategie. _(1.3, 3, 5.6, 5.8, 6.2)_
Produkte	Trennung zwischen ESG- und Nicht-ESG-Produkten. Angepasste Anforderung an Produktinformationen und -marketing. Kennzeichnung von ESG-Services basierend auf neuen Kriterien. _(5.6, 6.3, 10)_	ESG-Expertise für die Produktfreigabe durch entsprechende Komitees aufbauen. _(5.7, 6.2, 6.3, 6.4, 10)_	Auswahl von Produkten auch im Kontext von Risikoinventur und strategisch gewollten Produkten. _(3, 4, 5.8, 6, 10)_
Prozesse	Erweiterte vorvertragliche Offenlegung, Änderungen im Eignungsprozess. _(5.2, 6.2, 6.3)_	Anpassung des Produktfreigabeprozesses bezüglich ESG. Definition der Zielmärkte. Berücksichtigung von ESG Gewichtung und Risikofaktoren in Anlagegrenzen. Validierung von Orders und Geschäften auf ESG-Verstöße. _(5.2, 5.3, 5.4, 5.7, 6.3, 10)_	Aufbau eigener Kompetenzen zur ESG-Einwertung und zum Verständnis/Interpretation entsprechender Daten und Ratings. Integration von ESG-Gewichtung und Risikofaktoren in das Management-Reporting. _(5.5, 5.8, 6, 7, 10)_
IT/Daten	ESG-Daten müssen für das Reporting verarbeitet werden können. ESG-Kennzahlen und Ratings sind auf den Produkt- und Gattungsdaten abzulegen. _(6.3, 6.5, 10)_	Implementierung von ESG-Faktoren in Anwendungen für Überwachungsfunktionen. Schnittstellen: Anbindung an relevante ESG Datenprovider und Systeme. Abbildung ESG-Faktoren in Front-Office-Systemen. _(5, 6.3, 6.4, 6.5)_	Berücksichtigung ESG-Kennzahlen und Ratings in Vermögensstrukturen und Asset Allocation. _(3, 5.8, 6.3, 6.4, 6.5, 10)_
Verträge	Offenlegungspflichten für ESG-Faktoren/-Auswahlkriterien. _(3.2, 3.4, 5.6, 6.3)_	Fokus auf Vertragspartner, die als nachhaltig gelten. _(5.1, 5.6, 5.7, 6.5, 8.3, 10)_	Vertragsanpassungen mit ESG-Rating-Agenturen. _(5.1, 5.9, 6.5, 8.3, 10)_
Strategie	Klärung, inwieweit am Kunden Ausrichtung auf Nachhaltigkeit erfolgen soll. _(3, 6.4)_	Umsetzung der Strategie im Betrieb. _(3.4, 4)_	Untersuchung der Geschäfts- und Risikostrategie hinsichtlich Nachhaltigkeit und der ESG-Kriterien. _(3, 5.8, 6.4, 8, 10)_
Risikosteuerung	Definition von unter ESG-Kriterien strategisch gewolltem Geschäft, welches aktiv betrieben werden soll. _(3, 4, 5.6, 6.2, 6)_	Schärfung aller Beauftragten und besonderen Funktionen in Bezug auf Nachhaltigkeitsaspekte. _(5, 6, 8, 9)_	**Übergreifend:** Proportionale Umsetzung **aller** im Merkblatt genannten Anforderungen, insbesondere Strategie, Risikomanagement und Stresstests. _(3, 5.8, 6, 7, 8)_

Abb. 7.2 Überblick über potenzielle Anpassungsbedarfe durch Nachhaltigkeitsanforderungen. (Quelle: eigene Einschätzungen auf Basis von BaFin 2019)

Wong et al. 2019, S. 15 ff.). Da sich die zugrunde liegenden Klassifizierungskonzepte unterscheiden, stellt sich die Frage, wie vergleichbar die Ratings sind und wie sie sich auf die Performance des Anlageportfolios auswirken. In der Vergangenheit wurden die SDG-Auswirkungen eines bestimmten Unternehmens üblicherweise aus ESG-Daten abgeleitet. Dieser Prozess wurde von ESG- und SDG-Datenanbietern wie MSCI (SDG Revenue Exposure) oder Sustainalytics (SDG-Zielerreichung) immer standardisierter gestaltet. So können nicht nur SDG-Auswirkungen als Ziele für die daraus resultierenden Investitionen definiert werden.

Die Empfehlungen der Task Force on Climate-related Financial Disclosures (TCFD) und des Sustainable Accounting Standards Board (SASB) zielen auf einheitliche Standards für das Reporting von ESG-Informationen ab und beschäftigen sich mit allen ESG-Dimensionen. Im Rahmen einer Wesentlichkeitsanalyse werden die Kategorien für verschiedene Branchen ermittelt und der Einfluss dargestellt (vgl. Khan et al. 2016). Die Kriterien der Dimension Umwelt lauten z. B. Treibhausgasemissionen, Luftqualität, Energiemanagement, Wasser- und Abwassermanagement, Management von Abfall und gefährlichen Materialien sowie ökologischer Einfluss (vgl. SASB o. J.). Anschließend werden die finanziellen Auswirkungen analysiert, um abschließend eine Bewertung der Aktivität hinsichtlich der ESG-Kriterien festzulegen. Die grundlegenden Betrachtungsrahmen sind mit dem Ansatz der EU-Taxonomie vergleichbar, ebenso wie die Wesentlichkeitsanalyse die Unterscheidung nach verschiedenen Wirtschaftsaktivitäten auf einer abstrakten Ebene darstellt.

Ein renommierter Anbieter für ESG-Ratings ist seit vielen Jahren auch der Finanzdienstleister MSCI, der hier als Beispiel für Struktur und Vorgehen bei ESG-Ratings dienen soll. Diese Ratings basieren auf vorhandenen Informationen von Unternehmen über ESG-relevante Bereiche und auf der Erfahrung und Arbeit des Unternehmens. Abb. 7.3 veranschaulicht das auf Basis von über (A) 1000 Ausgangsdatenpunkten, aus denen schließlich (B) 37 Hauptmesspunkte ermittelt werden, an denen die ESG-Performance eines Unternehmens gemessen werden können. Diese werden anschließend gewichtet und in ein (E) Rating von AAA bis CCC überführt. Dabei können Sub-Scores nach den zehn definierten (C) Themenschwerpunkten und (D) drei Säulen (Pillars) E, S und G jeweils in einer Range von 0 bis 10 aufgeführt werden (vgl. MSCI 2019).

7.3.4.4 Folgen für die Gesamtbanksteuerung

Im Rahmen der Banksteuerung gilt es, mehrere Aspekte zu beachten. Aus strategischen Gründen, aber auch zur Vermeidung von Reputationsrisiken sollte sich jedes Institut mit der Frage beschäftigen, ob und inwieweit Nachhaltigkeitsrisiken Eingang in die Steuerung finden sollten. Auch wenn das Merkblatt vorerst „nur" empfehlenden Charakter hat und nicht rechtsverbindlich einzuhalten ist (vgl. BaFin 2019, S. 10), so wird doch ein Auseinandersetzen mit den Inhalten erwartet (vgl. BaFin 2019, S. 10). Dies bedeutet, dass die Institute das Thema in ihrer Geschäfts- und Risikostrategie zumindest erwähnen sollten. Auch in Risikoinventur und in den Stresstestszenarien ist eine qualitative Beachtung der Inhalte des BaFin-Merkblattes angeraten. Da Nachhaltig-

A. Ausgangspunkt: über 1.000 Datenpunkte	B. 37 Hauptmesspunkte (Key Issues)	C. Themen	D. Säulen (Pillars)	E. ESG Ratings
80 Exposure Metrics (geschäftliche und geografische Segmente) +	1. Kohlenstoff-Emissionen 2. CO_2-Produkt-Footprint 3. Finanzierung der Umweltauswirkungen 4. Klimawandel-Sicherheitslücken	Klimawandel	Environment (Umwelt)	Gewichteter Durchschnitt der Key Issues Score (0-10)
	5. Wasserstress 6. Rohstoffbeschaffung 7. Biodiversität und Landnutzung	Natürliche Ressourcen		↓
600 Policy Metrics +	8. Giftige Emissionen und Abfälle 9. Elektronikschrott 10. Verpackungsmaterial und Abfall	Verschmutzung und Abfall		Finale branchenbereinigte Unternehmensbewertung (0-10)
	11. Chancen in Clean Tech 12. Chancen im Grünen Bauen 13. Erneuerbare Energien	Umweltchancen		↓
240 Performance Metrics +	14. Arbeitsverwaltung 15. Personalentwicklung 16. Gesundheit 17. Sicherheit und Arbeitsnormen	Humankapital	Social (Sozial)	ESG Letter Rating AAA-CCC
	18. Produktsicherheit und Qualität 19. Chemische Sicherheit 20. Sicherheit von Finanzprodukten 21. Datenschutz und Datensicherheit 22. Verantwortungsvolle Investition 23. Gesundheits-/Demografie-Risiko	Produkthaftung		
	24. Umstrittene Beschaffung	Opposition der Interessengruppen		
96 Governance Key Metrics	25. Zugang zu Kommunikation 26. Zugang zu Finanzmitteln 27. Gesundheitsversorgung 28. Chancen in Gesundheit & Ernährung	Soziale Möglichkeiten		
	29. Eigentum und Kontrolle 30. Managergehälter 31. Transparenz Buchhaltung 32. Zusammensetzung Geschäftsleitung	Unternehmenssteuerung	Government (Führung)	
	33. Unternehmensethik 34. Wettbewerbswidrige Praktiken 35. Steuertransparenz 36. Korruption und Instabilität 37. Finanzsystem-Instabilität	Unternehmensverhalten		

Abb. 7.3 ESG-Scoring-Struktur. (Quelle: in Anlehnung an MSCI 2019)

keitsrisiken richtigerweise nicht als separate Risikokategorie betrachtet werden, ist der Aufwand jedoch überschaubar.

Eine zu detaillierte Beachtung der Inhalte des Leitfadens wird nicht angeraten – auch wenn die genannten Beispiele (vgl. BaFin 2019, S. 16 ff.) in sich richtig und logisch erscheinen, übersteigen sie die Minimalanforderungen der MaRisk deutlich. Zudem sind die theoretisch erarbeiteten Zusammenhänge in der Praxis oft nur sehr schwer zu modellieren. Oft liegt dies an der Verfügbarkeit der Daten und der Datenqualität. Die beispielhaft modellierten physischen Risikotreiber und Transitionsrisikotreiber (vgl. BaFin 2019, S. 17) sind schon in der Szenarioanalyse der Stresstests über alle Risikoarten komplex genug – eine methodische Separierung der Nachhaltigkeitsaspekte dürfte hier oftmals nicht hinreichend valide gelingen.

7.3.5   Zusammenfassung der wesentlichen Aspekte

In Summe kann bezüglich der ersten Forschungsfrage (Sollen sich Institute mit dem Thema Nachhaltigkeit beschäftigen und wenn ja, in welcher Tiefe?) Folgendes ausgeführt werden: Eine Beschäftigung an vielen Stellen in der Bank kann, abhängig von der Größe und von der Komplexität des Geschäftsmodells, sinnvoll sein. Letztlich offeriert der Leitfaden viele Ansatzpunkte, die eine kritische Reflektion ermöglichen. Auch wenn das Merkblatt – Stand heute – noch nicht verbindlich für die Institute ist, so lassen Veröffentlichungen der EBA und auch die Formulierungen im Leitfaden der BaFin die Schlussfolgerung zu, dass eine spätere verbindliche Verankerung, z. B. in den MaRisk, nicht auszuschließen ist. Da dies dann ohne Umsetzungsfristen geschehen wird, ist eine frühzeitige Beschäftigung mit den Inhalten angeraten, auch wenn es für eine umfangreiche Umsetzung der Inhalte aus Sicht der Autoren an vielen Stellen noch zu früh ist. Eine Umsetzung mit Augenmaß im Kontext der Öffnungsklauseln der MaRisk ist zu empfehlen, vor allem dann, wenn sich auch Vorteile für das Geschäftsmodell heben lassen.

In diesem Kontext stellt sich aus strategischer Sicht im Depot A die Frage, ob ein Investment in nachhaltige Assets nicht nur aus Nachhaltigkeitsgründen, sondern auch aus ökonomischen Gründen sinnvoll ist. Auch aus diesem Grund wird die folgende Analyse in Abschn. 7.4 durchgeführt. Wenn nachhaltige Investments ein besseres Risk/Return-Verhältnis aufweisen als traditionelle Investments, so wären sie auch im Kontext der Gesamtbanksteuerung zu bevorzugen.

7.4   Empirische Analyse nachhaltiger Assetklassen

7.4.1   Status quo in der Forschung

Tab. 7.7 Status quo zur Effizienz nachhaltiger Assetklassen in der Literatur

Autoren	Jahr	Forschungsdesign	Ergebnisse
Büscher et al. (2013, S. 83–89)	2013	Analyse der Performance und Risikowerte verschiedener Aktienindizes.	In Bezug auf Volatilität, VaR, Rendite und RORAC (Return on Risk Adjusted Capital) ist keine Überperformance nachhaltiger Indizes festzustellen.
		Verwendete Indizes: MSCI World, MSCI World ESG, Stoxx Europe 600 Price, Stoxx Sustainability, Dow Jones Global, Dow Jones Sustainable World.	Alle Aktienindizes sind hochkorreliert.
		Zeitraum 12/1998 bis 12/2011.	
Kleine et al. (2013)	2013	Studie der Steinbeis-Hochschule in Berlin, basiert auf einer Analyse von 195 themenrelevanten Studien sowie auf eigenen Berechnungen.	Metastudie zeigt differenziertes Bild.
		Studien datieren bis 2011.	Bei der Mehrheit der Analysen wird nachhaltigen Anlagen kein schlechteres Risk/Return-Profil zugewiesen.
		Schwerpunkt der Studien zu nachhaltigen Aktien: 1990 bis 2005.	Bei einer Gesamtbetrachtung wirken sich Nachhaltigkeitsaspekte sogar (leicht) positiv aus.
Union Investment (2018, S. 34)	2018	Unterstützung einer Studie der Steinbeis-Hochschule in Berlin.	Einige der untersuchten Studien deuten darauf hin, dass aktive Manager bei nachhaltigen Geldanlagen im Vorteil sind.
		Veröffentlichung einer Kurzfassung der Ergebnisse.	Nachhaltige Anlagen weisen geringere Eventrisiken auf.
			Sehr strenge Screening- und Ausschlusskriterien können sich durch die Verengung des Anlageuniversums negativ auf den Erfolg nachhaltiger Geldanlagen auswirken.
			Bei nachhaltigen Fonds wird Best-in-Class-Ansätzen oftmals das größte Erfolgspotenzial zugemessen.

(Fortsetzung)

Tab. 7.7 (Fortsetzung)

Autoren	Jahr	Forschungsdesign	Ergebnisse
Absolut Research (2018)	2018	Aktienfonds, aufgeteilt nach Nachhaltigkeit und Nicht-Nachhaltigkeit in den Bereichen Europe, Euro Zone, Europe Small Mid Cap, USA, Emerging Markets, Global.	In Summe sehr ähnliche Renditen.
		Zudem verschiedene Bond-Indizes und Multi-Asset-Ansätze.	Nachhaltigkeitsfonds haben im Schnitt geringere Volatilitäten und Drawdowns sowie bessere Sharpe Ratios.
		Zeitraum 12/1998 bis 12/2017.	Im Durchschnitt sind nachhaltige Strategien über alle Assetklassen hinweg performanter und sind besser in der Lage, Risiken zu vermeiden.
		Fokus auf gleitende 3-Jahres-Rendite.	
Union Investment (2019)	2019	Fokus auf ESG-Kriterien bei der Auswahl von Assets.	Unternehmen mit hohem Union-Investment-ESG-Score generieren überdurchschnittliche Performance.
		Vergleich mit MSCI World.	Die Selektion auf Basis von ESG-Scores führte im betrachteten Zeitraum zur Outperformance gegenüber dem MSCI World von 2 % p.a.
		Zeitraum 12/2011 bis 08/2018.	Überdurchschnittliche Performance von Unternehmen mit hohem ESG-Score; gewinnt ab Mitte 2014 deutlich an Signifikanz.

Nach der Definition, Strukturierung und Darstellung der aufsichtsrechtlichen Anforderungen gilt es nunmehr, die Effizienz nachhaltiger Assetklassen empirisch nachzuvollziehen. Im ersten Schritt wird eine exemplarische Analyse des Status quo in der akademischen Literatur vorgenommen, die keinen Anspruch auf Vollständigkeit besitzt, wohl aber Tendenzaussagen zur Effizienz beinhaltet. Tab. 7.7 fasst diese Ergebnisse zusammen, wobei dieser Beitrag auf Aktien und nicht auf Anleihen fokussiert.

Es wird ersichtlich, dass nachhaltige Investments nicht per se schlechter performen als konventionelle Anlagen. Gleichwohl ist auch keine Aussage zu einer signifikanten Outperformance zu finden. Manchmal wird ein besseres Risk/Return-Verhältnis ermittelt, allerdings scheint dies oft erst in der jüngeren Vergangenheit aufzutreten. Grund könnte eine im Vergleich zu traditionellen Assets verstärkte Nachfrage nach nachhaltigen Assets sein.

Tab. 7.8 Ableitung von Forschungshypothesen

Nr.	Hypothese	Begründung
1.	Breit gestreute Indizes weisen auf Basis eines langen Zeitraums eine bessere Performance auf als nachhaltige Indizes.	Je breiter ein Index streut, desto stabiler sind die Performances.
2.	Breit gestreute Indizes weisen auf Basis eines langen Zeitraums ein besseres Risk/Return-Profil auf als nachhaltige Indizes.	Je breiter eine Streuung vorgenommen wird, umso mehr wird das unsystematische Risiko reduziert und die weltweiten Korrelationen greifen.
3.	Ab 2014 weisen nachhaltige Assetklassen eine bessere Performance auf als andere Assets.	Ab Mitte 2014 liegt ein Nachfrageüberhang nach nachhaltigen Assetklassen vor, was Hypothese 2 zum Trotz in diesem Zeitraum zu steigenden Kursen führt.
4.	Ab 2014 weisen nachhaltige Assetklassen ein besseres Risk/Return-Profil auf als andere Assets.	Bedingt durch These 3 dürfte bei ansonsten gleichem oder geringerem Risiko ein besseres Risk/Return-Profil vorliegen.
5.	Ausschüttungen nachhaltiger Anlageklassen sind höher als bei traditionellen Investments.	Aufgrund von staatlichen Förderungen und besseren Performances können nachhaltige Unternehmen mehr ausschütten.
6.	Alle Aktienindizes sind untereinander hochkorreliert, Nachhaltigkeit ist kein Diversifikationskriterium.	Da nachhaltige Indizes quasi Unterkategorien traditioneller Indizes darstellen, sind sie nicht zur Diversifikation dieser geeignet.

7.4.2 Ableitung von Hypothesen

Aufbauend auf den Erkenntnissen lassen sich folgende Forschungshypothesen ableiten, wie Tab. 7.8 zeigt.

Die Hypothesen erweitern somit bestehende Analysen und gehen zudem auf die These einer besseren Performance nachhaltiger Investments ab 2014 ein.

7.4.3 Verwendete Indizes und Daten

Der Fokus dieses Beitrags liegt nicht auf Einzeltiteln und auch nicht auf aktiven Managementansätzen, wie es in einigen der oben erwähnten Studien der Fall war. Vielmehr wird auf passives Management abgestellt. Hierdurch kann die Überperformance, die ein aktiver Fondsmanager erwirtschaftet, weitestgehend egalisiert werden. Die Unterscheidung weltweiter Indizes in nachhaltig und nicht-nachhaltig ist das einzige Kriterium, was die Zusammensetzung der Indizes beeinflusst. Die zu untersuchende Variable „Nachhaltigkeit" ist aus Sicht der Autoren so am ehesten isolierbar (vgl. auch Büscher et al. 2013, S. 83 ff.). Es werden mehrere Indizes analysiert. Voraussetzung ist, dass sie als Performance- und Kursindizes (mit und ohne Dividendeneffekt) vorliegen

Tab. 7.9 Verwendete Indizes

Bezeichnung	Bloomberg	Art	Erläuterung	Quelle
MSCI World	PR: MXWO TR: MSDEWIN	Normal	Internationaler Aktienindex.	Vgl. MSCI (2020a)
			1643 Unternehmen aus 23 Ländern.	
			Keine Emerging Markets.	
			Rund 85 % der Markt-kapitalisierung der Industrieländer.	
MSCI Emerging Markets	PR: MXEF TR: NDUEEGF	Normal	1404 Einzelwerte.	Vgl. MSCI (2020b)
			Mehr als 20 Emerging-Market-Länder.	
			Ausschließlich Emerging Markets.	
STOXX Europe 600	PR: SXXP TR: SXXGV	Normal	Der Index wird aus dem STOXX Europe Total Market Index abgeleitet.	Vgl. Stoxx (2019)
			Er beinhaltet 600 Unter-nehmen aus Europa aller Kapitalisierungsstufen aus 17 Ländern.	
MSCI World ESG	PR: GSIN TR: NGSINU	ESG	Basiert auf dem MSCI World und enthält 1617 Titel.	Vgl. MSCI (2020c)
			Umfasst Large- und Mid-Cap-Wertpapiere aus 23 Industrieländern.	
			Unternehmen sollen ein robustes ESG-Profil auf-weisen.	
Dow Jones Sustainability World (DJSW)	PR: W1SGI TR: W1SGITRE	ESG	Basis: die 2500 größten nachhaltigen Unternehmen aus dem S&P BMI welt-weit, der ca. 11.000 Aktien beinhaltet.	Vgl. S&P (2020a)
			Die SAM-Gruppe identi-fiziert hieraus die besten 10 % dieser Unternehmen.	
			Der Index wird jährlich neuadjustiert.	
			Aktuell 319 Unternehmen im Index.	

(Fortsetzung)

Tab. 7.9 (Fortsetzung)

Bezeichnung	Bloomberg	Art	Erläuterung	Quelle
Dow Jones Sustainability Europe (DJSI)	PR: DJSEUR TR: DJSEURT	ESG	Basis: die 600 größten europäischen nachhaltigen Unternehmen aus dem S&P BMI weltweit, der ca. 11.000 Aktien beinhaltet.	Vgl. S&P (2020b)
			Die SAM-Gruppe identifiziert hieraus die besten 20 % dieser Unternehmen.	
			Der Index wird jährlich neuadjustiert.	
			Aktuell 144 Unternehmen im Index.	
Global Challenges Index (GCX)	PR: GCXP TR: GCX	ESG	Spiegelt die Performance von 50 ausgewählten Aktien internationaler Großunternehmen sowie kleiner und mittlerer Unternehmen (KMU) wider.	Vgl. Börse Hannover (2019)
			Kriterium: Engagement in den sieben globalen Herausforderungen der Nachhaltigkeit, z. B. Klimawandel, Armut, Artenvielfalt.	
			Analyse, wie aktiv die Unternehmen sind.	
MSCI Emerging Markets ESG Leaders	PR: MXEMES TR: M1EMES	ESG	443 Einzelwerte, kapitalisierungsgewichtet.	Vgl. MSCI (2020d)
			Mehr als 20 Emerging-Market-Länder.	
			Emerging-Markets-Unternehmen mit einer hohen Umwelt-, Sozial- und Governance-Leistung.	

und auf Euro umgerechnet sind. Nur so ist Hypothese 5 nachweisbar. Zudem ist eine ausreichend lange gemeinsame Historie der Indizes wichtig, damit bei der Analyse der Zeit vor und nach 2014 ausreichend Stützstellen vorliegen. Des Weiteren sollten möglichst viele Ausprägungen der Assetklasse Aktien vorliegen. Auf Basis dieser Eckdaten lassen sich Indizes definieren, die im Folgenden miteinander verglichen werden. Tab. 7.9 veranschaulicht diese Indizes.

Diese acht Indizes sind in einem langen Zeitraum von 09/2007 bis 01/2020 verfügbar und werden entsprechenden Analysen unterzogen (Datenquelle: Bloomberg).

7.4.4 Durchführung und Ergebnisse der empirischen Analyse

7.4.4.1 Performance der Indizes

Im ersten Schritt gilt es, die Performances der Indizes miteinander zu vergleichen. Hierbei wird, um den ausgeschütteten Dividenden gerecht zu werden, auf die Total-Return-Indizes abgestellt. Abb. 7.4 verdeutlicht die Performance, skaliert auf 100 am 28.09.2007. Hierbei werden direkt Indizes miteinander verglichen, die sich vom Grundaufbau ähneln, allerdings im Punkt Nachhaltigkeit unterscheiden.

Die indexierte Performance ergibt ein differenziertes Bild. Der MSCI World und sein zugehöriger Nachhaltigkeitsindex weisen nahezu dieselbe Kursentwicklung auf. Dies vermag vor dem Hintergrund der starken Überlappung der Titel nicht überraschen. Gleichwohl ist eine Aussage auf Basis dieses Indexpaares kaum möglich.

Beim MSCI Emerging Markets und dem Emerging Markets ESG Leaders ist die Entwicklung transparenter. In Summe performt der klassische Index besser als sein Nachhaltigkeitspendant, auch wenn die Entwicklung seit 09/2015 deutlich enger verläuft. Die Ausschläge des klassischen Emerging-Market-Indexes erscheinen allerdings etwas höher als beim Nachhaltigkeitsindex.

Werden Europe Stoxx 600 und der Dow Jones Sustainability Europa miteinander verglichen, so ist das Ergebnis klarer: Der Europe Stoxx performt auf Dauer besser als sein Nachhaltigkeitspendant. Höhere Ausschläge sind hier nicht zu erkennen, sodass er auch ein besseres Risk/Return-Profil aufweisen müsste.

Uneindeutig ist auch das Bild beim Vergleich MSCI World, Dow Jones Sustainability World und Global Challenges. Während der DJSI-E deutlich schlechter performt als der MSCI World, weist der Global Challenges trotz der geringsten Anzahl an Titeln die beste Performance aller analysierten Indizes auf. Zudem scheint auch die Schwankungsbreite hier nicht höher zu sein als bei den anderen Indizes.

Das Zwischenfazit ist folglich: Die Anzahl der im Index enthaltenen Titel und damit die Höhe der Streuung hat keinen signifikanten Einfluss auf die Entwicklung der Indizes. Auch weisen nachhaltige Indizes nicht per se eine bessere Performance auf. Dies bestätigt die Ergebnisse früherer Studien (vgl. u. a. Büscher et al. 2013, S. 83 ff.).

7.4.4.2 Analyse von Risiko, Rendite und RORAC

Im nächsten Schritt werden die Renditen der Indizes näher analysiert. Hierbei wird auf diskrete Renditen abgestellt (zur Diskussion stetiger vs. diskreter Renditen vgl. Reuse 2011, S. 10):

$$r_{\text{Haltedauer}} = \frac{K_{(t+\text{Haltedauer})}}{K_t} - 1$$

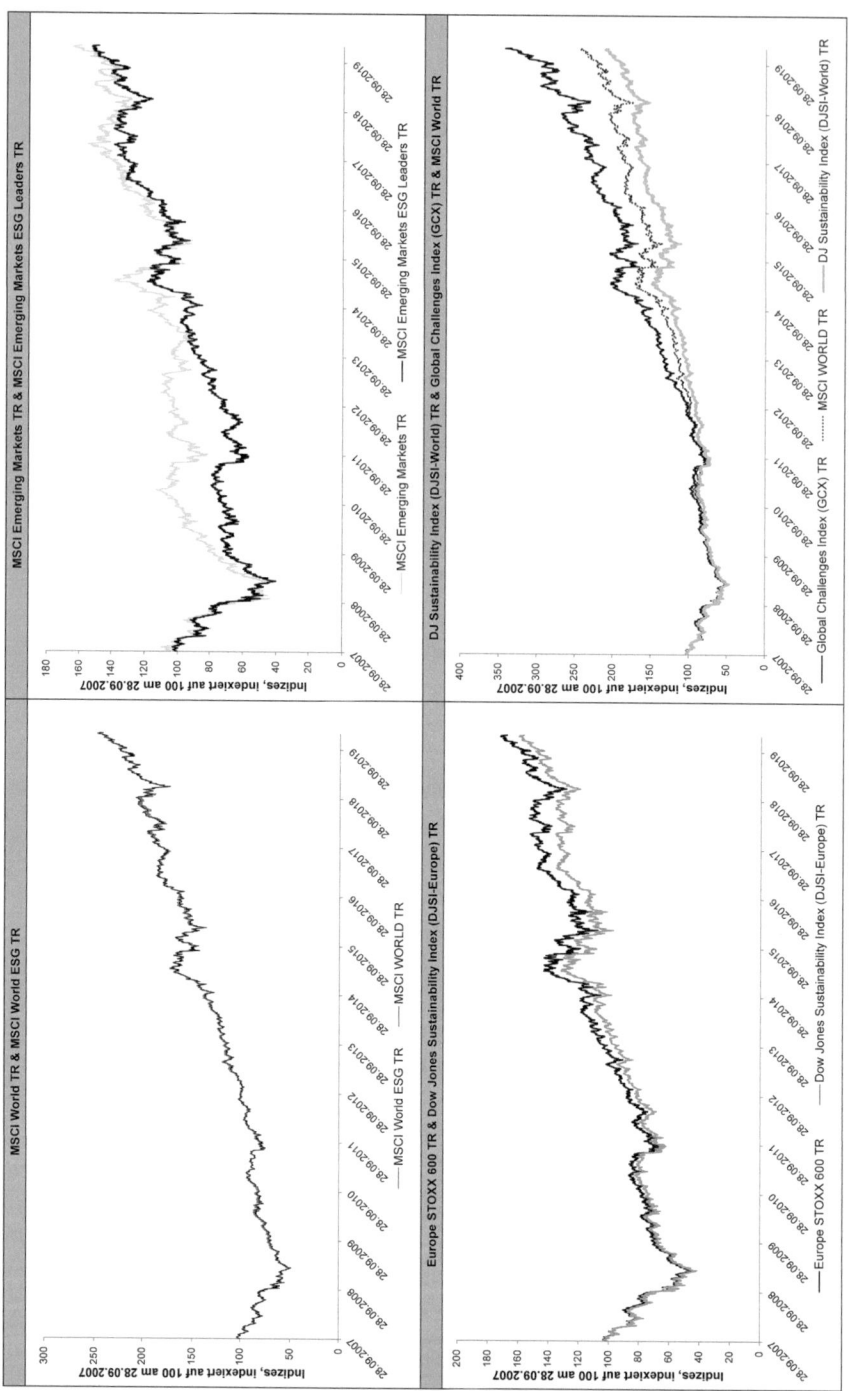

Abb. 7.4 Indexierte Entwicklung der acht Indizes

Hierbei definiert K den Kurswert zu einem bestimmten Zeitpunkt und r die diskrete Rendite. Die Haltedauer definiert sich über:

- Tagesrenditen: 1 Tag
- Monatsrenditen überlappend: 21 Handelstage
- Monatsrenditen unabhängig: 21 Handelstage
- Jahresrenditen überlappend: 250 Handelstage

Ziel ist es, die sich aus den überlappenden Zeiträumen ergebenden Autokorrelationen möglichst zu eliminieren und die aus statistischer Sicht interessanten Aspekte wie Trendfreiheit der Historie und auch Modellierung einer Verteilungsfunktion in den Hintergrund rücken zu lassen (zur Frage der Normalverteilung von Indizes vgl. exemplarisch Reuse 2010, S. 85 ff.). Die theoretisch möglichen Jahresrenditen werden nicht näher betrachtet, da sie mit nur zwölf Werten bei der gesamten bzw. sechs Werten bei der Historie ab 01.01.2014 eine zu geringe Stichprobe aufweisen.

Diese vier Renditesets werden im Folgenden auf ihre Erwartungswerte μ, Standardabweichungen σ und Risikowerte analysiert. Hierbei werden Value-at-Risk-Werte auf Basis Varianz/Kovarianz und historischer Simulation auf einem 99 % Konfidenzniveau ermittelt (vgl. umfassend Reuse 2011, S. 67 ff.). Diese werden mit der Wurzelfunktion (vgl. kritisch und umfassend Reuse und Svoboda 2013, S. 699–708) auf Jahreswerte hochgerechnet, um eine Vergleichbarkeit herzustellen. Auch wenn die Wurzelfunktion streng genommen nur bei normalverteilten Renditen angewendet werden darf, so ist dies doch die einzige Möglichkeit, die Risikowerte vergleichbar zu machen.

Folglich ermitteln sich die zugrunde liegenden Werte auf Basis der folgenden Formeln, wobei die Rendite r hier immer den Erwartungswert bzw. Mittelwert darstellt und keine einzelne Rendite.

$$r_{\text{Jahr}} = r_{\text{Haltedauer}} \cdot \frac{250}{\text{Haltedauer}}$$

$$CAGR = r_{\text{total p.a.}} = \left(\frac{K_{\text{Ende}}}{K_{\text{Anfang}}} \right)^{\left(\frac{1}{\text{Jahre(Ende - Anfang)}} \right)}$$

$$VaR(\text{Varianz Kovarianz, Jahr})_{99\,\%} = \sigma_{(r_{\text{Haltedauer}})} \cdot z_{99\,\%} \cdot \sqrt{\frac{250}{\text{Haltedauer}}}$$

$$VaR(\text{hist.Sim., Jahr})_{99\,\%} = \left(\left[\text{Quantil}_{99\,\%} (r_{\text{Haltedauer}}) \right] - \mu_{(r_{\text{Haltedauer}})} \right) \cdot \sqrt{\frac{250}{\text{Haltedauer}}}$$

Des Weiteren wird der RORAC berechnet, indem das Risiko und die Performance der sicheren Rendite mit hinzugezogen werden. Hierzu wird aus dem risikolosen Overnight-

Risk/Return Analyse der Indizes	Performanceindizes 09/2007 - 01/2020							
	MSCI WORLD	MSCI Emerging Markets	Europe STOXX 600	MSCI World ESG	DJSI World	DJSI Europe	Global Challenges Index	MSCI EM ESG Leaders
Art	normal	normal	normal	ESG	ESG	ESG	ESG	ESG
Jahresperformances aus...								
Totalperiode (CAGR)	7,35%	3,80%	4,32%	7,43%	6,09%	3,73%	*10,31%*	3,22%
Tagesrenditen	8,02%	5,37%	5,91%	8,07%	6,92%	5,35%	*10,85%*	5,30%
Monatsrenditen überlappend	7,62%	5,04%	5,24%	7,65%	6,58%	4,73%	*10,32%*	4,69%
Monatsrenditen unabhängig	7,96%	5,35%	5,35%	8,05%	6,82%	4,76%	*11,05%*	4,67%
Jahresrenditen überlappend	9,37%	6,70%	6,72%	9,39%	8,14%	6,27%	*12,22%*	5,83%
p.a. Standardabweichung aus...								
Tagesrenditen	15,57%	18,91%	19,30%	15,50%	15,80%	19,19%	16,99%	*21,27%*
Monatsrenditen überlappend	14,72%	*18,80%*	16,13%	14,65%	14,94%	16,21%	16,67%	18,12%
Monatsrenditen unabhängig	12,93%	*17,77%*	14,83%	13,08%	13,30%	14,69%	15,46%	17,12%
Jahresrenditen überlappend	15,76%	*22,77%*	17,55%	15,72%	16,26%	17,72%	17,54%	18,63%
p.a. VaR (hist. Sim) aus...								
Tagesrenditen	-47,07%	-51,95%	-55,91%	-46,66%	-45,01%	-55,94%	-48,96%	*-60,97%*
Monatsrenditen überlappend	-45,73%	-52,47%	-52,47%	-46,43%	-47,05%	-52,68%	-55,39%	*-56,46%*
Monatsrenditen unabhängig	-34,50%	*-50,15%*	-42,46%	-35,05%	-35,75%	-39,91%	-41,26%	-45,58%
Jahresrenditen überlappend	-45,92%	*-56,84%*	-49,72%	-45,71%	-47,20%	-50,80%	-49,78%	-53,04%
p.a. VaR (Varianz/Kovarianz) aus...								
Tagesrenditen	-36,23%	-43,99%	-44,90%	-36,06%	-36,77%	-44,64%	-39,53%	*-49,49%*
Monatsrenditen überlappend	-34,23%	*-43,73%*	-37,52%	-34,08%	-34,77%	-37,71%	-38,78%	-42,15%
Monatsrenditen unabhängig	-30,09%	*-41,33%*	-34,51%	-30,44%	-30,94%	-34,18%	-35,97%	-39,83%
Jahresrenditen überlappend	-36,66%	*-52,96%*	-40,83%	-36,57%	-37,82%	-41,23%	-40,81%	-43,33%
p.a. RORAC (hist. Sim) aus...								
Tagesrenditen	0,164	0,097	0,100	0,166	0,147	0,090	*0,215*	0,082
Monatsrenditen überlappend	0,160	0,090	0,094	0,158	0,133	0,084	*0,181*	0,078
Monatsrenditen unabhängig	0,221	0,100	0,118	0,220	0,181	0,111	*0,260*	0,095
Jahresrenditen überlappend	0,199	0,114	0,130	0,200	0,167	0,119	*0,241*	0,105
p.a. RORAC (Varianz/Kovarianz) aus...								
Tagesrenditen	0,212	0,115	0,125	0,215	0,179	0,113	*0,266*	0,101
Monatsrenditen überlappend	0,214	0,108	0,132	0,216	0,181	0,117	*0,258*	0,104
Monatsrenditen unabhängig	0,253	0,121	0,145	0,254	0,210	0,129	*0,298*	0,109
Jahresrenditen überlappend	0,249	0,122	0,159	0,250	0,209	0,146	*0,294*	0,129
Rang RORAC (hist. Sim) aus...								
Tagesrenditen	3	6	5	2	4	7	1	8
Monatsrenditen überlappend	2	6	5	3	4	7	1	8
Monatsrenditen unabhängig	2	7	5	3	4	6	1	8
Jahresrenditen überlappend	3	7	5	2	4	6	1	8
Rang RORAC (Varianz/Kovarianz) aus...								
Tagesrenditen	3	6	5	2	4	7	1	8
Monatsrenditen überlappend	3	7	5	2	4	6	1	8
Monatsrenditen unabhängig	3	7	5	2	4	6	1	8
Jahresrenditen überlappend	3	8	5	2	4	6	1	7

Abb. 7.5 Ausführliche Risk/Return-Analyse der Indizes – lange Zeitreihe

Risk/Return Analyse der Indizes	Performanceindizes 01/2014 - 01/2020							
	MSCI WORLD	MSCI Emerging Markets	Europe STOXX 600	MSCI World ESG	DJSI World	DJSI Europe	Global Challenges Index	MSCI EM ESG Leaders
Art	*normal*	*normal*	*normal*	*ESG*	*ESG*	*ESG*	*ESG*	*ESG*
Jahresperformances aus...								
Totalperiode (CAGR)	12,05%	7,96%	7,42%	12,07%	11,24%	7,71%	*15,55%*	8,13%
Tagesrenditen	11,72%	8,48%	7,97%	11,74%	11,03%	8,15%	*14,86%*	8,71%
Monatsrenditen überlappend	11,59%	8,43%	8,05%	11,54%	10,95%	8,19%	*14,39%*	8,86%
Monatsrenditen unabhängig	12,03%	8,53%	7,86%	12,06%	11,28%	8,08%	*15,36%*	8,65%
Jahresrenditen überlappend	11,59%	6,78%	8,00%	11,39%	10,60%	8,04%	*14,65%*	8,92%
p.a. Standardabweichung aus...								
Tagesrenditen	12,78%	15,09%	14,89%	12,70%	12,83%	14,37%	14,15%	*15,59%*
Monatsrenditen überlappend	12,09%	*15,12%*	12,51%	11,94%	11,91%	12,14%	13,65%	13,31%
Monatsrenditen unabhängig	11,13%	*13,13%*	11,83%	11,17%	10,96%	11,38%	13,06%	12,87%
Jahresrenditen überlappend	10,42%	*14,02%*	10,72%	10,13%	10,34%	10,65%	10,49%	10,57%
p.a. VaR (hist. Sim) aus...								
Tagesrenditen	-36,66%	-41,39%	-41,96%	-35,73%	-35,43%	-42,98%	-37,91%	*-44,14%*
Monatsrenditen überlappend	-33,75%	*-39,63%*	-32,65%	-32,71%	-33,95%	-32,92%	-35,87%	-34,40%
Monatsrenditen unabhängig	-31,33%	-29,66%	-26,77%	-31,81%	-29,63%	-25,55%	*-33,05%*	-25,69%
Jahresrenditen überlappend	-23,31%	*-30,53%*	-24,61%	-22,81%	-26,28%	-25,66%	-24,04%	-22,38%
p.a. VaR (Varianz/Kovarianz) aus...								
Tagesrenditen	-29,73%	-35,10%	-34,63%	-29,55%	-29,84%	-33,43%	-32,91%	*-36,27%*
Monatsrenditen überlappend	-28,13%	*-35,18%*	-29,11%	-27,79%	-27,71%	-28,24%	-31,75%	-30,96%
Monatsrenditen unabhängig	-25,90%	*-30,55%*	-27,52%	-25,99%	-25,50%	-26,47%	-30,38%	-29,94%
Jahresrenditen überlappend	-24,24%	*-32,61%*	-24,94%	-23,57%	-24,05%	-24,78%	-24,40%	-24,58%
p.a. RORAC (hist. Sim) aus...								
Tagesrenditen	0,324	0,209	0,194	0,333	0,316	0,194	*0,396*	0,201
Monatsrenditen überlappend	0,348	0,217	0,251	0,358	0,327	0,253	*0,405*	0,262
Monatsrenditen unabhängig	0,389	0,294	0,300	0,384	0,386	0,323	*0,470*	0,343
Jahresrenditen überlappend	0,503	0,226	0,331	0,505	0,408	0,319	*0,615*	0,405
p.a. RORAC (Varianz/Kovarianz) aus...								
Tagesrenditen	0,400	0,246	0,235	0,403	0,375	0,249	*0,457*	0,245
Monatsrenditen überlappend	0,418	0,244	0,282	0,421	0,401	0,295	*0,458*	0,291
Monatsrenditen unabhängig	0,471	0,285	0,292	0,470	0,449	0,312	*0,511*	0,295
Jahresrenditen überlappend	0,484	0,212	0,326	0,489	0,446	0,330	*0,606*	0,369
Rang RORAC (hist. Sim) aus...								
Tagesrenditen	3	5	7	2	4	8	1	6
Monatsrenditen überlappend	3	8	7	2	4	6	1	5
Monatsrenditen unabhängig	2	8	7	4	3	6	1	5
Jahresrenditen überlappend	3	8	6	2	4	7	1	5
Rang RORAC (Varianz/Kovarianz) aus...								
Tagesrenditen	3	6	8	2	4	5	1	7
Monatsrenditen überlappend	3	8	7	2	4	5	1	6
Monatsrenditen unabhängig	2	8	7	3	4	5	1	6
Jahresrenditen überlappend	3	8	7	2	4	6	1	5

Abb. 7.6 Ausführliche Risk/Return-Analyse der Indizes – kurze Zeitreihe

Satz EONIA (vgl. Deutsche Bundesbank 2020) ein Performance-Index erzeugt. Der RORAC berechnet sich dann wie folgt:

$$RORAC_{\text{Jahr}} = \frac{r_{\text{Index}} - r_f}{VaR_{99\,\%}}$$

Die Ergebnisse dieser Analyse werden für zwei Zeiträume durchgeführt: 09/2007–01/2020 und 01/2014–01/2020. Die Ergebnisse werden in Abb. 7.5 und 7.6 zusammengefasst.

Die Ergebnisse sind wiederum nicht eindeutig. Auch hier ist erkennbar, dass die Jahresperformances unabhängig davon, wie sie ermittelt werden, keine Überperformance der nachhaltigen Assets erkennen lassen. Einzig der Global Challenges besticht hier durch seine Outperformance. Dies ist in beiden Zeiträumen festzuhalten.

In Bezug auf die Risikowerte ist dies ebenfalls der Fall. Der nachhaltige Emerging-Market-Index hat in drei Berechnungsmethoden in der langen Historie ein geringeres Risiko. Erwartungsgemäß ist das Risiko des MSCI World in allen Zeiträumen sehr niedrig und oft auch der niedrigste Wert. Sein Nachhaltigkeitspendant hat hier vor allem im kurzen Zeitraum geringere Risiken als der Hauptindex. Allerdings lässt sich auch hier keine strukturell geringere Risikolage nachhaltiger Assets konstatieren. Dasselbe gilt für die RORACs. Sie sind nicht eindeutig nach nachhaltig/nicht-nachhaltig sortierbar. Einzig der Global Challenge weist aufgrund seiner Performance einen signifikant höheren RORAC auf. Dies zeigt auch die Rangfolge der RORACs, die dem MSCI World immer einen Rang von 2–3 bescheren, wobei sein Nachhaltigkeitspendant hier sehr nahe aufschließt. Beide Dow-Jones-Indizes können hier nicht überzeugen, sie liegen weiter hinten.

7.4.4.3 Risk/Return im direkten Vergleich der beiden Zeiträume

Im nächsten Schritt gilt es, den Vergleich der beiden Zeiträume näher zu fokussieren. Hierzu werden in Ergänzung zu den vorherigen Ausführungen im Rahmen eines Risk/Return-Diagramms die monatlich überlappenden Werte dargestellt. Auf diese wird deshalb abgestellt, weil die Stichprobenanzahl groß genug ist. Zudem ist der Autokorrelationseffekt noch vergleichsweise gering. Die Ergebnisse zeigt Abb. 7.7.

Im direkten Vergleich der Indizes wird deutlich, dass der MSCI Emerging Markets sich in der kurzen Historie als deutlich ineffizient herausstellt. Während er in der langen Historie noch näher am Europe Stoxx 600 und DSJI Europe lag, ist er nunmehr das risikoreichste Asset, während sein Nachhaltigkeitspendant in der langen Historie am risikoreichsten war. Diese Erkenntnis ist auch bei den anderen VaR-Berechnungen sichtbar. Hier scheint die These, dass der kurze Zeitraum zu besseren Risk/Return-Verhältnissen führt, nicht widerlegt werden zu können. Auch der DJSI Europe weist in der kurzen Historie nun ein leicht besseres Risk/Return-Verhältnis auf als der Europe Stoxx 600. Beim Vergleich MSCI World und DJSI World fällt auf, dass sich der Abstand verringert hat. Immer noch ist der MSCI effizienter, aber nur noch marginal. Umgekehrt ist die Entwicklung beim MSCI World vs. MSCI World ESG: Während die Performance

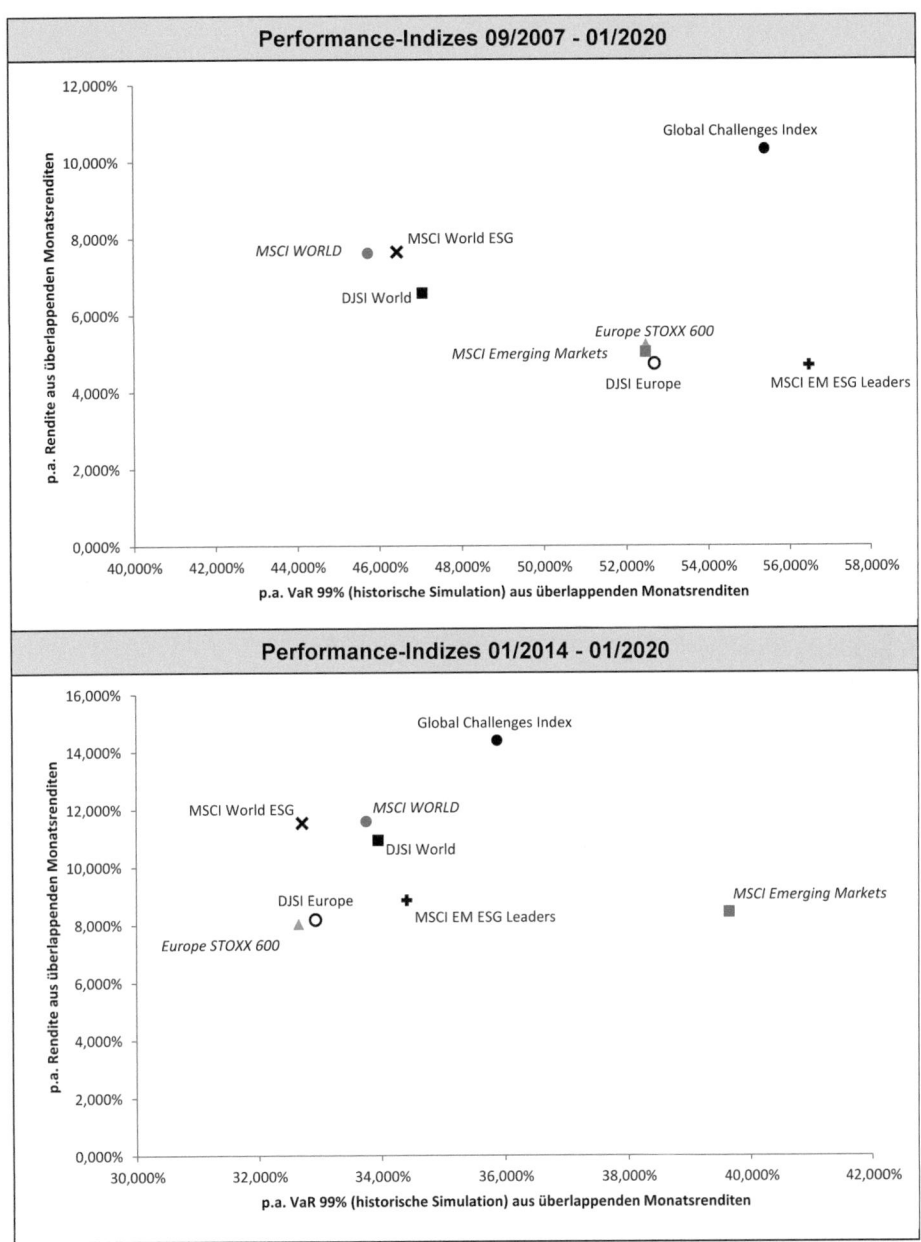

Abb. 7.7   Risk/Return-Diagramm der Indizes im Vergleich beider Zeiträume

Tagesrenditen

	MSCI WORLD TR	MSCI Emerging Markets TR	Europe STOXX 600 TR	MSCI World ESG TR	DJSI World TR	DJSI Europe TR	Global Challenges Index TR	MSCI EM ESG Leaders TR	EONIA TR
MSCI WORLD TR	1,0000	0,6675	0,7293	0,9603	0,9415	0,7683	0,8615	0,6781	-0,0595
MSCI Emerging Markets TR	0,6675	1,0000	0,6546	0,7070	0,7255	0,6270	0,6507	0,5966	-0,0562
Europe STOXX 600 TR	0,7293	0,6546	1,0000	0,7931	0,8851	0,9688	0,8712	0,9663	-0,0524
MSCI World ESG TR	0,9603	0,7070	0,7931	1,0000	0,9241	0,7803	0,8632	0,7472	-0,0601
DJSI World TR	0,9415	0,7255	0,8851	0,9241	1,0000	0,9189	0,9228	0,8369	-0,0621
DJSI Europe TR	0,7683	0,6270	0,9688	0,7803	0,9189	1,0000	0,8835	0,9440	-0,0545
Global Challenges Index TR	0,8615	0,6507	0,8712	0,8632	0,9228	0,8835	1,0000	0,8368	-0,0597
MSCI EM ESG Leaders TR	0,6781	0,5966	0,9663	0,7472	0,8369	0,9440	0,8368	1,0000	-0,0509
EONIA TR	-0,0595	-0,0562	-0,0524	-0,0601	-0,0621	-0,0545	-0,0597	-0,0509	1,0000

Minimum: 0,5966　　Mittelwert: 0,8111

Jahresrenditen (überlappend)

	MSCI WORLD TR	MSCI Emerging Markets TR	Europe STOXX 600 TR	MSCI World ESG TR	DJSI World TR	DJSI Europe TR	Global Challenges Index TR	MSCI EM ESG Leaders TR	EONIA TR
MSCI WORLD TR	1,0000	0,8153	0,9417	0,9969	0,9784	0,9404	0,9676	0,8948	-0,6585
MSCI Emerging Markets TR	0,8153	1,0000	0,8265	0,8190	0,8724	0,8277	0,7610	0,8001	-0,4566
Europe STOXX 600 TR	0,9417	0,8265	1,0000	0,9409	0,9690	0,9947	0,9554	0,9768	-0,6167
MSCI World ESG TR	0,9969	0,8190	0,9409	1,0000	0,9779	0,9422	0,9696	0,8956	-0,6493
DJSI World TR	0,9784	0,8724	0,9690	0,9779	1,0000	0,9742	0,9593	0,9400	-0,6613
DJSI Europe TR	0,9404	0,8277	0,9947	0,9422	0,9742	1,0000	0,9562	0,9742	-0,6348
Global Challenges Index TR	0,9676	0,7610	0,9554	0,9696	0,9593	0,9562	1,0000	0,9283	-0,6664
MSCI EM ESG Leaders TR	0,8948	0,8001	0,9768	0,8956	0,9400	0,9742	0,9283	1,0000	-0,6584
EONIA TR	-0,6585	-0,4566	-0,6167	-0,6493	-0,6613	-0,6348	-0,6664	-0,6584	1,0000

Minimum: 0,7610　　Mittelwert: 0,9213

Monatsrenditen (überlappend)

	MSCI WORLD TR	MSCI Emerging Markets TR	Europe STOXX 600 TR	MSCI World ESG TR	DJSI World TR	DJSI Europe TR	Global Challenges Index TR	MSCI EM ESG Leaders TR	EONIA TR
MSCI WORLD TR	1,0000	0,8091	0,9072	0,9951	0,9760	0,8963	0,9476	0,8413	-0,2820
MSCI Emerging Markets TR	0,8091	1,0000	0,8144	0,8072	0,8465	0,8003	0,7871	0,7724	-0,2615
Europe STOXX 600 TR	0,9072	0,8144	1,0000	0,9112	0,9604	0,9911	0,9295	0,9719	-0,2793
MSCI World ESG TR	0,9951	0,8072	0,9112	1,0000	0,9758	0,8998	0,9486	0,8485	-0,2809
DJSI World TR	0,9760	0,8465	0,9604	0,9758	1,0000	0,9585	0,9511	0,9128	-0,2904
DJSI Europe TR	0,8963	0,8003	0,9911	0,8998	0,9585	1,0000	0,9154	0,9712	-0,2882
Global Challenges Index TR	0,9476	0,7871	0,9295	0,9486	0,9511	0,9154	1,0000	0,8897	-0,2703
MSCI EM ESG Leaders TR	0,8413	0,7724	0,9719	0,8485	0,9128	0,9712	0,8897	1,0000	-0,2667
EONIA TR	-0,2820	-0,2615	-0,2793	-0,2809	-0,2904	-0,2882	-0,2703	-0,2667	1,0000

Minimum: 0,7724　　Mittelwert: 0,9013

Monatsrenditen (unabhängig)

	MSCI WORLD TR	MSCI Emerging Markets TR	Europe STOXX 600 TR	MSCI World ESG TR	DJSI World TR	DJSI Europe TR	Global Challenges Index TR	MSCI EM ESG Leaders TR	EONIA TR
MSCI WORLD TR	1,0000	0,7742	0,9039	0,9953	0,9742	0,8913	0,9399	0,8270	-0,3307
MSCI Emerging Markets TR	0,7742	1,0000	0,7815	0,7731	0,8212	0,7683	0,7377	0,7373	-0,2709
Europe STOXX 600 TR	0,9039	0,7815	1,0000	0,9041	0,9552	0,9892	0,9091	0,9648	-0,3126
MSCI World ESG TR	0,9953	0,7731	0,9041	1,0000	0,9732	0,8914	0,9389	0,8304	-0,3256
DJSI World TR	0,9742	0,8212	0,9552	0,9732	1,0000	0,9542	0,9375	0,9002	-0,3370
DJSI Europe TR	0,8913	0,7683	0,9892	0,8914	0,9542	1,0000	0,8983	0,9646	-0,3289
Global Challenges Index TR	0,9399	0,7377	0,9091	0,9389	0,9375	0,8983	1,0000	0,8617	-0,3037
MSCI EM ESG Leaders TR	0,8270	0,7373	0,9648	0,8304	0,9002	0,9646	0,8617	1,0000	-0,2952
EONIA TR	-0,3307	-0,2709	-0,3126	-0,3256	-0,3370	-0,3289	-0,3037	-0,2952	1,0000

Minimum: 0,7373　　Mittelwert: 0,8856

Abb. 7.8 Korrelationen aller Indizes zueinander über den Gesamtzeitraum

in beiden Zeiträumen für beide Indizes nahezu identisch ist, ist der MSCI World in der kurzen Historie der effizientere – dies widerspricht der o. g. These.

Auch auf Basis dieser Analysen lässt sich keine signifikante Bestätigung von These 4 ableiten. Bei einigen Indizes bestätigt sich dies, es ist aber nicht durchgehend der Fall.

7.4.4.4 Korrelationswirkung nachhaltiger Indizes

In einem weiteren Schritt werden die Korrelationen der Indizes zueinander analysiert. Dies zeigt Abb. 7.8, wobei die Korrelationen der Indizes zur sicheren Rendite informatorisch in grau mit aufgeführt werden.

Zu erkennen ist, dass alle Aktienindizes hoch miteinander korrelieren. Werden Korrelationen auf Tagesbasis ermittelt, sind gerade die Emerging-Market-Indizes noch recht gering korreliert. Gleichwohl ist dies in den anderen Berechnungen kaum noch spürbar. Die durchschnittliche Korrelation liegt immer über 0,8. Dies bedeutet, dass These 6 als verifiziert gelten kann. Gerade die oben analysierten Indexpaare sind hochkorreliert, eine Diversifikation auf Basis des Nachhaltigkeitskriteriums ist nicht zu empfehlen.

Anzumerken ist jedoch, dass Aktien mit vielen anderen Assetklassen gar nicht oder sogar negativ korrelieren (vgl. umfassend Reuse 2011, S. 143 ff.). Dies ist auch hier der Fall: Korrelationen zum erzeugten EONIA Performance Index sind ausnahmslos negativ, was zu einer Diversifikation einlädt.

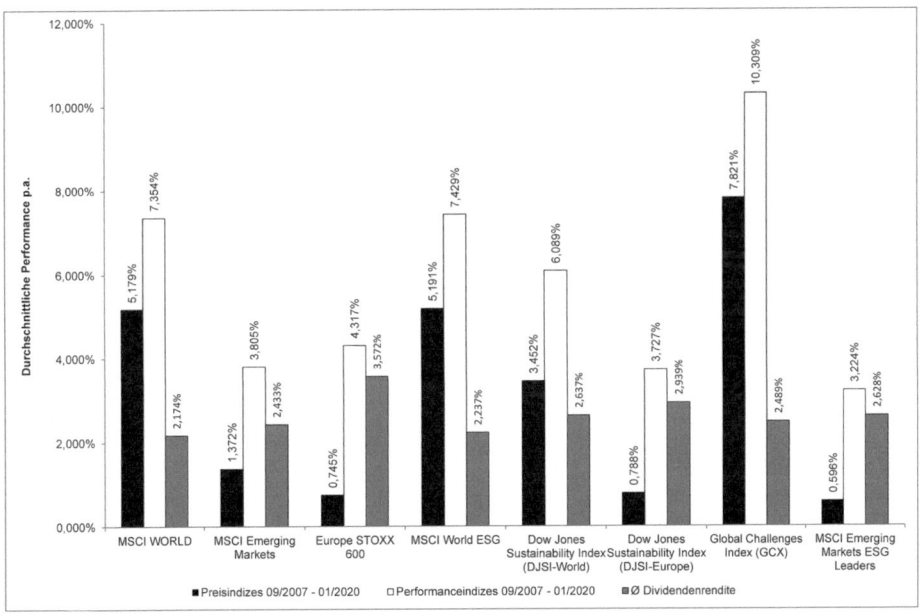

Abb. 7.9 Dividendenrendite aller Indizes über den Gesamtzeitraum

7.4.4.5 Dividenden nachhaltiger Investments

Im letzten Schritt werden die durchschnittlichen Dividenden der Indizes miteinander verglichen. Hierzu wurden die obigen Berechnungen der CAGR („Compound Annual Growth Rate") für alle Kurs- und Performance-Indizes durchgeführt. Die Dividendenrendite ist vereinfacht ausgedrückt:

$$\text{Dividendenrendite} = CAGR_{\text{Performanceindex}} - CAGR_{\text{Kursindex}}$$

Die so ermittelten Dividendenrenditen zeigt Abb. 7.9. Die Dividendenrenditen liegen zwischen 2,17 % und 3,57 %. Ersterer ist der MSCI World, letzterer der Europe Stoxx 600. Der MSCI World ESG hat eine leicht bessere Dividendenrendite als der MSCI selbst, der DSJI Europe eine schlechtere als der Europe Stoxx 600. Der nachhaltige MSCI-Emerging-Market-Index schüttet leicht besser aus als der klassische MSCI-Emerging-Market-Index.

Tab. 7.10 Ableitung von Forschungsfragen

Nr.	Hypothese	Ergebnis der Empirie	Ergebnis
1.	Breit gestreute Indizes weisen auf Basis eines langen Zeitraums eine bessere Performance auf als nachhaltige Indizes.	Die Ergebnisse der Analyse zeigen, dass es keinen Zusammenhang zwischen der Anzahl der Titel und der Performance gibt. Manche Indizes mit einer hohen Anzahl an Unternehmen performen gut, manche nicht. Auffällig ist, dass gerade der Global Challenge mit nur 50 Titeln am besten abschneidet. Der vermutete Zusammenhang kann nicht bestätigt werden.	✗
2.	Breit gestreute Indizes weisen auf Basis eines langen Zeitraums ein besseres Risk/Return-Profil auf als nachhaltige Indizes.	Auch dieser Zusammenhang ist auf Basis der Analysen nicht ableitbar. Die Risikowerte sind nicht signifikant anders und die RORACs weisen ebenfalls diese Struktur auf.	✗
3.	Ab 2014 weisen nachhaltige Assetklassen eine bessere Performance auf als andere Assets.	Die Renditen verhalten sich im langen und kurzen Zeitraum ähnlich zueinander. Es ist keine signifikante Verbesserung festzuhalten.	✗
4.	Ab 2014 weisen nachhaltige Assetklassen ein besseres Risk/Return-Profil auf als andere Assets.	Ein eindeutiger Zusammenhang konnte auch hier nicht nachgewiesen werden. Grob lässt sich herleiten, dass die Risk/Return-Verhältnisse tendenziell besser werden. Dies gilt gerade für das Paar MSCI Emerging Markets.	~
5.	Ausschüttungen nachhaltiger Anlageklassen sind höher als bei traditionellen Investments.	Auf Basis des Vergleiches von Preis- und Performanceindizes ist hier keine signifikant höhere Dividende nachhaltiger Investments nachweisbar. Die These muss abgelehnt werden.	✗
6.	Alle Aktienindizes sind untereinander hochkorreliert, Nachhaltigkeit ist kein Diversifikationskriterium.	Diese These lässt sich auf Basis der Analysen eindeutig bestätigen. Mit einer Ø-Korrelation >0,8 sind die Assets hochkorreliert. Diversifikation allein durch den Faktor Nachhaltigkeit gelingt erwartungsgemäß nicht.	✓

Erstaunlich ist zudem, dass gerade der Global Challenges, der die beste Performance im Datensatz hat, eine geringe Dividendenrendite aufweist. Es ist also, analog der obigen Analysen, keine signifikante Besser- oder Schlechterstellung nachhaltiger Indizes festzustellen.

7.4.5 Kritische Würdigung der Ergebnisse

Abschließend lassen sich die Thesen dieses Artikels wie in Tab. 7.10 dargestellt zusammenfassen. In Summe sind vier Thesen nicht bestätigt worden, eine kann nicht direkt verworfen werden und eine wurde bestätigt. Die Ergebnisse enttäuschen, bestätigen jedoch frühere Studien (vgl. u. a. Büscher et al. 2013, S. 83 ff.). Gleichwohl kann bestätigt werden, was Kleine et al. 2013 formulierten: „Die Mehrheit der Untersuchungen wies *nachhaltigen* Geldanlagen kein schlechteres Rendite-Risiko-Profil zu" (S. 5). Nachhaltigkeit wird am Markt folglich nicht abgestraft, aber auch nicht mit einem besonderen Wert versehen.

7.5 Fazit und Ausblick auf die Zukunft

7.5.1 Zusammenfassung der Ergebnisse

Die Ergebnisse des Artikels und die Beantwortung der beiden Forschungsfragen lassen sich wie folgt zusammenführen:

In Bezug auf die **erste Frage,** ob und inwieweit Banken und Sparkassen Nachhaltigkeit in ihre Strategie, Risikosteuerung und Prozesse integrieren sollen bzw. müssen, lässt sich Folgendes ausführen: Auf Basis des Leitfadens lassen sich einige Aspekte aufzeigen, die sinnvoll sind und im Kontext der Vermeidung von Reputationsrisiken umgesetzt werden können. Auch vor dem Hintergrund, dass Kundinnen und Kunden immer mehr auf das Thema Nachhaltigkeit achten, lohnt sich eine Beschäftigung mit dem Thema und auch die Integration in die Risikoinventur und die Strategien. Allerdings sollte gleichzeitig beachtet werden, dass Kunden kaum bereit sind, für Nachhaltigkeit mehr Kosten oder weniger Erträge in Kauf zu nehmen (vgl. Maisch 2020, S. 29). Folglich ist aus Sicht der Autoren bei der Umsetzung mit Augenmaß vorzugehen. Nicht alle abstrakt formulierten Anforderungen des Leitfadens lassen sich hinreichend valide in die Praxis übertragen. Hinzu kommt ein nicht zu unterschätzender Aufwand, den jedes Institut sorgfältig abwägen muss (vgl. auch Ender und Wimmer 2020, S. 9). Da das Thema aus Sicht der Autoren aber kurz- bis mittelfristig an Verbindlichkeit gewinnen wird, ist eine Beschäftigung in Abhängigkeit von Art, Umfang und Komplexität des Geschäftsmodelles empfehlenswert.

In Bezug auf die **zweite Frage** nach der Effizienz nachhaltiger Assetklassen sind die Aussagen nicht eindeutig. Im Kontext der ESG-Kriterien kommen Khan et al. (2016) zu dem Schluss, dass wesentliche Nachhaltigkeitsaspekte einen signifikanten Einfluss auf die Performance eines Unternehmens haben (vgl. weiterführend auch Khan 2019, S. 103 ff.). Die Untersuchung von Amel-Zadeh und Serafim (2018) stellt die Schlussfolgerung auf, dass ESG-Informationen vor allem vor dem Hintergrund der finanziellen Performance einer Anlage benötigt und genutzt werden und ein intensiviertes Engagement mit der Anlage ermöglichen. In dieser Studie wird zudem als größte Herausforderung die fehlende Vergleichbarkeit von ESG-Informationen aus den Firmen erwähnt.

Der Status quo der Literatur kann jedoch keine signifikante Outperformance nachhaltiger Investments feststellen. Sustainable Investments schneiden nicht wesentlich schlechter ab als traditionelle Investments. Die aktuelle Studie in diesem Artikel bestätigt diese Erkenntnisse. Auch in jüngerer Vergangenheit haben nachhaltige Assets nicht besser performt als traditionelle, ein Investment für eine Bank nur unter diesem Gesichtspunkt ist nicht eindeutig zu empfehlen. Allerdings bedeutet dies auch, dass nachhaltige Assetklassen im Eigen- und Kundengeschäft verwendet werden können, ohne dass diese per se ineffizient sind und zu Lasten der Performance des Kunden oder der Bank gehen. Ist einer Bank das Thema ESG jedoch wichtig, so spricht nichts dagegen, nachhaltige Assets in das Depot A aufzunehmen.

7.5.2   Ausblick auf die Zukunft

Dass sich Institute in Zukunft intensiver mit dem Thema Nachhaltigkeit beschäftigen werden, sieht auch die Deutsche Kreditwirtschaft so: „Aufgrund der darin von der Aufsicht formulierten Erwartungshaltung werden sich die Institute ohnehin künftig mit Nachhaltigkeitsrisiken noch intensiver als bisher schon befassen und diese angemessen und dem Proportionalitätsgrundsatz entsprechend in ihre Risikomanagementsysteme integrieren" (Deutsche Kreditwirtschaft 2020, S. 6).

Ab 2021 wird das Thema in die Aufsichtsprozesse integriert, was ebenfalls zu mehr Verbindlichkeit führen wird. Auch hier wird der hohe Aufwand in der Implementierung gerade bei kleinen und wenig komplexen Instituten angeführt (vgl. Deutsche Kreditwirtschaft 2020, S. 7). Es bleibt abzuwarten, welche Best-Practice-Beispiele sich hier herauskristallisieren werden. Schon jetzt wird aus Sicht der Autoren allerdings deutlich, dass eine unreflektierte Beschäftigung mit dem Thema nicht zwingend einen Mehrwert für ein Institut darstellt.

Bezüglich der Effizienz der Assetklassen kann in einem nächsten Schritt der Fokus auf aktives Management gelegt werden. Unter Umständen ist je nach Ausgestaltung eines nachhaltigen Investmentprozesses hier eine signifikante Outperformance feststellbar. Auch eine kritische Analyse des neuen Dax 50 ESG im Vergleich zum Dax 30 bzw. MDax wäre eine weitere interessante Forschungsfrage, gerade im Kontext der hochvolatilen Märkte im März 2020 (vgl. Zydra 2020, S. 15).

Allein aus der Begrenzung von Reputationsrisiken und strategischen Risiken ist eine Beschäftigung mit dem Thema sinnvoll und wichtig: Eine Bank, die nachhaltige Assets negiert und nur auf Gewinnerzielung aus ist, kann bei beiden Risikoarten schnell Auswirkungen spüren. Sowohl die Aufsicht als auch die Stakeholder einer Bank erwarten, dass Banken in der Gesellschaft mit gutem Beispiel vorangehen.

7.6 Zusammenfassung

Nachhaltigkeit und deren Umsetzung stellt die Banken vor große Herausforderungen. Hierbei macht es die Vielfalt der Regelungen und Veröffentlichungen nicht einfach. Der Artikel stellt diese Regelungen vor, definiert Nachhaltigkeit und beantwortet zwei Forschungsfragen.

Die erste Forschungsfrage analysierte, ob und inwieweit sich Institute mit dem Thema Nachhaltigkeit im Kontext des BaFin-Leitfadens aus 2019 befassen sollen. Die Empfehlung lautet, eine Umsetzung mit Augenmaß vorzunehmen, damit das Thema einerseits adäquat in der Bank verankert werden kann, aber andererseits nicht zu viele Kapazitäten im Haus bindet.

Die zweite Forschungsfrage behandelte die empirische Effizienz nachhaltiger passiver Assetklassen. Als Ergebnis lässt sich festhalten, dass nachhaltige Investments kein schlechteres Risk/Return-Verhältnis aufweisen als traditionelle Investments – allerdings lässt sich eine Outperformance nicht nachweisen. Nachhaltigkeit wird am Markt folglich nicht abgestraft, aber auch nicht mit einem besonderen Wert versehen.

Literatur

Absolut Research. (2018). Nachhaltige Investments – Strategien und Asset-Manager-Performance in Europa. No. 3/2018. https://bvai.de/fileadmin/PDFs/DE/Themenschwerpunkte/ESG_12_18_1__9/Analyse_03_2018_Nachhaltigkeit.pdf. Zugegriffen: 5. Apr. 2020.

Ahrens, I. (2011). Vom Nutzen des Responsible Investing. *Börsen-Zeitung, 108*, 2.

Amel-Zadeh, A., & Serafim, G. (2018). Why and how investors use ESG information: Evidence from a global survey. *Financial Analysts Journal, 74*(3), 87–103.

BaFin. (2019). Merkblatt zum Umgang mit Nachhaltigkeitsrisiken, S. 3–39. https://www.bafin.de/SharedDocs/Downloads/DE/Merkblatt/dl_mb_Nachhaltigkeitsrisiken.pdf?__blob=publicationFile&v=9. Zugegriffen: 1. Apr. 2020.

Berenberg. (2018). Die Bedeutung der SDG für nachhaltige Investments, Studie des Berenberg ESG Office. https://www.berenberg.de/files/ESG%20News/SDG_Bedeutung_SDGs_fuer_nachhaltige_Investments.pdf. Zugegriffen: 1. Apr. 2020.

Bloomberg. (2020). Datenreihen der Indizes MXWO, MSDEWIN, MXEF, NDUEEGF, SXXP, SXXGV, GSIN, NGSINU, W1SGI, W1SGITRE, DJSEUR, DJSEURT, GCXP, GCX, MXEMES, M1EMES bis 01/2020.

BMZ. (o. J.). Die Nachhaltigkeitsagenda und die Rio-Konferenzen. https://www.bmz.de/de/themen/2030_agenda/historie/rio_plus20/index.html. Zugegriffen: 15. Apr. 2020.

Börse Hannover. (2019). Nachhaltig starke Performance – Der Global Challenges Index. https://www.boersenag.de/PDFLibrary/399/Download. Zugegriffen: 5. Apr. 2020.

Bormann, F., & Grebhahn, J. (2019). Sustainable Finance: Wie „grün" sind die Banken? *diebank, 10*, 15–16.

Bundesgesetzblatt. (2016). Gesetz zu dem Übereinkommen von Paris vom 20. Oktober 2016. BGBl. Teil II Nr. 31, 1240–1241. https://www.bgbl.de/xaver/bgbl/start.xav?start=%2F%2F*%5B%40attr_ id%3D%27bgbl216s1240.pdf%27%5D#__bgbl__%2F%2F*%5B%40attr_ id%3D%27bgbl216s1240.pdf%27%5D__1587290849194. Zugegriffen: 11. Apr. 2020.

Bundesregierung. (2016). Deutsche Nachhaltigkeitsstrategie Neuauflage 2016. https://www. bundesregierung.de/resource/blob/975292/730844/3d3c6c2875a9a08d364620ab7916af6/ deutsche-nachhaltigkeitsstrategie-neuauflage-2016-download-bpa-data.pdf?download=1. Zugegriffen: 19. Apr. 2020.

Büscher, A., Frère, E., Hellwig, G., & Reuse, S. (2013). Sustainable Investments – Outperformance gegenüber traditionellen Kapitalanlagen? *Controller Magazin, 38*(1), 83–89.

Davis, K. (1973). The case for and against business assumption of social responsibilities. *Academy of Management Journal, 16*(2), 312–313.

Deutsche Bundesbank. (2020). Zeitreihe BBK01.ST0304: Geldmarktsätze/EONIA/Tagessatz. https://www.bundesbank.de/statistic-rmi/StatisticDownload?tsId=BBK01.ST0304&its_ csvFormat=de&its_fileFormat=csv&mode=ist. Zugegriffen: 15. März 2020.

Deutsche Kreditwirtschaft. (2020). Stellungnahme zum Zwischenbericht des Sustainable Finance-Beirats. Berlin. https://bankenverband.de/media/files/DK_Stellungnahme_Zwischenbericht_ Sustainable_Finance_Beirat.pdf. Zugegriffen: 13. Apr. 2020.

EBA. (2014). EBA/GL/2014/13 – Leitlinien zu gemeinsamen Verfahren und Methoden für den aufsichtlichen Überprüfungs- und Bewertungsprozess (SREP) vom 19. Dezember 2014. https://www. eba.europa.eu/documents/10180/1051392/EBA-GL-2014-13+GL+on+Pillar+2+(SREP)%20 -+DE.pdf/5d63aad3-5b03-4301-b1c9-174e3670ad66. Zugegriffen: 13. Apr. 2020.

EBA. (2019). EBA action plan on sustainable finance. https://eba.europa.eu/sites/default/ documents/files/document_library//EBA%20Action%20plan%20on%20sustainable%20 finance.pdf. Zugegriffen: 13. Apr. 2020.

Ender, M., & Wimmer, K. (2020). Finanzwirtschaft und Nachhaltigkeit – Neue Anforderungen an das Risikomanagement und die Rolle der Kreditinstitute. *msgGillardon News, 1,* 4–9.

ESMA. (2019). ESMA's technical advice to the European commission on integrating sustainability risks and factors in MiFID II. https://www.esma.europa.eu/press-news/esma-news/esma-submits-technical-advice-sustainable-finance-european-commission. Zugegriffen: 20. Apr. 2020.

ESMA. (2020). ESMA sets out its strategy on sustainable finance. https://www.esma.europa.eu/ press-news/esma-news/esma-sets-out-its-strategy-sustainable-finance. Zugegriffen: 17. Apr. 2020.

EU Technical Expert Group on Sustainable Finance. (2019). Taxonomy technical report June 2019. https://ec.europa.eu/info/sites/info/files/business_economy_euro/bank-ing_and_finance/ documents/190618-sustainable-finance-teg-report-taxonomy_en.pdf. Zugegriffen: 20. Apr. 2020.

EU Technical Expert Group on Sustainable Finance. (März 2020). Taxonomy: Final report of the technical expert group on sustainable finance. https://ec.europa.eu/info/sites/info/files/business_ economy_euro/banking_and_finance/documents/200309-sustainable-finance-teg-final-report-taxonomy_en.pdf. Zugegriffen: 25. Apr. 2020.

Europäische Kommission. (2018a). Aktionsplan: Finanzierung nachhaltigen Wachstums. Brüssel, 08.03.2018. COM(2018) 97 final. https://eur-lex.europa.eu/legal-content/DE/TXT/PDF/?uri=C ELEX:52018DC0097&from=EN. Zugegriffen: 25. Apr. 2020.

Europäische Kommission. (2018b). Factsheet financing sustainable growth. European commission action plan. https://ec.europa.eu/info/sites/info/files/180308-action-plan-sustainable-growth-factsheet_en.pdf. Zugegriffen: 25. Apr. 2020.

Europäische Kommission. (2019a). Kapitalmarktunion: Kommission begrüßt Einigung über Offenlegungsvorschriften für nachhaltige Investitionen. Brüssel. https://ec.europa.eu/commission/ presscorner/api/files/document/print/de/ip_19_1571/IP_19_1571_DE.pdf. Zugegriffen: 25. Apr. 2020.

Europäische Kommission. (2019b). Leitlinien für die Berichterstattung über nichtfinanzielle Informationen: Nachtrag zur klimabezogenen Berichterstattung (2019/C 209/01). S. C209/1-C209/21. https://eur-lex.europa.eu/legal-content/DE/TXT/PDF/?uri=CELEX:52019XC0620(01)&from=EN. Zugegriffen: 25. Apr. 2020.

Europäische Kommission. (2019c). Fragen und Antworten: Politische Einigung auf ein EU-weites Klassifizierungssystem für nachhaltige Investitionen (Taxonomie). Brüssel, 18.12.2019. https://ec.europa.eu/commission/presscorner/api/files/document/print/de/qanda_19_6804/QANDA_19_6804_DE.pdf. Zugegriffen: 25. Apr. 2020.

Europäische Kommission. (2020). Financing the green transition: The European green deal investment plan and just transition mechanism. Brüssel. https://ec.europa.eu/commission/presscorner/api/files/document/print/en/ip_20_17/IP_20_17_EN.pdf. Zugegriffen: 25. Apr. 2020.

Europäische Kommission. (o. J.). Nachhaltige Finanzierung. https://ec.europa.eu/info/business-economy-euro/banking-and-finance/sustainable-finance_de. Zugegriffen: 16. Apr. 2020.

Gröneweg, C. (2019). *Corporate social responsibility in limelight-industries – Eine integrative betrachtung.* München: Augsburg.

GSIA Global Sustainable Investment Alliance. (2017). Global sustainable investment review 2016. https://www.gsi-alliance.org/wp-content/uploads/2017/03/GSIR_Review2016.F.pdf. Zugegriffen: 20. Apr. 2020.

HLEG. (2018). Financing a sustainable European economy. Final report 2018 by the high-level expert group on sustainable finance. https://ec.europa.eu/info/sites/info/files/180131-sustainable-finance-final-report_en.pdf. Zugegriffen: 19. Apr. 2020.

KfW. (2017). Integration von ESG-Kriterien. https://www.kfw.de/nachhaltigkeit/KfW-Konzern/Nachhaltigkeit/Nachhaltige-Unternehmensprozesse/Nachhaltiges-Investment/Nachhaltiger-Investmentansatz-der-KfW/Integration-von-ESG-Kriterien/. Zugegriffen: 1. Apr. 2020.

Khan, M. (2019). Corporate governance, ESG, and stock returns around the world. *Financial Analysts Journal, 75*(4), 103–123. https://doi.org/10.1080/0015198X.2019.1654299.

Khan, M., Serafim, G., & Yoon, A. (2016). Corporate sustainability: First evidence on materiality. *The Accounting Review, 91*(6). https://doi.org/10.2308/accr-51383.

Kleine, J., Krautbauer, M., & Weller, T. (2013). Nachhaltige Investments aus dem Blick der Wissenschaft: Leistungsversprechen und Realität – Analysebericht. Steinbeis Research Center for Finance. München. https://www.steinbeis-research.de/images/pdf-documents/Studie_Nachhaltige%20Investments%20aus%20dem%20Blick%20der%20Wissenschaft%20Leistungsversprechen%20und%20Realitt.pdf. Zugegriffen: 5. Apr. 2020.

Maisch, M. (14. Februar 2020). Rendite wichtiger als Nachhaltigkeit. *Handelsblatt, 29.*

MSCI. (2019). MSCI ESG Fund Ratings Methodology MSCI ESG Research LLC. https://www.msci.com/documents/10199/123a2b2b-1395-4aa2-a121-ea14de6d708a. Zugegriffen: 1. Apr. 2020.

MSCI. (2020a). MSCI world index (USD). https://www.msci.com/documents/10199/178e6643-6ae6-47b9-82be-e1fc565ededb. Zugegriffen: 6. Apr. 2020.

MSCI. (2020b). Emerging markets index (EUR). https://www.msci.com/documents/10199/c604d919-b570-4703-ad40-5b3fe6b35046. Zugegriffen: 6. Apr. 2020.

MSCI. (2020c). MSCI ESG universal index (USD). https://www.msci.com/documents/10199/39019ca7-375f-588a-a1a1-74f542e6a212. Zugegriffen: 6. Apr. 2020.

MSCI. (2020d). MSCI emerging markets ESG leaders index (EUR). https://www.msci.com/documents/10199/66f15ed6-98d6-46c0-b004-0bb3696a698e. Zugegriffen: 6. Apr. 2020.

Neubacher, B. (7. Februar 2020). ESMA legt Nachhaltigkeitsstrategie vor. *Börsen-Zeitung, 3.*

Pierschel, F., & Halbach, D. (2018). Nachhaltige Finanzwirtschaft: Veränderungen in Umwelt und Gesellschaft – Umgang der BaFin mit Risiken. *BaFin Journal* Mai 2018, S. 15–17.

https://www.bafin.de/SharedDocs/Downloads/DE/BaFinJournal/2018/bj_1805.pdf?__blob=publicationFile&v=10. Zugegriffen: 15. Apr. 2020.

Reuse, S. (2010). Distribution of share and bond prices – An analysis with the Kolmogorov-Smirnov and Jarque Bera test via MS Excel at the example of the German RexP and DAX. *2nd International PhD Conference – New Economic Challenges*, 20.01.2010–21.01.2010, Brno 2010, 85–91.

Reuse, S. (2011). Korrelationen in Extremsituationen – Eine empirische Analyse des deutschen Finanzmarktes mit Fokus auf irrationales Marktverhalten, Gabler Verlag 2011, 307 Seiten, zugleich Dissertation an der Masaryk Universität Brünn.

Reuse, S. (2018). Nachhaltigkeit der Geschäftsmodelle von Banken und Sparkassen im Kontext von Niedrigzinsen und SREP. In A. Michalke, M. Rambke, & S. Zeranski (Hrsg.), *Vernetztes Risiko- und Nachhaltigkeitsmanagement – Erfolgreiche Navigation durch die Komplexität und Dynamik des Risikos* (S. 147–164). Wiesbaden.

Reuse, S., & Svoboda, M. (2013). Does the Square-root-of-time Rule lead to adequate values in the risk management? – An actual analysis. *Financial Management of Firms and Financial Institutions Proceedings* (Part II.), 9th International Scientific Conference, 9th–10th September 2013, Ostrava, Czech Republic, 699–708.

S&P. (2020a). Factsheet Dow Jones sustainability world index. https://us.spindices.com/idsenhancedfactsheet/file.pdf?calcFrequency=M&force_download=true&hostIdentifier=48190c8c-42c4-46af-8d1a-0cd5db894797&indexId=100013741. Zugegriffen: 5. Apr. 2020.

S&P. (2020b). Factsheet Dow Jones sustainability Europe index. https://us.spindices.com/idsenhancedfactsheet/file.pdf?calcFrequency=M&force_download=true&hostIdentifier=48190c8c-42c4-46af-8d1a-0cd5db894797&indexId=1301603. Zugegriffen: 5. Apr. 2020.

SASB. (o. J.). Materiality map. https://materiality.sasb.org/. Zugegriffen: 1. Apr. 2020.

Stoxx. (2019). STOXX digital | STOXX® Europe 600. https://www.stoxx.com/index-details?symbol=SXXP. Zugegriffen: 5. Apr. 2020.

Sustainable Finance Study Group. (2018). Synthesis report. Argentinien, Juli 2018. https://www.g20.utoronto.ca/2018/g20_sustainable_finance_synthesis_report.pdf. Zugegriffen: 13. Apr. 2020.

Union Investment. (2018). Nachhaltige Kapitalanlagen – Chancen nachhaltig nutzen. https://institutional.union-investment.de/dam/jcr:849740b4-6b08-4309-8710-fa9b02768271/180710_0927-02-18_UIN_Brox_Nachhaltigkeit_2018_210x297_5c_D_ohneAnsprechpartner_ISO_ECI_Final_V2_ES_NF_060718_LR.pdf. Zugegriffen: 5. Apr. 2020.

Union Investment. (2019). Performanceeigenschaften von ESG-Scores. https://institutional.union-investment.de/dam/jcr:28efb455-648a-473d-8483-850b881eb3bf/Themenpapier%20ESG%20Score_2019_191122_D.pdf. Zugegriffen: 5. Apr. 2020.

United Nations. (1987). Report of the world commission on environment and development – Our common future. Conclusion, S. 41. https://sustainabledevelopment.un.org/content/documents/5987our-common-future.pdf. Zugegriffen: 19. Apr. 2020.

United Nations. (2015). Transforming our world: The 2030 agenda for sustainable development, S. 14. https://www.un.org/ga/search/view_doc.asp?symbol=A/RES/70/1&Lang=E. Zugegriffen: 19. Apr. 2020.

United Nations. (2020a). UN launches COVID-19 plan that "could defeat the virus und build a better world". UN News. https://news.un.org/en/story/2020/03/1060702. Zugegriffen: 1. Apr. 2020.

United Nations. (2020b). Sustainable development goals. https://sustainabledevelopment.un.org/?menu=1300. Zugegriffen: 1. Apr. 2020.

Wong, C., Brackley, A., & Petroy, E. (2019). Rate the raters 2019: Expert views on ESG ratings February 2019. https://sustainability.com/wp-content/uploads/2019/02/sustainability-rate-the-raters-2019.pdf. Zugegriffen: 26. Apr. 2020.

Zydra, M. (5. März 2020). Ein Dax für die Nachhaltigkeit. *Süddeutsche Zeitung*, 15.

Prof. Dr. Svend Reuse (MBA) ist Mitglied des Vorstands der Kreissparkasse Düsseldorf und dort für die Stabs- und Marktfolge-bereiche verantwortlich. Zudem fungiert er als Geschäftsführer der S-International Rhein-Ruhr Beteiligungsgesellschaft mbH. Seit November 2016 ist er Honorarprofessor an der FOM Hochschule und doziert dort in Finance-Fächern. Außerdem ist er Mitglied im ZWIRN (Zentrum für wissenschaftliches, interdisziplinäres Risiko-management und Nachhaltigkeit) an der Ostfalia Hochschule. Nach diversen Studiengängen an der FOM Hochschule schloss er 2010 seine berufsbegleitende Promotion an der Masaryk Universität in Brünn mit Auszeichnung ab. Darüber hinaus hat er bereits zahl-reiche Fachbücher und -publikationen veröffentlicht und ist Mit-glied in diversen Editorial Boards sowie Mitherausgeber von Schriftenreihen.

Prof. Dr. Dr. habil. Eric Frère ist seit 2001 Dekan für BWL II sowie Direktor des isf Institute for Strategic Finance an der FOM Hochschule. Seit mehr als 20 Jahren ist er selbstständiger Unter-nehmensberater für Corporate Finance und Asset Management. Darüber hinaus ist er Mitglied einiger Aufsichtsräte und Beiräte. Er studierte nach seiner Ausbildung zum Bankkaufmann VWL und BWL in Würzburg und Köln, promovierte dann am Lehrstuhl für Wirtschaftspolitik der Ruhr-Universität Bochum und habilitierte an der Westungarischen Universität Sopron. Anschließend war er beim Credit Commercial de France, bei Bayer UK und beim Bankhaus Lampe tätig.

Frank Thole (CFA M.Phil.) ist seit 2010 bei der, auf die Finanz-industrie spezialisierten, WEPEX Unternehmensberatung als einer der geschäftsführenden Partner tätig. Neben dem BWL-Studium an den Universitäten in Derby, UK, und Osnabrück, das er als Diplom-Kaufmann abschloss, erwarb er auch im Ausland diverse Abschlüsse: Chartered Financial Analyst (CFA Institute, Virginia, USA), Master of Philosophy (M. Phil., Wissenschaftstheorie, Maastricht, NL). Einschließlich der Banklehre und anschließender Tätigkeiten bei der Deutschen Bank, Accenture, WestLB und Deka ist der Bankpraktiker und -berater über 30 Jahre in der Finanzindustrie inkl. Führungs-positionen als Direktor und Abteilungsleiter tätig. Er veröffentlicht zahlreiche Fachpublikationen. Seit 2011 ist er als nebenberuflicher Lehrbeauftragter, u. a. für die FOM Hochschule, tätig.

Nachhaltigkeit im Sparkassensektor – eine Bestandsaufnahme

8

Carsten Kruppe und Robert Kühl

Inhaltsverzeichnis

8.1   Problemstellung   123
8.2   Ausgangspunkt der Analyse.   125
    8.2.1   Vorstellung der Generalisierten Sustainability Balanced Scorecard   125
    8.2.2   Datenbasis   127
8.3   Auswertung anhand der Generalisierten Sustainability Balanced Scorecard   128
    8.3.1   Kennzahlen als Leistungsindikatoren   128
    8.3.2   Transparenzanalyse   130
    8.3.3   Kennzahlenanalyse.   132
    8.3.4   Kontextanalyse.   136
8.4   Schlussbetrachtung   141
Literatur.   141

8.1   Problemstellung

Mit der im Jahr 2015 verabschiedeten Agenda 2030 hat sich die Weltgemeinschaft unter dem Dach der Vereinten Nationen zu 17 globalen Zielen für eine nachhaltige Entwicklung (Sustainable Development Goals, SDGs) verpflichtet. Schon in ihrer Präambel unterstreicht die Agenda 2030 das Zusammenspiel ökonomischer, öko-

C. Kruppe (✉)
FOM Hochschule, Berlin, Deutschland
E-Mail: carsten.kruppe@fom.de

R. Kühl
Berliner Sparkasse, Berlin, Deutschland
E-Mail: robert.kuehl@hotmail.de

M. Seidel (Hrsg.), *Banking & Innovation 2020/2021,* FOM-Edition,
https://doi.org/10.1007/978-3-658-32427-8_8

logischer und sozialer Aspekte (vgl. Resolution der Generalversammlung 2015, S. 1, 38). Mit dem Bezug auf die drei Dimensionen der Nachhaltigkeit greifen die Vereinten Nationen explizit auf den klassischen Triple-Bottom-Line-Ansatz von Elkington (1997) zurück und unterstreichen durch die Formulierung von Ziel 17 die partnerschaftliche und gemeinsame Verantwortung aller Akteure. Die Richtigkeit und Weitsichtigkeit der Thesen zeigen sich im Jahr der Corona-Krise nur zu deutlich. Davon ausgehend sind auch Wirtschaft und Bankenwelt angesprochen, sich den Herausforderungen der Nachhaltigkeit zu stellen.

Dies kann nur gelingen, wenn geeignete Steuerungsinstrumente zur Verfügung stehen. Allerdings entfalten nur die wenigsten SDGs für Banken eine unmittelbare Relevanz. Mittelbar jedoch, über die Steuerung von Kapitalströmen bzw. den Umgang mit eigenen Ressourcen, sind auch Banken in der Verantwortung, einen Beitrag zur Erreichung der Ziele zu leisten. Einen geeigneten Ausgangspunkt hierfür bildet direkt die klassische Triple-Bottom-Line, die im Gegensatz zu den 17 globalen Zielen flexibler auf den Aktionsraum von Wirtschaftsunternehmen, wie zum Beispiel Banken, angepasst werden kann. Darüber hinaus wirken auf die an der Schnittstelle von Industrie und Kapitalmärkten agierenden Banken Nachhaltigkeitsrisiken ein, die zu managen sind (vgl. BaFin 2019).

Die deutsche Bankenlandschaft wird mit Privatbanken, Genossenschaftsbanken und öffentlich-rechtlichen Kreditinstituten in drei Säulen eingeteilt. Letztere sind durch die regional tätigen Sparkassen geprägt, die insbesondere einen „öffentlichen Auftrag" zu erfüllen haben. Der öffentliche Auftrag ist zumeist seit der Gründung der Sparkassen in den verschiedenen Landesgesetzen festgeschrieben und beinhaltet fünf wesentliche Aspekte für den wirtschaftlichen Zweck (vgl. § 6 Sparkassengesetz für Baden-Württemberg 2005; § 2 Brandenburgisches Sparkassengesetz 1996; § 2 Sparkassengesetz Nordrhein-Westfalen 2008):

1. Wirtschaftsförderung – Angebot von Finanzdienstleistungen in der Region
2. Gemeinwohlförderung – Unterstützung der Region
3. Wettbewerbsförderung – Beitrag für eine ausgewogene Wirtschaftsstruktur
4. Bildungsförderung – insbesondere Schärfung des Sparsinns
5. Hausbankfunktion für den Träger

Mit Blick auf den öffentlichen Auftrag dürften vor allem die Sparkassen zu einer nachhaltigen Steuerung aufgefordert sein. Ziel der Analyse ist es daher, auf Basis einer konzeptionellen Ableitung von Kennzahlen herauszufinden, wie sich die größten Sparkassen aktuell dem Thema Nachhaltigkeit stellen. Konkret bedeutet das, in Bezug auf ein potenzielles System von Nachhaltigkeitskennzahlen zum einen zu prüfen, ob die Sparkassen hinreichende Datentransparenz bieten, und zum anderen die dort enthaltenen Kennzahlen zwischen den Sparkassen zu vergleichen. Die dabei herausgearbeiteten Erkenntnisse werden anschließend auf der Basis von Interviews in den Kontext einer nachhaltigen Unternehmensführung gebracht.

Die konzeptionelle Ableitung von Kennzahlen greift auf eine Generalisierte Sustainability Balanced Scorecard (GenSBSC), die bereits die Triple-Bottom-Line aufnimmt, zurück (vgl. Kruppe und Kühl 2020). Wesentliche Kennzahlen werden für alle Perspektiven und jede Sparkasse bestimmt und miteinander verglichen. Das Ergebnis ist ein Status quo der Nachhaltigkeit in Bezug auf die zwölf größten Sparkassen. Ergänzt wird die Analyse durch Interviews mit Expertinnen und Experten der zwölf größten Sparkassen Deutschlands zur Notwendigkeit und Angemessenheit nichtfinanzieller Leistungsindikatoren.

8.2 Ausgangspunkt der Analyse

8.2.1 Vorstellung der Generalisierten Sustainability Balanced Scorecard

Um nachhaltiges Verhalten sinnvoll in einen Unternehmenskontext zu integrieren, bedarf es zunächst einer Definition von Nachhaltigkeitszielen, die dann Teil der Unternehmensstrategie werden. Strategische Ziele wiederum bedürfen der Steuerung, die ohne Kennzahlen, Controlling-Regelkreis (Planung, Kontrolle, Maßnahmen) sowie Reporting kaum denkbar ist. Eine entsprechende Steuerung kann beispielsweise durch die Implementierung einer Generalisierten Sustainability Balanced Scorecard (GenSBSC) umgesetzt werden, die eine kompakte Steuerung nachhaltiger Aspekte ermöglicht. Kruppe und Kühl (2020) zeigen, wie die vier klassischen BSC-Perspektiven um Nachhaltigkeitsdimensionen ergänzt werden können. Darüber hinaus können durch die entstehende Matrixstruktur einzelne Dimensionen der Nachhaltigkeit miteinander verknüpft und die Elemente der Unternehmensstrategie klarer positioniert werden. Da das Konzept der GenSBSC außerdem eine hohe Flexibilität in der Grundgestaltung aufweist, soll es im Falle der Sparkassen um eine weitere Perspektive, die des öffentlichen Auftrags, ergänzt werden.

Die in Abb. 8.1 dunkel hervorgehobenen Positionen dürften für die jeweilige Nachhaltigkeitsdimension eine besondere Bedeutung besitzen. Darüber hinaus beeinflussen sich die drei Dimensionen gegenseitig. Ein einfaches Beispiel ist die Einsparung von Strom- oder Heizkosten, die sowohl finanziell als auch ökologisch vorteilhaft ist. Ein weiteres Beispiel sind Qualifizierungsmaßnahmen für Mitarbeiter, die sozial erwünscht sind und gleichzeitig den ökonomischen Erfolg fördern können.

Um die Dimensionen und Perspektiven dieser GenSBSC zu operationalisieren (für die Kennzahlen siehe Abb. 8.2), wurden auf der Basis von problemzentrierten Interviews mit Vertretern der zwölf größten Sparkassen allgemeine Kennzahlen herausgearbeitet (vgl. Kruppe und Kühl 2020, S. 59–60). Das Ziel war zweigeteilt. Zum einen sollten Kennzahlen ermittelt werden, die sowohl Nachhaltigkeitsbestrebungen als auch strategische Themen von Kreditinstituten angemessen berücksichtigen. Von wenigen, aber prägnanten Kennzahlen ist in der Kommunikation die größte Wirkung zu erwarten. Zum

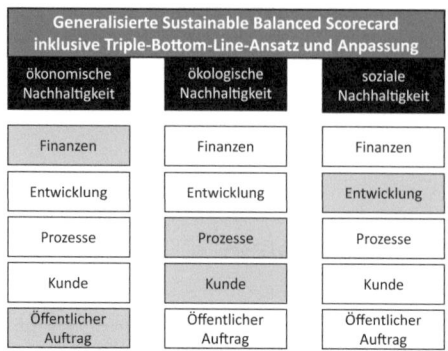

Abb. 8.1 Generalisierte Sustainability Balanced Scorecard. (Quelle: in Anlehnung an Kruppe und Kühl 2020, S. 58)

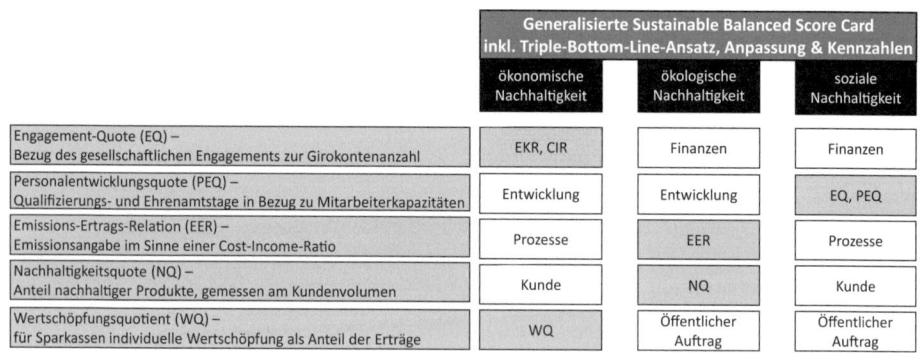

Abb. 8.2 Kennzahlen der GenSBSC. (Quelle: in Anlehnung an Kruppe und Kühl 2020, S. 61)

anderen wurde eine Vereinheitlichung angestrebt, um auch langfristig Unternehmensvergleiche und Entwicklungsanalysen durchführen zu können (vgl. Kruppe und Kühl 2020, S. 62).

8.2.2 Datenbasis

Der Analysezeitraum umfasst die Jahre 2014 bis 2018. Zu den untersuchten Sparkassen, welche absteigend nach der Größe ihrer Bilanzsumme ausgewählt wurden, zählen die in Tab. 8.1 aufgeführten.

Die aufgeführten Sparkassen repräsentieren zum Stichtag 31.12.2018 mit ihren Bilanzsummen rund 20 % der Bilanzsummen aller 385 Sparkassen (die Jahresabschlüsse per 31.12.2019 lagen zum Untersuchungszeitpunkt nicht bei allen Sparkassen vor) (vgl. DSGV 2019, S. 3). Es liegt dabei die Annahme zugrunde, dass diese großen Sparkassen eine homogene Gruppe darstellen, in der alle Gruppenmitglieder gleiche Herausforderungen bewältigen müssen und ähnliche Steuerungsansätze verfolgen.

Aufgrund ihrer Größe unterliegen alle untersuchten Sparkassen seit 2017 einer Berichtspflicht gemäß CSR-Richtlinie-Umsetzungsgesetz. Dieses beinhaltet Anforderungen für eine nichtfinanzielle Erklärung zu ökonomischen, ökologischen

Tab. 8.1 Untersuchte Sparkassen (Daten für 2018)

Sparkasse	Bilanzsumme in Mio. €	Anzahl Mitarbeiter
Hamburger Sparkasse	45.093	4406
Berliner Sparkasse	43.074	3710
Sparkasse KölnBonn	26.542	3806
Kreissparkasse Köln	25.937	3549
Stadtsparkasse München	19.208	2533
Frankfurter Sparkasse	19.067	1595
Sparkasse Hannover	15.261	1728
Mittelbrandenburgische Sparkasse Potsdam	13.556	1398
Sparkasse Pforzheim Calw	12.267	1742
Ostsächsische Sparkasse Dresden	12.034	1473
Nassauische Sparkasse	11.772	1542
Stadtsparkasse Düsseldorf	11.655	1795

Vgl. Berliner Sparkasse (2019, S. 15); Hamburger Sparkasse (2019, S. 50); Sparkasse KölnBonn (2019, S. 37); Kreissparkasse Köln (2019, S. 44); Frankfurter Sparkasse (2019, S. 75); Stadtsparkasse München (2019, S. 4); Sparkasse Hannover (2019, S. 31); Mittelbrandenburgische Sparkasse in Potsdam (2019, o. S.); Sparkasse Pforzheim Calw (2019, S. 27); Ostsächsische Sparkasse Dresden (2019, S. 3); Nassauische Sparkasse (2019, S. 49); Stadtsparkasse Düsseldorf (2019, S. 3)

und sozialen Aspekten (vgl. CSR-Richtlinie-Umsetzungsgesetz 2017, S. 803 ff.). Des Weiteren dürften ähnliche Herausforderungen bei der Organisationsstruktur aufgrund der durchschnittlich über 2000 Beschäftigten vorliegen.

Um auf der Grundlage der Generalisierten Sustainability Balanced Scorecard die zwölf größten Sparkassen vergleichen zu können, werden die Finanzberichte der Geschäftsjahre 2014–2018 sowie direkt bei den jeweiligen Sparkassen abgefragte Informationen analysiert. Unter Finanzberichte werden Geschäftsberichte, Jahresberichte, Nachhaltigkeitsberichte, nichtfinanzielle Erklärungen und sonstige finanzielle Veröffentlichungen subsumiert.

Nachfolgend werden zuerst finanzielle und nichtfinanzielle Leistungsindikatoren als Basis des Vergleichs vorgestellt, bevor die anschließende Auswertung in drei Schritten vorgenommen wird. Im ersten Schritt wird die Transparenz der bereits veröffentlichten Daten analysiert (Transparenzanalyse), anschließend folgt im zweiten Schritt die Analyse der Nachhaltigkeit anhand verschiedener Kriterien (Kennzahlenanalyse). Dabei werden die für diese Erhebung zusätzlich zugelieferten Informationen seitens der Sparkassen berücksichtigt. Im dritten Schritt werden die Ergebnisse geclustert und in den Kontext der allgemeinen Nachhaltigkeitsdebatte gestellt (Kontextanalyse).

8.3 Auswertung anhand der Generalisierten Sustainability Balanced Scorecard

8.3.1 Kennzahlen als Leistungsindikatoren

Die ermittelten Daten werden aus der oben vorgestellten GenSBSC (siehe Abb. 8.2) zu den angegebenen Kennzahlen zusammengefasst (vgl. Kruppe und Kühl 2020, S. 60–62). Dabei beziehen sich die ersten beiden Kennzahlen auf finanzielle, die fünf weiteren auf nichtfinanzielle Aspekte.

Ökonomische Nachhaltigkeit
Nicht zuletzt steht die Möglichkeit eines nachhaltigen Engagements auch in enger Beziehung zu den ökonomischen Möglichkeiten. Denn solange es um wirtschaftliche Aktivität geht, sorgt der finanzielle Erfolg des Unternehmens für die Nachhaltigkeit seiner Existenz. Da weiche Komponenten, wie Kundenvertrauen oder Verlässlichkeit, im Prinzip nicht zu ermitteln sind und der Übergang zu den anderen beiden Dimensionen kaum spürbar ist, konzentriert sich diese Untersuchung auf die Messung der harten Komponenten ökonomischer Nachhaltigkeit. Diese werden repräsentiert durch die Eigenkapitalrendite und die Cost-Income-Ratio. Ergänzt werden die beiden Kennzahlen durch eine weitere, welche die Regionalität der Sparkassen reflektiert.

Eigenkapitalrendite (EKR): EKR setzt das in der Gewinn- und Verlustrechnung ausgewiesene Jahresergebnis (vor etwaiger Gewinnabführung) zzgl. der Veränderungen beim Fonds für allgemeine Bankrisiken ins Verhältnis zum bilanziellen Eigenkapital zzgl. dem Bestand an Fonds für allgemeine Bankrisiken und gibt an, welcher Betrag mit dem in die Sparkasse eingebrachten Kapital erzielt wird (Botsis et al. 2015, S. 87 f.). Der Fonds für allgemeine Bankrisiken stellt einen Sonderposten für Kreditinstitute dar, welcher analog dem Bilanzgewinn das haftende Eigenkapital stärkt, und wird daher hier berücksichtigt.

Cost-Income-Ratio (CIR): CIR stellt die Verwaltungsaufwendungen der Sparkasse (= Kosten) den Erträgen (Summe aus Zins- und Provisionsüberschuss sowie sonstiges betriebliches Ergebnis) gegenüber (Botsis et al. 2015, S. 93 f.). Eine CIR > 1 bedeutet, dass die Erträge nicht ausgereicht haben, die Kosten zu decken.

Wertschöpfungsquotient (WQ): WQ gibt an, welcher Teil des Ertrages in der Region bleibt. Aufgrund des Regionalprinzips bei Sparkassen können, als eine grundlegende Annahme, darunter der Personalaufwand und die Gewinnsteuern subsumiert werden. Zusätzlich stärken das Jahresergebnis sowie die Veränderungen beim Fonds für allgemeine Bankrisiken das haftende Eigenkapital der Sparkassen und sichern damit eine Ausgangsbasis, um den jeweiligen Kreditbedarf in der Region abzudecken. Daher werden für den WQ der Personalaufwand, die Gewinnsteuern, der Jahresertrag sowie die Rücklagen addiert und ins Verhältnis zu den Erträgen (siehe CIR) gesetzt.

Ökologische Nachhaltigkeit

Finanzdienstleistungsunternehmen verbrauchen ökologische Ressourcen besonders durch den Einsatz von Energie (Heizenergie, Strom) und verursachen damit einen Kohlendioxidausstoß. Darüber hinaus sind Effekte auszumachen, die durch die Lenkung von Investitionsvolumen in Nachhaltigkeitsprojekte entstehen, wie beispielsweise durch die Kreditvergabe und Beratung zur Geldanlage unter Berücksichtigung nachhaltiger Standards.

Emission-Ertrags-Relation (EER): EER setzt den Kohlendioxidausstoß der Sparkasse ins Verhältnis zum Ertrag. Analog zur CIR, die die Kosten den Erträgen gegenüberstellt, ermittelt also die EER, mit welchem Ausstoß an Kohlendioxid die Erzielung von Erträgen verbunden ist. Unter Kohlendioxidausstoß werden sowohl die direkten als auch die indirekten Emissionen bis Scope 3 definiert (vgl. Global Reporting Initiative 2018, S. 233 ff.). Diese Definition wird in Deutschland allgemein anerkannt und ist unter den großen Sparkassen die häufigste Methode zur Ermittlung der klimarelevanten Emissionen, wie die spätere Transparenzanalyse zeigt.

Nachhaltigkeitsquote (NQ): NQ misst mit KfW-Krediten (Kreditanstalt für Wiederaufbau) sowie Krediten von KfW-nahen Banken und nachhaltig orientierten Geldanlagen den Anteil des nachhaltig orientierten Bestandsvolumens am gesamten Kundenvolumen. Das Kundenvolumen setzt sich aus allen Forderungen an Kunden und Verbindlichkeiten gegenüber Kunden – und demnach aus einer Addition einer Aktiv- und einer Passivposition – zusammen. Auf eine Trennung in Kredit- und Anlagegeschäft wird verzichtet, sodass die Aktiv- oder Passivlastigkeit von Instituten keine Rolle spielt. Die NQ spiegelt zwar zunächst die Haltung der Kunden gegenüber nachhaltigen Bankprodukten wider, ist aber auch ein Gradmesser des Angebots (Attraktivität, Menge) an nachhaltigen

Investments. Auch auf der Aktivseite gibt es neben der KfW noch mehr Möglichkeiten zur Finanzierung nachhaltiger Investitionsvorhaben, jedoch scheint der Anteil an KfW-Krediten zwischen Kreditinstituten am besten vergleichbar zu sein, da sie bundesweit aktiv ist und die Sparkassen ebenfalls Vertriebspartner der KfW sind (vgl. KfW 2020). Sonstige Investments der Sparkasse, beispielsweise Kreditvergaben an Unternehmen mit nachhaltigen Produkten, sind in den veröffentlichten Finanzberichten derzeit nicht erkennbar.

Soziale Nachhaltigkeit

Die Gemeinwohlorientierung ist ein wichtiger Eckpfeiler der Sparkassenorganisation. Der Schwerpunkt der sozialen Nachhaltigkeitskennzahlen liegt in der vorliegenden Analyse auf dem finanziellen Engagement in Gemeinwohlprojekte sowie auf den Weiterbildungs- und Entwicklungsmöglichkeiten für die Mitarbeiterinnen und Mitarbeiter.

Engagementquote (EQ): EQ teilt den Betrag, der von der Sparkasse für gesellschaftliches Engagement ausgegeben wurde, wie Spenden, Sponsoring und Stiftungsausschüttungen, durch die Anzahl der Girokonten. Eine hohe Zahl an Girokonten reflektiert eine große Kundenzahl, sodass Kundinnen und Kunden einen direkten Bezug der gemeinnützigen Zahlung zu sich selbst herstellen können.

Personalentwicklungsquote (PEQ): PEQ bezieht die für die Persönlichkeitsentwicklung der Mitarbeiterinnen und Mitarbeiter wichtigen Qualifizierungs- und Ehrenamtstage auf die durchschnittliche Anzahl an Mitarbeiterkapazitäten (entspricht Full-Time-Equivalents oder Vollzeitäquivalenten). Unter Qualifizierungstagen werden zum einen die Weiterbildungstage der Beschäftigten und zum anderen die Berufsschultage der Auszubildenden verstanden. Letztere beziehen sich auf die Möglichkeit, als verantwortungsbewusstes Unternehmen die Ausbildungsquote aufrechtzuerhalten. Dies beugt langfristig und nachhaltig dem Fachkräftemangel vor und bietet jungen Menschen eine berufliche Chance. Ehrenamtstage erfüllen zwei Funktionen: Zum einen unterstützen sie direkt durch die ausgeübte Tätigkeit das Gemeinwohl, zum anderen fördern sie durch die offensichtliche Anerkennung des Engagements das Gemeinwohldenken.

Mithilfe dieser sieben Kennzahlen können die einzelnen Sparkassen miteinander oder im Zeitablauf mit sich selbst verglichen werden. Ferner lässt sich aus der Verfügbarkeit des Datenmaterials ableiten, wie transparent die einzelne Sparkasse im Bereich Nachhaltigkeit agiert.

8.3.2 Transparenzanalyse

Im ersten Schritt der Ergebnisanalyse wird die notwendige Veröffentlichung in den Finanzberichten in Bezug auf die sieben Kennzahlen als mögliche Bestandteile der GenSBSC aufgezeigt. Die Möglichkeit, die genannten Informationen einzuholen, kann als ein Indikator für die derzeit bestehende Transparenz von CSR-Aspekten, unabhängig der gesetzlichen Vorgaben aus der CSR-Berichtspflicht, interpretiert werden. Sieben der zwölf großen Sparkassen berichten in ihrem Lagebericht bereits über nichtfinanzielle Leistungsindikatoren, jedoch sind diese nicht einheitlich gewählt.

In Bezug auf die ökonomische Nachhaltigkeit veröffentlichen alle zwölf Sparkassen für die finanziellen Kennzahlen CIR und EKR die notwendigen Daten. Einzelne Sparkassen führen diese auch konkret als Leistungsindikatoren im Lagebericht auf, weshalb konkrete Erläuterungen zur Entwicklung der Kennzahlen zur Verfügung stehen. Bei der Kennzahl WQ werden die erforderlichen Daten ebenfalls von allen Sparkassen angegeben. Dies liegt insbesondere daran, dass die Kennzahl ausschließlich auf Daten des handelsrechtlichen Abschlusses aufbaut und somit aus den Daten der Gewinn- und Verlustrechnung ermittelt werden kann.

Bei der EER zeigen sich bereits die Auswirkungen der eingeführten Berichtspflicht gem. CSR-Richtlinie-Umsetzungsgesetz auf die Berichterstattung zur ökologischen Nachhaltigkeit, denn bis 2016 hatte noch keine Sparkasse den Kohlendioxidausstoß in ihren Finanzberichten dargestellt. Seit 2017 hingegen berichten fünf Sparkassen im Rahmen der nichtfinanziellen Erklärung über den Kohlendioxidausstoß nach einer einheitlichen Erhebung gemäß Global Reporting Initiative, eine weitere veröffentlicht die Daten seit 2018. Bei zwei Sparkassen stehen die Daten nur indirekt zur Verfügung, da sich diese beiden in einem Konzernverbund befinden und keine eigene separate Erklärung hierzu abgeben. Für diese beiden Sparkassen ist somit keine Einzelangabe zum Kohlendioxidausstoß veröffentlicht. Für die restlichen vier Sparkassen steht keine Erklärung zum Kohlendioxidausstoß zur Verfügung. Zwei davon geben an, dass zum einen die Erhebung nur mit hohem manuellem Aufwand verbunden wäre und zum anderen die Emissionen aufgrund der regionalen Tätigkeit als Finanzdienstleistungsunternehmen als gering eingeschätzt werden. Die anderen beiden Sparkassen liefern weder vergleichbare Emissionsangaben noch eine Erklärung, warum diese nicht erhoben werden.

Für die Kennzahl NQ fehlen überwiegend die Angaben zum nachhaltigen Bestandsvolumen nach vorab angegebener Definition. Alle benötigten Angaben lagen nur bei einer Sparkasse vor. Die nachhaltigen Bestände, entweder zu Krediten oder zu Geldanlagen, werden jeweils von zwei Sparkassen angegeben. Demzufolge enthalten die Finanzberichte von sechs Sparkassen keine Informationen zu nachhaltigen Geldanlagen oder Krediten nach obiger Definition. Und selbst bei den Sparkassen mit teilweise vorliegenden Daten zeigt sich, dass die Relevanz der nachhaltig geführten Produkte aufgrund eines Anteils von weniger als 1 % am Kundenvolumen bislang als eher gering eingeschätzt werden kann.

In diesem Zusammenhang sei darauf hingewiesen, dass in Bezug auf nachhaltige Investments kurzfristig mehr Transparenz zu erwarten ist. Denn ab 01.01.2022 findet schrittweise eine europäische Verordnung Anwendung, welche zum Ziel hat, nachhaltige Investitionen transparent und einheitlich zu gestalten (vgl. EU 2020).

Für die Kennzahlen der sozialen Nachhaltigkeit als dritter Dimension der GenSBSC zeigt sich ein differenziertes Bild bei der Berichterstattung. Beim finanziellen

Engagement (EQ) berichteten vor 2017 bereits sieben der zwölf Sparkassen über ihre Spenden, Sponsorings und Stiftungsausschüttungen, seit 2017 sogar zehn von zwölf Sparkassen. Hingegen fehlen oftmals die Angaben zu den geführten Privat- und Geschäftsgirokonten, die im Durchschnitt von nur einem Drittel der großen Sparkassen veröffentlicht wurden.

Die für die Berechnung der PEQ benötigten Angaben zur Anzahl der Beschäftigten werden von allen zwölf Sparkassen im Lagebericht angegeben. Beim Zähler dieser Kennzahl, den Qualifizierungs- und Ehrenamtstagen, zeigen sich hingegen Defizite. Erst seit 2017 werden Angaben zu Qualifizierungstagen von sechs Sparkassen veröffentlicht und die Anzahl der Ehrenamtstage nur von einer Sparkasse. Behelfsmäßig werden die für die Untersuchung fehlenden Daten wie folgt ermittelt: Die Berufsschultage werden manuell aus der Angabe der Auszubildendenanzahl abgeleitet. Als Berechnungsgrundlage wird angenommen, dass abzüglich Ferienzeiten 38 Schulwochen mit zwei Berufsschultagen pro Woche je Auszubildendem absolviert werden. Bei einer gleichbleibenden Anzahl von Auszubildenden pro Lehrjahr dürfte die Schätzung den tatsächlichen Verhältnissen relativ nahe kommen, da Auszubildende im letzten Lehrjahr nicht mehr und Auszubildende im ersten Lehrjahr voll erfasst werden. Da Ehrenamtstage nur von einer Sparkasse publiziert werden, wurde im Sinne der besseren Vergleichbarkeit für diese Untersuchung entschieden, Ehrenamtstage nicht in die Berechnungen einzubeziehen.

Die von den Sparkassen veröffentlichten Daten wurden mit Daten angereichert, die direkt von den Sparkassen erfragt wurden. Nachfolgend werden die Zulieferungen der Sparkassen in die Analyse einbezogen. Demnach unterstützten zwei Sparkassen die Untersuchung mit freiwilligen zusätzlichen Angaben.

Zusammenfassend kann festgestellt werden, dass die Transparenz in Bezug auf nichtfinanzielle Aspekte der CSR-Berichtspflicht nur in geringem Umfang vorhanden ist. Das überrascht etwas, räumen doch andere kopflastige Branchen diesen Themen deutlich mehr Platz ein; dies auch, um für künftige Mitarbeiterinnen und Mitarbeiter interessant zu werden. Ein Beispiel ist SAP, das Interessierten über den Internetauftritt einen direkten Zugang zu den Nachhaltigkeitsaktivitäten bietet (vgl. SAP o. J.). Allerdings ist seit 2017 die Informationslage bei den großen Sparkassen besser geworden, jedoch ist sie in der für die Befüllung der oben beschriebenen GenSBSC notwendigen Granularität noch nicht vollumfänglich ausreichend. Eine hohe Relevanz für Sparkassen zeigt sich aufgrund des gesellschaftlichen Engagements bei der sozialen Nachhaltigkeit, welches aufgrund der Gemeinwohlorientierung naheliegend ist.

8.3.3 Kennzahlenanalyse

In einem zweiten Schritt der Analyse soll ermittelt werden, wie erfolgreich die Sparkassen ihre Nachhaltigkeitsbestrebungen umgesetzt haben. Hierbei geht es zum einen um einen Vergleich der zeitlichen Entwicklung und zum anderen um einen Vergleich der einzelnen Sparkassen miteinander. Die Analyse erfasst Lageparameter wie Median, arithmetisches Mittel und Spannbreite.

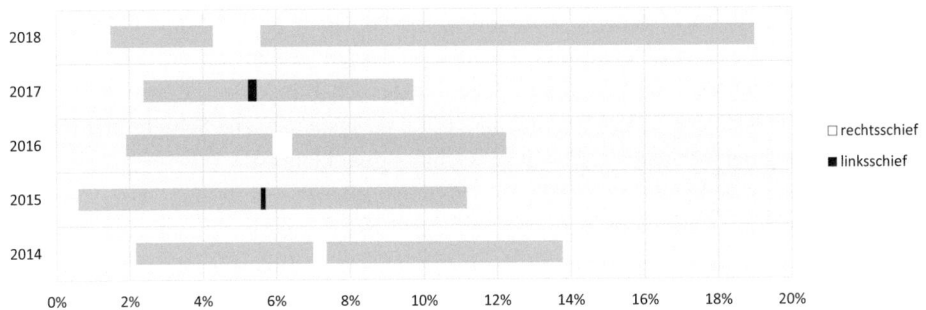

Abb. 8.3 Eigenkapitalrendite

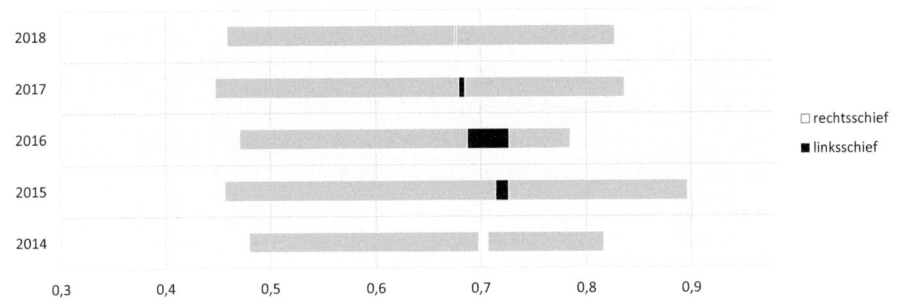

Abb. 8.4 Cost-Income-Ratio

Ökonomische Nachhaltigkeit

Die ökonomische Nachhaltigkeit zeigt bei der Kennzahl Eigenkapitalrendite insbesondere in den letzten Jahren eine durchschnittlich sinkende Wertentwicklung. Der Median (Mittelwert) der EKR der großen Sparkassen sinkt von 7,01 % (7,34 %) im Jahr 2014 auf 4,3 % (5,56 %) im Jahr 2018. Im Analysezeitraum sinkt die Spannweite der EKR zunächst kontinuierlich und springt im Jahr 2018 auf einen deutlich höheren Wert. Ursache hierfür ist der Ausreißerwert einer Sparkasse, der auf eine hohe Zuführung zum Fonds für allgemeine Bankrisiken (340 g-Rücklage) zurückzuführen ist.

Wenige Ausreißer zeigen sich hingegen im Zeitablauf der Cost-Income-Ratio. Nach dem kurzzeitigen Anstieg der Kennzahl im Jahr 2015 ist ein sukzessiver Rückgang der mittleren CIR bis auf den Wert von 0,68 (Median auf dem Niveau vom Mittelwert) im Jahr 2018 festzustellen. Die Spannweite der Werte ist im Analysezeitraum unauffällig zwischen 0,34 und 0,44, aber im Vergleich der Sparkassen untereinander zeigen sich große Unterschiede.

In Abb. 8.3 und 8.4 sind die Spannen der Eigenkapitalrendite und der Cost-Income-Ratio sowie Median und Mittelwert abgetragen. Ist der Median kleiner als der Mittelwert (Indikator für rechtsschiefe Verteilung), ist das Band in der Mitte weiß gefärbt. Ein schwarzes Band wird angezeigt, wenn der Median größer als der Mittelwert ist (Indikator für linksschiefe Verteilung). Die Länge der Bänder zeigt, wie weit beide Werte auseinanderliegen. Erkennbar ist, dass es keine systematische Schiefe gibt und die Größenordnung der Schiefe meist auch vernachlässigbar klein ist.

Wird die Entwicklung bei EKR und CIR verglichen, stellt sich ein scheinbar gegenläufiger Effekt dar. Die Verbesserung der Kostenstruktur scheint zu einer Verschlechterung der Eigenkapitalrendite zu führen. Der Grund hierfür ist die Bildung der dem Eigenkapital zuzurechnenden Rücklagen, durch die die Bezugsgröße im Nenner der EKR sukzessive steigt und dadurch die Kennzahl schrumpfen lässt. Mit Blick auf die nachhaltige Existenzsicherung der Sparkassen sind sowohl die Verbesserung der Kostenstruktur als auch die Zunahme des Eigenkapitals positive Entwicklungen.

Der WQ als nichtfinanzielle Kennzahl der ökonomischen Nachhaltigkeit besitzt im Zeitablauf sowohl beim Median als auch beim Mittelwert relativ konstante Durchschnittswerte von ca. 70 %. Der in Abb. 8.5 dargestellte Wertschöpfungsquotient zeigt ein weitgehend homogenes Bild, in dem nur die Spannweite und die Indikation für eine Schiefe im Jahr 2018 auffallen. In diesem Jahr verzerrt ein Ausreißer das Bild, was auf die hohe Rücklagenbildung zurückzuführen ist, der zu einem rechnerischen Wert einer Sparkasse von über 100 % führt. Insgesamt bedeutet das, dass rund zwei Drittel der Sparkassen-Erträge nachhaltig in der Region bleiben und die Sparkassen aus dieser Perspektive betrachtet einen verlässlichen ökonomischen Partner darstellen.

Ökologische Nachhaltigkeit

Aufgrund der kaum verfügbaren Daten für den Zeitraum vor 2017 ist im Bereich ökologische Nachhaltigkeit eine Auswertung der EER im Zeitablauf ausschließlich für die beiden Jahre 2017 und 2018 sinnvoll.

Werden nur die fünf Sparkassen betrachtet, die in diesen beiden Jahren ihren Kohlendioxidausstoß publizieren, sinken für die Kennzahl Emission-Ertrags-Relation

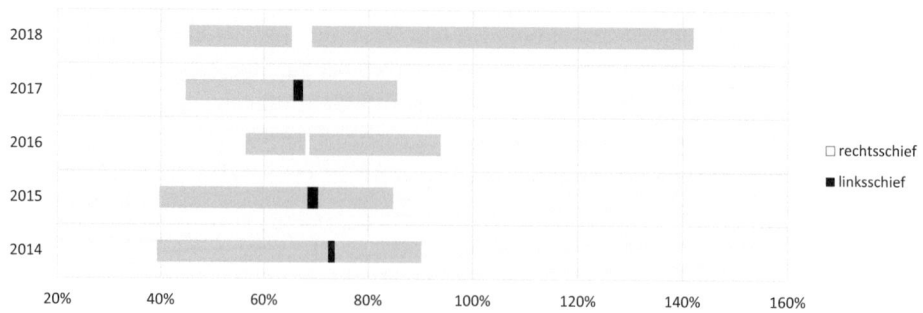

Abb. 8.5 Wertschöpfungsquotient

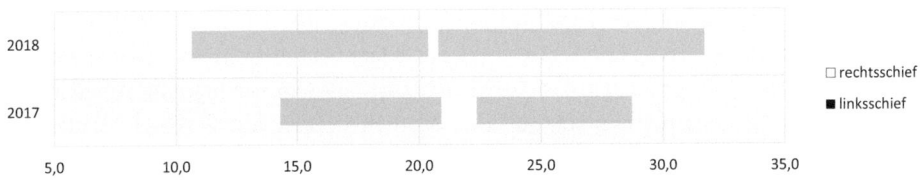

Abb. 8.6 Emission-Ertrags-Relation

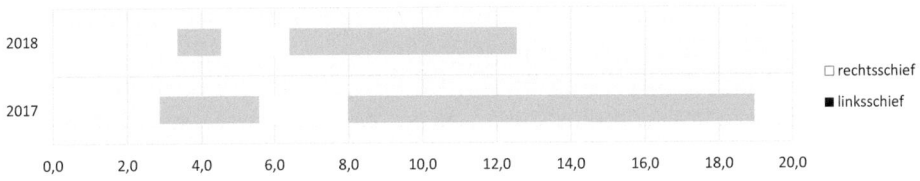

Abb. 8.7 Engagementquote

sowohl Mittelwert als auch Median geringfügig. Einerseits verringert sich der Abstand zwischen Median und Mittelwert, was auf eine abnehmende Schiefe und weniger Ausreißer hindeutet, andererseits verbreitert sich die Spannweite bei gleichzeitig größerem Maximum und kleinerem Minimum. Insgesamt zeigt sich daher ein uneinheitliches Bild, wie in Abb. 8.6 ersichtlich. Auch die Unterscheidung zwischen den drei vorwiegend städtisch und den zwei vorwiegend ländlich geprägten Sparkassen lässt keine Systematiken erkennen. Die Daten gestatten lediglich die Vermutung, dass die einzelnen Sparkassen ihre Priorität bei der Erreichung ökologischer Ziele unterschiedlich setzen.

Die für die Bestimmung der Nachhaltigkeitsquote notwendigen Daten liefern für den Analysezeitraum, zumindest für den Kreditbereich, ausschließlich zwei Sparkassen vollständig. Auf eine Darstellung der Mittelwerte, Spannweiten und Indikation für die Schiefe wird daher verzichtet. Werden die einzelnen Werte betrachtet, zeigt sich überraschenderweise eine Konstanz des Anteils des nachhaltigen Bestandsvolumens von jeweils rd. 2 % bzw. 5 %. Es hätte erwartet werden können, dass die Nachhaltigkeitsquote infolge der zunehmenden gesellschaftlichen Debatte über die Nachhaltigkeit deutlich ansteigt.

Soziale Nachhaltigkeit

Auch für die Dimension soziale Nachhaltigkeit ist aufgrund der nur spärlich verfügbaren Daten für den Zeitraum vor 2017 kaum eine Auswertung möglich.

Für die Engagementquote (siehe Abb. 8.7) werden zunächst nur die vier Sparkassen betrachtet, die ab 2017 entsprechende Informationen bereitstellen. Der Mittelwert der

Engagementquote ist im Jahr 2018 deutlich zurückgegangen. Dies ist aber auf einen reduzierten Ausreißer zurückzuführen, denn der gegenüber Ausreißern robuste Median ist im Jahr 2018 noch gestiegen. Das zeigt sich auch an dem verringerten Abstand von Median und Mittelwert, der nunmehr auf eine deutlich kleinere Rechtsschiefe hindeutet.

Die Datenanalyse der Personalentwicklungsquote (siehe Abb. 8.8) bezieht sich auf sechs Sparkassen, welche ab 2017 vollumfänglich die Angaben bereitstellen. Für alle anderen Sparkassen fehlen Informationen, wie beispielsweise zu den Qualifizierungstagen. Die in die Auswertung aufgenommenen sechs Sparkassen weisen in den beiden Analysejahren einen Durchschnitt von ca. 8,1 Entwicklungstagen pro Mitarbeiterin oder Mitarbeiter aus. Der Median liegt mit 8,2 und 8,8 in einer ähnlichen Größenordnung. Die Spannweite ist mit 5,0 bis 6,1 recht groß.

Bei fünf von sechs Sparkassen wird die PEQ maßgeblich durch die Berufsschultage getragen, welche in etwa doppelt so hoch sind wie die Qualifizierungstage. Daher kann bei den Sparkassen von einer relativ hohen Ausbildungsquote (Anteil Auszubildender an der Gesamtzahl Beschäftigter) ausgegangen werden. Allerdings sinkt die durchschnittliche Ausbildungsquote in den beiden Analysejahren von 5,5 % (2017) auf 5,1 % (2018). Dieser Trend zeigt sich auch bei allen Sparkassen im gesamten Analysezeitraum 2014–2018, in dem sich ebenfalls die durchschnittliche Ausbildungsquote von 6,9 % (2014) auf 5,1 % (2018) verringert.

Insgesamt lässt sich mit den untersuchten Kennzahlen der sozialen Nachhaltigkeit zusammenfassen, dass die einzelnen Sparkassen ähnlich wie bei der ökologischen Dimension unterschiedliche Schwerpunkte setzen. Daher ist zum einen die Bandbreite der Kennzahlen recht groß und zum anderen treten Ausreißer auf.

8.3.4   Kontextanalyse

Die vorangegangenen Transparenz- und Kennzahlenanalysen werden durch Interviewauswertungen ergänzt. Dabei wird auf die aktuelle Nachhaltigkeitsdebatte zurückgegriffen und die durch die beiden Analysen belegten Ergebnisse thematisch in einen Unternehmenszusammenhang gebracht. So wird beispielsweise geprüft, wie stabil die Sparkassen ihre Erfolge erreichen.

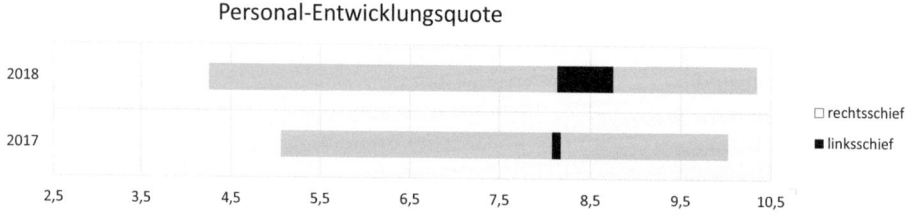

Abb. 8.8 Personalentwicklungsquote

Allgemeine Überlegungen

Grundsätzlich wird die Notwendigkeit einheitlicher, vor allem auch nichtfinanzieller Leistungsindikatoren durch die Lageberichte der großen Sparkassen sichtbar. Die Transparenzanalyse hat gezeigt, dass nicht alle Sparkassen bereits über nichtfinanzielle Leistungsindikatoren berichten. Wird davon ausgegangen, dass das Reporting die Steuerung widerspiegelt, dürften nichtfinanzielle Aspekte derzeit auch nicht vollumfänglich in der Unternehmenssteuerung berücksichtigt werden. Das würde bedeuten, dass eine Einbindung nichtfinanzieller Faktoren bei der Erfolgsbeurteilung und den verbundenen Anreizsystemen gar nicht vorgenommen werden kann. Zudem fehlt bei den Sparkassen mit nichtfinanziellen Leistungsindikatoren eine einheitliche Basis, welche einen Vergleich und Austausch fördern würde. Letzteres ist für die Expertinnen und Experten allerdings mehrheitlich wünschenswert, um sich in Zukunft verbessern und voneinander lernen zu können.

Sparkassen haben in Bezug auf die Einbettung des Nachhaltigkeitsgedankens in die Unternehmenssteuerung den Vorteil des öffentlichen Auftrages, welcher ihnen bereits durch die Gemeinwohlorientierung eine nichtfinanzielle Komponente per Definition beschert. Auch der regionale Rahmen der Sparkassen fördert, zum Beispiel beim Sponsoring von Kultur- und Sozialvereinen, die aus Einwohnersicht wahrnehmbare Förderung sozialer Projekte durch die jeweilige Sparkasse. Die Expertinnen und Experten führen jedoch zwei wesentliche Gefahren bei der Nachhaltigkeitsberichterstattung auf. Zum einen wirken Sparkassen bigott, wenn sie sich allein aufgrund des öffentlichen Auftrages als per se nachhaltig bezeichnen und dies nicht gleichzeitig durch ihr Handeln belegen. Zum anderen muss die Sparkasse aufgrund der engen Verzahnung mit einer öffentlich-rechtlichen Trägerschaft bei der gesellschaftlichen Diskussion um bestimmte Entscheidungen in der Nachhaltigkeitsdebatte, wie Kohle- oder Atomstrom, eine neutrale Position beziehen. Das Betonen eigener Nachhaltigkeitsleistungen, um den Stakeholder-Anforderungen nachzukommen, bleibt ihr unbenommen.

Ökonomische Nachhaltigkeit

In Bezug auf die ökonomische Nachhaltigkeit geben die Expertinnen und Experten an, dass Kreditinstitute und Sparkassen aktuell schwierige Rahmenbedingungen vorfinden. Die Ertragssituation wird zunehmend durch die anhaltende Niedrigzinsphase belastet, dies bestätigt die rückläufige EKR im Zeitablauf. Dies bestätigen auch die Kommentierungen zur Geschäftsentwicklung in den Lageberichten der großen Sparkassen. Die Minimal- und Maximalwerte der EKR konzentrieren sich nicht auf eine einzelne Sparkasse.

Abb. 8.9 zeigt die einzelnen EKR und stellt ihnen die CIR gegenüber. Das Minimum der CIR erzielt in jedem Jahr des Analysezeitraums die Sparkasse B, die in den letzten Jahren relativ stabile Aufwendungen hat, nun hingegen auch in ihrer Prognose für 2019 aufgrund von sinkenden Erträgen von einer steigenden CIR ausgeht. Auch das Maximum liegt in drei von fünf Jahren bei nur einer Sparkasse, die im Vergleich zu den anderen

	Eigenkapitalrendite					Cost-Income-Ratio				
	2014	2015	2016	2017	2018	2014	2015	2016	2017	2018
Sparkasse A	6,18%	4,78%	3,59%	4,04%	3,10%	0,68	0,71	0,77	0,81	0,76
Sparkasse B	7,35%	6,85%	6,57%	6,80%	5,65%	0,48	0,46	0,47	0,45	0,46
Sparkasse C	9,59%	6,42%	5,96%	5,76%	4,12%	0,69	0,72	0,75	0,72	0,73
Sparkasse D	8,85%	2,49%	2,44%	2,39%	2,04%	0,76	0,74	0,75	0,75	0,76
Sparkasse E	13,77%	6,87%	6,68%	9,70%	6,82%	0,71	0,66	0,59	0,57	0,58
Sparkasse F	9,36%	7,65%	4,46%	2,93%	2,80%	0,71	0,67	0,74	0,84	0,68
Sparkasse G	5,22%	11,17%	12,25%	2,43%	1,50%	0,82	0,74	0,71	0,63	0,67
Sparkasse H	2,17%	0,60%	12,00%	5,40%	4,48%	0,80	0,90	0,78	0,81	0,83
Sparkasse I	3,31%	3,74%	10,69%	6,60%	6,28%	0,80	0,83	0,59	0,61	0,61
Sparkasse J	11,80%	4,96%	4,57%	3,36%	3,69%	0,68	0,74	0,72	0,74	0,79
Sparkasse K	3,74%	5,17%	1,91%	7,86%	7,24%	0,67	0,73	0,73	0,65	0,57
Sparkasse L	6,67%	6,24%	5,87%	5,55%	18,98%	0,69	0,67	0,63	0,58	0,65

Legende: Maximum Minimum

Abb. 8.9 Zeitreihe Eigenkapitalrendite und Cost-Income-Ratio

	Wertschöpfungsquotient					Σ	Rang
	2014	2015	2016	2017	2018		
Sparkasse A	59,24%	60,70%	60,18%	61,76%	62,46%	61%	10
Sparkasse B	79,31%	73,41%	76,76%	77,91%	74,77%	76%	2
Sparkasse C	70,16%	65,33%	67,14%	62,96%	65,38%	66%	8
Sparkasse D	79,84%	58,11%	58,89%	54,27%	50,21%	60%	11
Sparkasse E	77,15%	59,86%	59,49%	68,05%	65,67%	66%	9
Sparkasse F	90,18%	84,71%	69,18%	74,53%	58,90%	76%	3
Sparkasse G	63,61%	80,00%	93,85%	54,49%	54,86%	69%	6
Sparkasse H	39,28%	39,78%	56,39%	44,73%	45,40%	45%	12
Sparkasse I	66,55%	68,80%	74,47%	67,55%	65,57%	69%	7
Sparkasse J	89,92%	72,12%	69,08%	67,49%	72,12%	74%	5
Sparkasse K	69,61%	80,77%	66,48%	85,47%	73,49%	75%	4
Sparkasse L	83,81%	77,29%	73,14%	68,85%	142,04%	89%	1

Legende: Maximum Minimum

Abb. 8.10 Zeitreihe Wertschöpfungsquotient mit Rangtabelle

und in Relation zur Ertragsentwicklung stärker steigende Aufwendungen zu verzeichnen hatte.

Die dritte Kennzahl der ökonomischen Nachhaltigkeit, der Wertschöpfungsquotient, bleibt im Analysezeitraum im Median stabil mit geringfügig sinkender Tendenz. Bei Abb. 8.10 fällt auch hier auf, dass die Maxima auf verschiedene Sparkassen und mitunter Ausreißer entfallen, wohingegen die Minima immer durch die gleiche Sparkasse erzielt werden. Für diese Sparkasse zeigen sich eine im Vergleich geringere Ertragskraft und aufgrund von Konzernstrukturen fehlende Gewinnsteuerzahlungen. Bei Trennung der zwölf Sparkassen in sieben vorwiegend städtisch und fünf vorwiegend ländlich geprägte Sparkassen, zeigt sich eine Systematik. Die in Abb. 8.10 grau hinterlegten städtischen Sparkassen belegen überwiegend hohe Rangplätze (Median 8) mit einem Mittelwert von 65 %, wogegen die ländlich geprägten Sparkassen kleinere Rangplätze

(Median 5) belegen und einen Mittelwert von 75 % aufweisen. Das bedeutet, dass von der durch die Sparkasse generierten Wertschöpfung in ländlichen Gebieten mehr in der Region verbleibt.

Ökologische Nachhaltigkeit

Für die ökologische Nachhaltigkeit gaben die Expertinnen und Experten in den Interviews an, dass der Kohlendioxidausstoß in Zukunft ein strategisch relevanter Leistungsindikator werden könnte. Seit der CSR-Berichtspflicht von 2017 wird dieser auch häufiger veröffentlicht, wodurch auch seit 2018 für die Hälfte der Sparkassen die Emission-Ertrags-Relation ermittelt werden kann. Grundsätzlich geben die Sparkassen in ihren nichtfinanziellen Erklärungen an, den Kohlendioxidausstoß senken zu wollen. Setzt man den in den Lageberichten angegebenen Kohlendioxidausstoß in Relation zu den Erträgen, um die unterschiedliche Größe der Sparkassen zu berücksichtigen, zeigt sich, dass die Senkung des Kohlendioxidausstoßes in Relation zu den Erträgen nicht allen Sparkassen im Analysezeitraum gelingt. Abb. 8.11 zeigt die Kennzahlen der einzelnen Sparkassen ab 2017 im Detail. Überraschenderweise zeigen sich im zeitlichen Verlauf sowohl stabile Ergebnisse als auch sprunghafte Entwicklungen.

Die Nachhaltigkeitsquote scheint offenbar weniger im Fokus der Sparkassen zu stehen. Sowohl die Transparenzanalyse als auch die Datenanalyse haben bereits gezeigt, dass die Kundenentscheidungen in der Kreditaufnahme oder in der Geldanlage noch nicht prioritär auf nachhaltige Punkte ausgelegt sind. Dies bestätigten die Expertinnen und Experten mit einer zwar zunehmenden, aber aktuell noch geringen Kundennachfrage an nachhaltig orientierten Produkten und wenigen Rückmeldungen zu den Nachhaltigkeitsaktivitäten der Sparkasse. Aufgrund dessen fanden die befragten Expertinnen

Emission-Ertrags-Relation		
	2017	**2018**
Sparkasse A	20,93	20,39
Sparkasse B	n/v	n/v
Sparkasse C	n/v	n/v
Sparkasse D	n/v	26,98
Sparkasse E	n/v	n/v
Sparkasse F	n/v	n/v
Sparkasse G	28,11	31,71
Sparkasse H	n/v	n/v
Sparkasse I	n/v	n/v
Sparkasse J	19,77	10,65
Sparkasse K	14,30	10,71
Sparkasse L	28,70	30,46
Legende:	Maximum	Minimum

Abb. 8.11 Zeitreihe Emission-Ertrags-Relation

und Experten es hilfreich, wenn sich die nachhaltigkeitsbezogene Berichterstattung deshalb auch auf das Wesentliche konzentriert und kompakt dargestellt werden kann. Dies begründen die Expertinnen und Experten mit einem zunehmenden Interesse an gesellschaftlicher Verantwortung, was auch von anderen Studien, zum Beispiel im Hinblick auf die Generation Y, bestätigt wird (vgl. Augustine 2018, S. 78, 203, 206 f.).

Soziale Nachhaltigkeit

Die Ergebnisse der sozialen Nachhaltigkeit sind durch die teilweise fehlende Transparenz in der Berichterstattung geprägt.

Vor allem die Engagementquote ist kaum sinnvoll bestimm- und interpretierbar, selbst wenn das gesellschaftliche Engagement in Form von Spenden, Sponsorings und Stiftungsausschüttungen von den meisten Sparkassen veröffentlicht wird. Nichtsdestotrotz kann festgehalten werden, dass in der Personal-Entwicklungsquote PEQ der großen Sparkassen eine durchschnittliche Ausbildungsquote von zuletzt (2018) 5 % enthalten ist, mit der die Sparkassen dem erwarteten Fachkräftemangel entgegenwirken. Die Priorität des gesellschaftlichen Engagements der Sparkassen wurde in den Interviews von allen Expertinnen und Experten bestätigt. Zusätzlich gaben sie an, dass Stakeholder die Sparkassen in den Bereichen Kunst, Kultur und Sport sehr präsent wahrnehmen.

Die in Abb. 8.12 angegebene Entwicklung der PEQ zeigt das bekannte Muster, nach dem die Maxima und Minima überwiegend jeweils einer Sparkasse zuzuordnen sind. Ein deutlicher Unterschied zwischen den vorwiegend städtisch und den vorwiegend ländlich geprägten Sparkassen zeigt sich hier nicht.

| | Engagement-Quote | | | | | Personalentwicklungsquote | |
	2014	2015	2016	2017	2018	2017	2018
Sparkasse A	n/v	n/v	n/v	18,95	n/v	5,06	4,25
Sparkasse B	n/v	n/v	n/v	n/v	n/v	5,88	6,05
Sparkasse C	2,95	2,71	3,21	3,27	3,53	4,29	3,99
Sparkasse D	n/v	n/v	n/v	3,01	3,36	6,61	7,28
Sparkasse E	n/v	n/v	n/v	n/v	n/v	3,15	2,84
Sparkasse F	10,67	11,15	n/v	11,83	12,54	4,26	5,59
Sparkasse G	n/v	n/v	n/v	n/v	n/v	7,63	9,72
Sparkasse H	n/v	n/v	n/v	2,88	4,55	7,97	6,98
Sparkasse I	15,71	5,64	7,09	7,91	8,03	8,37	8,29
Sparkasse J	n/v	n/v	n/v	n/v	n/v	7,24	6,77
Sparkasse K	n/v	n/v	n/v	n/v	n/v	10,03	10,34
Sparkasse L	n/v	n/v	n/v	n/v	n/v	9,39	9,21
Legende:	Maximum	Minimum					

Abb. 8.12 Zeitreihe Personal-Entwicklungsquote und Engagement-Quote

8.4 Schlussbetrachtung

Die vorliegende Bestandsaufnahme hat das Ziel, aufgrund einer konzeptionellen Ableitung von Kennzahlen und mithilfe einer Transparenz-, Kennzahlen- und Kontextanalyse herauszufinden, wie sich die größten Sparkassen aktuell dem Thema Nachhaltigkeit stellen. Jede der drei Analysen zeigt die in den letzten Jahren sukzessiv gestiegene Bedeutung des Themas Nachhaltigkeit für die Sparkassen. Dies betrifft sowohl den transparenten Ausweis und die nachvollziehbare Umsetzung nachhaltiger Aktivitäten als auch das große Interesse an einer weiteren Entwicklung zur Erschließung noch offener Potenziale.

Insgesamt bestätigen die Expertinnen und Experten, dass die Implementierung des Nachhaltigkeitsgedankens in die Strategie und Kommunikation des Unternehmens an Bedeutung gewonnen hat. Allerdings überzeugt die Berichterstattung noch nicht vollumfänglich. Vor allem die Frage, wie erfolgreich die Dimensionen der ökologischen und der sozialen Nachhaltigkeit von einer einzelnen Sparkasse jeweils bespielt wurden, lässt sich aus externer Sicht kaum einschätzen. Die hierfür erforderlichen Informationen werden mitunter nicht oder nicht in vergleichbarer Form publiziert.

Daraus leitet sich der Bedarf eines einheitlichen Kennzahlensystems ab, mit dem alle Dimensionen der Nachhaltigkeit abgedeckt werden. Die darin enthaltenen Kennzahlen müssen für die einzelnen Nachhaltigkeitsdimensionen wesentlich sein und gleichzeitig Steuerungsrelevanz entfalten, indem sie einfach und nachvollziehbar ermittelbar sind. Gut geeignet ist ein Kennzahlensystem, wie das der Generalisierten Sustainability Balanced Scorecard, das diese Kriterien erfüllt und gegebenenfalls flexibel um weitere Perspektiven erweiterbar ist.

Literatur

Augustine, S. (2018). *Die Generation Y und Integrated Reporting*. Wiesbaden: Springer (Zugl. Diss. Univ. Lüneburg 2017).

BaFin. (2019). *Merkblatt zum Umgang mit Nachhaltigkeitsrisiken der BaFin*, vom 20.12.2019.

Berliner Sparkasse. (2019). *Jahresabschluss und Lagebericht*. Berlin: Berliner Sparkasse.

Botsis, D., Hansknecht, S., Hauke, C., Janssen, N., Kaiser, B., & Rock, T. (2015). *Kennzahlen und Kennzahlensysteme für Banken*. Wiesbaden: Springer.

Brandenburgisches Sparkassengesetz. (1996). BbgSpkG. Gesetz vom 26. Juni 1996.

CSR-Richtlinie-Umsetzungsgesetz. (2017). Beschluss vom 11.04.2017, Jahrgang 2017, Teil I Nr. 20, Bundesgesetzblatt.

DSGV. (2019). *Finanzbericht des DSGV 2018*. Berlin: DSGV.

Elkington, J. (1997). *Cannibals with forks: The triple bottom line of 21st century business*. Oxford: John Wiley & Son.

EU. (2020). Verordnung (EU) 2020/852 des Europäischen Parlaments und des Rates vom 18.06.2020 über die Einrichtung eines Rahmens zur Erleichterung nachhaltiger Investitionen und zur Änderung der Verordnung (EU) 2019/2088.

Frankfurter Sparkasse. (2019). *Geschäftsbericht 2018*. Frankfurt a. M.: Frankfurter Sparkasse.

Global Reporting Initiative. (2018). *Consolidated set of GRI sustainability reporting standards*. Amsterdam: Global Reporting Initiative (Niederlande).

Hamburger Sparkasse. (2019). *Geschäftsbericht 2018.* Hamburg: Hamburger Sparkasse.

KfW. (2020). Das Hausbankprinzip der KfW – Seit Langem bewährt. https://www.kfw.de/KfW-Konzern/%C3%9Cber-die-KfW/Arbeitsweise/Kreditvergabe-%C3%BCber-Hausbanken/. Zugegriffen: 9. Juni 2020.

Kreissparkasse Köln. (2019). *Jahresabschluss 2018.* Köln: Kreissparkasse Köln.

Kruppe, C., & Kühl, R. (2020). Nachhaltigkeit systematisch steuern. *Controlling & Management Review CMR, 3,* 56–62.

Mittelbrandenburgische Sparkasse in Potsdam. (2019). *Jahresabschluss zum Geschäftsbericht 2018.* Potsdam: Mittelbrandenburgische Sparkasse.

Nassauische Sparkasse. (2019). *2018 in Zahlen.* Wiesbaden: Nassauische Sparkasse.

Ostsächsische Sparkasse Dresden. (2019). *Jahresabschluss zum 31.12.2018.* Dresden: Ostsächsische Sparkasse Dresden.

Resolution der Generalversammlung. (2015). Resolution 70/1 vom 25. September 2015.

SAP (o. J.). Nachhaltigkeit und Gesellschaftliches Engagement. https://www.sap.com/corporate/de/company/sustainability-csr/csr.html. Zugegriffen: 23. März 2020.

Sparkasse Hannover. (2019). *Geschäftsbericht 2018.* Hannover: Sparkasse Hannover.

Sparkasse KölnBonn. (2019). *Jahresabschluss 2018.* Köln: Sparkasse KölnBonn.

Sparkasse Pforzheim Calw. (2019). *Geschäftsbericht 2018.* Pforzheim: Sparkasse Pforzheim Calw.

Sparkassengesetz für Baden-Württemberg. (2005). SpG. Gesetz vom 19. Juli 2005.

Sparkassengesetz Nordrhein-Westfalen. (2008). SpkG. Gesetz vom 18.11.2008.

Stadtsparkasse Düsseldorf. (2019). *2018 Jahresbericht.* Düsseldorf: Stadtsparkasse Düsseldorf.

Stadtsparkasse München. (2019). *Geschäftsbericht 2018.* München: Stadtsparkasse München.

Prof. Dr. Carsten Kruppe ist Professor für Allgemeine Betriebswirtschaftslehre, insbesondere Finance, an der FOM Hochschule in Berlin und berät freiberuflich mittelständische Unternehmen. Schwerpunkte seiner beruflichen Tätigkeit sind Fragestellungen aus dem Spektrum der Corporate Finance, wie strategische Planungen und Unternehmensbewertungen, sowie aus der Umsetzung von Nachhaltigkeitsaspekten.

Robert Kühl arbeitet als kommissarischer Gruppenleiter Unternehmenscontrolling in der Berliner Sparkasse. An der FOM Hochschule studierte er Business Administration (B.A.) und anschließend Finance & Accounting (M.Sc.). Mit Beginn seiner Masterarbeit setzt er seinen wissenschaftlichen Schwerpunkt auf den Einsatz und die bessere Vergleichbarkeit nichtfinanzieller Leistungsindikatoren, insbesondere für Finanzdienstleistungsunternehmen.

Wie kann ein guter Übergang zur Führungskraft gelingen?

Eine qualitative Studie in KMU

Sarah Kern und Carola Maier

Inhaltsverzeichnis

9.1 Einleitung... 143
9.2 Untersuchungsdesign.. 147
9.3 Stichprobe 150
9.4 Instrumente 151
9.5 Ergebnisse 151
9.6 Deskriptive Ergebnisse.. 152
9.7 Diskussion 156
Literatur... 158

9.1 Einleitung

Führung ist ein breit gefächertes, agiles Thema, das sich stetig weiterentwickelt. Interne Wechsel gehören zum Berufs- und Karriereleben dazu; einer tiefgründigen Auseinandersetzung bedarf es allerdings erst dann, wenn die eigene Beförderung in eine Führungsposition erfolgt. Was genau macht einen guten Übergang aus und was können mögliche Erfolgsfaktoren dafür sein? Was genau erschwert diesen Prozess oder welcher Vorbereitung bedarf es, um diesen Wandel erfolgreich zu durchlaufen? Gibt es eine Lösung, die grundsätzlich einzusetzen ist, oder bedarf es hier individueller Anknüpfungspunkte?

S. Kern (✉)
Stuttgart, Deutschland
E-Mail: sarahkern@web.de

C. Maier
WOLFF & MÜLLER Holding GmbH & Co. KG, Stuttgart, Deutschland

M. Seidel (Hrsg.), *Banking & Innovation 2020/2021,* FOM-Edition,
https://doi.org/10.1007/978-3-658-32427-8_9

Auch in der Bankenbranche, die im genossenschaftlichen Bereich mit mittleren und kleineren Unternehmen vergleichbar ist, gibt es immer wieder Herausforderungen im Bereich Führung. So sind zum Beispiel Veränderungen in den Strukturen, wie Fusionen, ein Thema. Auch die Banken sind vom Fachkräftemangel betroffen und damit einhergehend besteht die Verpflichtung, mit den bisherigen Mitarbeitern noch besser umzugehen und die vorhandenen Mitarbeiter für Führungsrollen zu qualifizieren.

Aufbauend auf aktuelle wirtschaftspsychologische Theorien wurden die Annahmen vor allem in den drei Hauptthemen Führung, Beziehungen und Persönlichkeit sowie im Bereich der Übergänge gestellt. Doch was gehört überhaupt mit dazu, um sich als Führungskraft zu qualifizieren? Als einer der ersten Aktivposten werden hier die Kompetenzen in den Fokus gerückt: Führungskompetenz besteht sowohl aus Persönlichkeitsmerkmalen als auch in ausschlaggebenden Kompetenzen. Eine Unterscheidung erfolgt in organisatorischen Fähigkeiten (Jacobs und McGee 2001, S. 69) und komplexen Fähigkeiten (Phillips und Hunt 1992, S. 5). Diese Komplexität erstreckt sich durch die Kategorien kognitive, zwischenmenschliche, fachliche und strategische Fähigkeiten (Mumford et al. 2007, S. 155). Es hat sich gezeigt, dass unabhängig von der Intelligenz eine offene oder fixierte Denkweise tiefergehende Auswirkungen auf die Motivation und das Lernen hat. Der Unterschied zwischen der offenen und fixierten Denkweise („fixed and growth mindset") basiert auf der Mentalität/Geisteshaltung der Entwicklung. Während Menschen in einer festen, starren Denkweise davon ausgehen, dass die Dinge auf der Natur der Sache basieren und nicht beispielsweise durch Üben oder Lernen geändert werden können, agieren Menschen mit einer offenen Denkweise flexibler. Sie sind davon überzeugt, dass Fähigkeiten geformt werden können, und nutzen Feedback und Fehler zur Weiterentwicklung (Dweck 2007, S. 11). Aufgrund der Kompetenz- und Erwartungsvielfalt sind Personen mit einer offenen und veränderungsbereiten Denkweise für eine Führungsposition empfehlenswert (Dweck 2017).

Führung findet meist im Teamkontext statt und ist individuell durch die jeweilige Führungskraft geprägt. Einblicke in den Aufbau eines Teams und die Verknüpfung des Führens mit individuellen Persönlichkeitsmerkmalen sind von großer Relevanz. Die kosteneffektivste Methode zur Erreichung organisatorischer Ergebnisse ist die Teamarbeit (Procter und Currie 2004, S. 1570), die mittels Anpassungsfähigkeit und Produktivität eine größere Leistung erbringt als eine Einzelperson (Salas et al. 2005), während dies gleichzeitig einen positiven Effekt auf die Arbeitszufriedenheit und die Mitarbeiterbindung hat (Griffin et al. 2001, S. 545).

Betrachtet man die verschiedenen Stufen in Bezug auf einen Führungswechsel, so muss davon ausgegangen werden, dass durch den Wechsel vom Mitarbeiter zur Führungskraft ein Gruppenmitglied aus der Gruppe austritt und so die Gruppenkonstellation wiederhergestellt werden muss. Die Neustrukturierung kann viel Zeit in Anspruch nehmen, sodass erste Schwierigkeiten innerhalb der Gruppe in der Anfangsphase als normal erachtet werden können (van Dick und West 2005, S. 65). Im Team hat bereits jeder, wie beschrieben, seine eigene Rolle. Belbin (1993) hat in einem Teamrollenkonzept unterschiedliche Rollen definiert. Es kristallisierten sich aufgrund des unterschiedlichen Verhaltens der Teammitglieder insgesamt neun Teamrollen heraus, die sich in drei Kategorien einteilen lassen: handlungsorientiert, kommunikationsorientiert und wissensorientiert. Das Konzept definiert aus anthropologisch-soziologischer Sicht eine Kombination von Werten, Einstellungen und Verhalten, die einer Person zugeschrieben werden. Aus diesem Verhalten wird eine Person in Bezug auf ihren sozialen Status eingestuft (Linton 1945). Diese Rollen sind allerdings variabel und geben dem Einzelnen den Spielraum, seine eigene Teamrolle zu definieren, was im Nachgang zu einer Verschmelzung von Gruppenprozessen und Aufgabenprozessen führt (Bales 1950).

Bei Themen, in denen es sich um ein Individuum handelt, kann die Persönlichkeit nicht ausgeklammert werden. Definiert man das Wort der ‚Persönlichkeit', so wird von einem Konglomerat aus der Art und Weise der eigenen Interaktion und der Reaktion der Mitmenschen gesprochen. Messen lässt sich Persönlichkeit in verschiedenen sichtbaren Merkmalen, die als Persönlichkeitsmerkmale zu verstehen sind (Robbins und Judge 2007). Wird von Persönlichkeitseigenschaften gesprochen, so ist in der Regal von den „BigFive" (Howard und Howard 2002, S. 21 ff.) oder auch – anders ausgedrückt – dem „Fünf-Faktoren-Modell" (Digman 1990, S. 421) die Rede. Dieses definiert sich in den Eigenschaften der Offenheit, Verträglichkeit, Gewissenhaftigkeit, Neurotizismus sowie der Extraversion. Sie bilden die Grundlage der gesamten Persönlichkeit (McCrae 1992, S. 177) und tragen somit einen großen Anteil an der Persönlichkeitspsychologie (Judge und Bono 2000, S. 752). Gewissenhaftigkeit hat sich bei der Betrachtung der Persönlichkeitsvariablen im Führungskontext als relevant erwiesen (Zhao und Seibert 2006, S. 259), was zusammenfassend als konsistenter Prädiktor für die Arbeitsleistung benannt wird (Barrick et al. 2001, S. 9). Das bedeutet, dass im Führungskontext die Gewissenhaftigkeit einer Person für eine höhere Leistung relevant ist.

Doch wie kann ein Team so beeinflusst werden, dass es mit der neuen Führungskraft an „einem Strang zieht"? Einfluss auf das gruppenorientierte Verhalten kann die Führungskraft selbst nehmen – laut dem Transfermodell der sozialen Identität ist die Identifikation der Gruppenmitglieder entscheidend davon abhängig, wie sehr sich die Führungskraft mit der Gruppe identifiziert (van Dick und Schuh 2016, S. 45). Das hohe gruppenorientierte Verhalten der Führungskraft hat dementsprechend positiven Einfluss auf die Identifikation der Geführten mit der Gruppe – schlussfolgernd wird die Leistungsbereitschaft gesteigert (van Dick et al. 2007, S. 134).

Der Weg vom Mitarbeiter zur Führungskraft kann ohne Unterstützung und Hilfestellungen und durch einen gescheiterten Veränderungsprozess erschwert werden. Wird diesem vorgebeugt, ist ein wesentlicher Grundstein zu einem erfolgreichen Führen gelegt. Hilfestellungen können mittels verschiedener Seminare und Coachings, aber auch durch eine verbesserte Aufgabenverteilung oder die Anwendung von kommunikationspsychologischen Methoden verstanden werden. Zum gemeinsamen Erfolg bedarf es neben den Eigenschaften der Führungskraft (Persönlichkeit, Motive, Stil, Fähigkeiten etc.) sowie der Partizipation der Geführten (Fähigkeiten, Motivation, Strukturen) auch des Bezugs zur Aufgabe/Erfolg (Komplexität, Beeinflussbarkeit, Arbeitssituation). Insgesamt wird das Konstrukt als Führungstriade bezeichnet (Neuberger 2002, S. 42).

Es ist aufgrund der Individualität und des subjektiven Fokus nicht einfach, einen Führungserfolg genau zu messen (Blessin und Wick 2013, S. 53). Ein Ansatzpunkt kann die Unterscheidung von Effektivität und Effizienz sein. Während es bei der Effektivität vor allem um die Wirtschaftlichkeit (Qualität und Quantität der erbrachten Leistungen) geht, bezieht sich die Effizienz auf die soziale Wirksamkeit des Führungsverhaltens. Kennzahlen können anhand der Arbeitszufriedenheit, des Betriebsklimas oder der Fluktuation/Fehlzeiten gemessen werden (Olfert 2008, S. 281). Witte (1995) kategorisierte Erfolgsindikatoren, die die Gesamteffizienz in eine generelle ökonomische Effizienz (z. B. Gewinn, Kosten, Umsatz), die Leistungsprozesseffizienz (z. B. materielle Leistungsprozesse, Planabweichung), immaterielle Leistungsprozesse (z. B. Problemlösung), Personeneffizienz (z. B. arbeitsbezogene Einstellungen, Zufriedenheit) und individualbezogene Einstellungen (z. B. Freundschaft, Vertrauen) gliedern.

Resümierend bestehen die Kriterien für einen positiven Wechsel einerseits aus dem subjektiven Empfinden der jeweiligen Führungskraft. Dazu zählen die Ausübung der Kompetenzen und das Wohlbefinden, aber auch der Übergang in die neue Rolle. Andererseits tragen auch äußere Faktoren, wie z. B. die Mitarbeiterzufriedenheit dazu bei, den Führungserfolg und damit auch einen guten Wechsel sichtbar zu machen.

Die Annahmen der Untersuchung sind deshalb:

- **Führung**
  1. Durch den Wechsel werden neue Kompetenzen, z. B. die Fähigkeit des Delegierens, entwickelt, die für die Anforderungen an eine Führungskraft gegeben sein sollten.
  2. Der Führungsstil wird nah am Mitarbeiter ausgelegt sein, was als vorteilhaft angesehen wird.
- **Beziehungen und Persönlichkeit**
  3. Die Rolle im Team wird sich verändern, was als große Umstellung wahrgenommen werden kann und die Beziehung zwischen Team und Mitarbeitern verändert.
  4. Führungskräfte, die ein hohes Maß des Persönlichkeitsmerkmals Gewissenhaftigkeit mit sich bringen, finden sich schneller in der Rolle ein.
- **Übergänge**
  5. Alle Neu-Führungskräfte wurden auf die neuen Aufgaben vorbereitet und erhielten Unterstützung mittels eines persönlichen Austausches oder spezieller Seminare – ein sanfter Übergang wurde geschaffen und eine schnellere Identifikation ist damit gegeben.
  6. Das Aufgabengebiet änderte sich von operativen Tätigkeiten zu Führungsaufgaben.

Mittels der transkribierten Interviews und der daraus resultierenden Auswertung wurden die Annahmen aufgrund der dafür aufgestellten Kriterien interpretiert.

9.2   Untersuchungsdesign

Das Ziel der Untersuchung war, Regeln und Gemeinsamkeiten aufzustellen, die für weitere Vorgehensweisen hinzugezogen werden können (Rost 2012, S. 218). In diesem Fall bedeutete das, den internen Wechsel in eine Führungsposition sichtbar zu machen, aus diesen Maßnahmen (positive und negative Erfahrungen) herauszuarbeiten, welche im Nachgang als Grundlage für weitere Führungswechsel dienen.

Wie im theoretischen Teil erläutert, hat das Thema Persönlichkeit in Bezug auf Führung durch das Merkmal der Gewissenhaftigkeit eine entscheidende Rolle. Davon ausgehend und auf Basis der Gruppenphasen nach Tuckman (Tuckman und Jensen 1977, S. 419 ff.) würde sich die Mitarbeitergruppe nach der Beförderung nochmals neu zusammenfinden. Um diese Veränderung sichtbar zu machen, wurden die Probanden (Stichprobenauswahl s. Abb. 9.1) gebeten, den Wandel mittels einer Zeichnung darzustellen – einmal vor der Beförderung und einmal danach. Aufstellungsarbeiten dienen in der Wissenschaft und Forschung vor allem zur Darstellung von Zugehörigkeiten und Identitäten (Rosner 2007, S. 128).

Geclustert wurden die Fragen in die Themenbereiche der allgemeinen Führung, der Beziehungsgestaltung zu den Führungskräften sowie der eigenen Mitarbeiter und der Gestaltung des Übergangs. Insgesamt wurde der Fragebogen (s. Abb. 9.2) in fünf verschiedene Kategorien eingeteilt, die jeweils differenzierte Unterkategorien aufführten. Zu jeder Unterkategorie wurden verschiedene Fragen formuliert, die eine koordinierte Befragung erleichterten.

Bevor speziell auf das Thema Führung eingegangen wurde, erhielt der Proband die Möglichkeit, verschiedene Informationen bezogen auf das Unternehmen (Branche, Mitarbeiteranzahl, Führungsebene etc.) und die Werte des Unternehmens darzustellen.

	Geschlecht	Alter	Firmen-zugehörigkeit	Führungs-tätigkeit	Anzahl MA	Teamgröße	Anzahl
P1		41	4 Jahre	3 Jahre	90	8 + Azubi	1
P2		33	4 Jahre	1;4 Jahre	450	5	1
P3		53	35 Jahre	16 Jahre	160	5	1
P4		33	10 Jahre	5-6 Jahre	90	9	1
P5	weiblich	27	3 Jahre	1 Jahr	300	4 direkt, 14 Stellvertretung	1
P6		34	5 Jahre	3 Jahre	200	7 + Aushilfen	1
P7		36	6-7 Jahre	2 Jahre	500	20	1
P8		31	4 Jahre	2 Jahre	200	4	1
P9		46	8 Jahre	1,5 Jahre	350	10	1
P10		34	15 Jahre	2 Jahre	300	5	1
P11		37	8 Jahre	1 Jahr	200	2	1
P12	männlich	32	2 Jahre	3 Monate	350	25	1

Abb. 9.1 Stichprobenauswahl

Hauptkategorie	Unterkategorie
Allgemeine Information Unternehmen	Struktur
	Werte
	Ebenen
Allgemeine Informationen Person	Funktion
	Mitarbeiter
Beförderung	Grund
	Vorgehensweise
	Erste Phase
	Bekanntgabe
	Aufgabenverteilung
	Vorwissen
	Reaktionen
Beziehung	Mitarbeiter
	Führungskraft
	Selbstbild
Unterstützung	Vorgesetzter
	Seminare
	externe Kräfte
	Erfahrungsaustausch
	eigene Vorgehensweise
	Nutzen
Erwartungen	Mitarbeiter
	Führungskraft
	Proband/eigene Erwartungen
Führungserfahrung	Schwierigkeiten
	Vorteile
	Nachteile
	Tipps
	Führungsstil

Abb. 9.2 Kodierleitfaden

Fragen zur Einstellung des Mitarbeiters sollten aufzeigen, ob schon zu Beginn der Beschäftigung im Unternehmen der spätere Wechsel in eine Führungsposition bekannt war. Der Einstieg in das Thema Führung erfolgte über die zeichnerische Darstellung des Teams durch den Probanden. Er wurde gebeten, das Team vor der Beförderung aufzuzeichnen und zu erklären, auf welcher Position er sich gesehen hatte. Diese Darstellung ist, nachdem über die Führungstätigkeit gesprochen wurde, in der neuen Konstellation nochmals erfolgt. Die Darstellung half, die Gruppenkonstellation für Externe sichtbar zu machen. Ebenso ließen sich Beziehungen oder Hierarchien besser erkennen (Rosner 2007, S. 11).

Bezugnehmend auf die Darstellung wurde über den Vorgang der Beförderung gesprochen. Die Kategorie „Wechsel zur Führungskraft" (s. Abb. 9.2) wurde in fünf Unterkategorien gesplittet. Die erste Unterkategorie bezog sich auf die Erwartungen. Erwartungen, egal ob ausgesprochen oder unausgesprochen, konnten dabei von der neuen Führungskraft selbst ausgehen und sich auf die eigene Arbeit, die Führungskraft, die Mitarbeiter oder auf das Unternehmen beziehen. Umgekehrt konnten Erwartungen an die Neu-Führungskraft gestellt werden. Nachfolgend bezogen sich die nächsten Fragen auf die Vorbereitung. Zum einen gliederten sich die Fragen auf die eigene Vorbereitung, auf der anderen Seite sollten mögliche externe Maßnahmen (Seminar, Coaching, Unterstützungsmöglichkeiten) beleuchtet werden. Unabhängig von den möglichen Maßnahmen konnte eine Vorbereitung auch aufgrund eines Erfahrungsaustausches stattfinden. Die Fragen bezogen sich vor allem auf mögliche Schwierigkeiten oder Herausforderungen, mit denen die neue Führungskraft zu kämpfen hatte. Weitere Unterkategorien bezogen sich auf die Bekanntgabe/Übergabe der Beförderung („Wie wurde Ihre Beförderung bekanntgegeben?"/„Wie lief die Einarbeitung ab?") und den damit einhergehenden Reaktionen. Darauf aufbauend wurden Erfahrungswerte in Bezug auf die Arbeitsverteilung abgefragt: „Wie haben Sie den Spagat zwischen den operativen Aufgaben und den Führungsaufgaben bewältigt?" oder „Wie ist die prozentuale Aufteilung zwischen Führungsaufgaben und operativen Aufgaben?". Diese Fragen zählten zu den Differenzierungen in diesem Bereich. Aus den gesamten Erfahrungen konnten individuelle Ratschläge („Was sind Ihre Tipps für eine neue Führungskraft?") an Neu-Führungskräfte weitergegeben werden. Ebenso konnten negative Erfahrungen zur Sprache kommen, die so eine neue Führungskraft vor einer eigenen negativen Erkenntnis warnen sollten. Aus diesen Erfahrungen wurden Vor- und Nachteile – genauer gesagt: Vorteile und mögliche Risiken – bezüglich eines Führungswechsels aus dem eigenen Team reflektiert, die ebenfalls Aufschluss zu einem erfolgreichen Übergang geben konnten.

Der letzte Teil bezog sich auf das Thema Beziehungen. Die zweite Teamdarstellung wurde hier mit hinzugezogen, die als Aufhänger für die entsprechenden Fragestellungen diente. Aufgegliedert wurde das Thema in drei Unterkategorien. Zum einen sollte die Beziehung zu den eigenen Mitarbeitern, den früheren Kollegen, sichtbar gemacht werden. Zum anderen bezog sich die Betrachtung auf den möglichen Beziehungswandel mit der eigenen Führungskraft. Die zentrale Fragestellung lautete dann: „Wie hat sich die Beziehung zu den Kollegen/Führungskraft verändert?". Als dritte Komponente wurde das eigene Selbstbild näher betrachtet. Alle drei Komponenten dienten zur ganzheitlichen Untersuchung des Beziehungswandels, die die Teamgestaltung vor und nach der Beförderung erkennbar machte.

Anders als bei einer quantitativen Forschung wurden die qualitativen Daten in einer holistisch, also alltäglichen, Umgebung (Feldforschung) gewonnen. Dies wurde sichergestellt, indem das Interview an einem für den Probanden gewohnten Ort durchgeführt wurde. War das vom Probanden nicht erwünscht, wurde er gebeten, einen für ihn passenden Ort vorzuschlagen. Die Vorgehensweise diente ebenfalls zur Wahrung des ethischen Standards in der empirischen Sozialforschung. Zwar wird einer qualitativen Forschung eine mangelnde Objektivität vorgeworfen, die eine nicht repräsentative Interpretation mit sich zieht (Saldern 1992, S. 378), dies kann jedoch durch die Validierung mit den dafür gültigen Gütekriterien überprüft und somit als nichtig erachtet werden (Flick 1995, S. 321). Eine qualitative Datenerhebung ist vor allem bei einer individuellen und ausführlichen Beschreibung geeignet (Lamnek 2005, S. 173). Genau diese individuellen Daten mussten in diesem Fall eingeholt werden, um auf die vorliegende Forschungsfrage eine begründete Antwort geben zu können.

9.3 Stichprobe

Es wurden verschiedene Kriterien zugrunde gelegt: Das erste Kriterium bezog sich auf die Beförderung innerhalb des Teams. Alle Probanden hatten den Wechsel vom Mitarbeiter zur Führungskraft durchlaufen. Die dadurch entstandenen Reaktionen der Mitarbeiter oder eine mögliche Beziehungsänderung zu den Mitarbeitern oder der Führungskraft konnten dabei herausgearbeitet werden. Des Weiteren musste es sich um den ersten Wechsel zur Führungskraft handeln. Erste Erfahrungen in einer früheren ähnlichen Anstellung sollten keinen Einfluss haben und im Nachgang das Ergebnis negativ beeinträchtigen. Ebenso könnten die jetzigen Erfahrungen in die Ergebnisdarstellung mit einfließen, um eine Antwort auf die Forschungsfrage geben zu können. Diese Erfahrungen sollten präsent und aktuell sein, sodass davon auszugehen ist, dass die Führungskraft immer noch im selben Team tätig ist. Selbstverständlich konnte in der Zwischenzeit ein Mitarbeiterwechsel stattgefunden haben. Wichtig war allerdings, dass die Führungskraft kein neues Team leitet, sondern im gleichen Team geblieben ist.

Die Studie bezog sich auf Führungskräfte, die in einem kleinen oder mittelständischen Unternehmen tätig sind (vgl. Abb. 9.1), was prinzipiell mit einer Bankenstruktur vergleichbar ist.

9.4   Instrumente

Die durch das leitfadengeführte, problemzentrierte Interview erhobenen Daten, die im ersten Schritt nur als Tonaufnahme bestanden, wurden transkribiert ausgewertet. Verhaltensmuster sollten anhand des aufgestellten Schlüssels (vgl. Abb. 9.2) erkannt werden.

9.5   Ergebnisse

Der Beförderung lag meist eine Beförderung/der Weggang des eigenen Vorgesetzten oder eine Neuschaffung der Stelle – also die Schaffung einer Zwischenebene – zugrunde. Im Allgemeinen kann gesagt werden, dass für die meisten Probanden der Übergang vom Mitarbeiter zur Führungskraft erst nach längerer Zeit erfolgte und eher mit kleinen Schwierigkeiten verbunden war, die im Einzelnen nochmals dargelegt werden. Prinzipiell hatten alle Probanden mit diversen Unannehmlichkeiten zu kämpfen, sodass kein Übergang ganz reibungslos verlaufen ist. Ebenso war es allen Probanden nicht möglich, komplett aus den operativen Aufgaben auszusteigen. In der Regel war es sogar so, dass Neu-Führungskräfte die operativen Tätigkeiten am Anfang weiterhin mit übernommen haben und sich nur langsam dem Alltagsgeschäft entziehen konnten. Dies bedeutet, dass alle Probanden von massiven Überstunden sprachen, die in der ersten Phase eine Belastung waren. Erst nach einer Übergangzeit konnten die operativen Tätigkeiten verteilt werden, sodass die Führungsaufgabe mehr an Bedeutung gewann. Die Vorbereitung auf die neue Stelle wurde von allen Probanden anders gestaltet. Generell hatte sich jede neue Führungskraft eigenständig auf die neue Rolle vorbereitet.

Diverse externe Unterstützungen waren bei allen Probanden gegeben. Allerdings unterschieden sich die Inhalte der Erzählungen von der eigenen Vorbereitung und der externen Unterstützung deutlich. Auf einen Erfahrungsaustausch, entweder im Team oder durch den eigenen Vorgesetzten, konnten alle Probanden zurückgreifen. Die vorher gestellten Erwartungen seitens des Unternehmens oder des Probanden wurden individuell beantwortet. Als Vorteil des Aufstiegs aus dem eigenen Team sahen alle Probanden das Wissen über die Charaktereigenschaften des Teams und die Kenntnisse der Arbeitsabläufe/Prozesse. Die Stärken, Schwächen und Charaktereigenschaften der Mitarbeiter sind bekannt, sodass für die Probanden hier keine Einarbeitung nötig war. Ebenso blieb die Einarbeitung in die Unternehmens- und Arbeitsstrukturen aus, sodass, wie sich bei der Arbeitsverteilung gezeigt hat, ein direktes Arbeiten möglich war. Letztendlich benötigten die Probanden lediglich eine Einarbeitung in die neuen Aufgaben einer Führungskraft. Auf dieser Grundlage können Aufgaben im Team besser verteilt werden und die Probanden können gezielter auf die jeweiligen Teammitglieder eingehen.

Allerdings können die vorher benannten Vorteile auch als Nachteile gesehen werden, da auch die Charaktereigenschaften der Neu-Führungskraft den Kollegen bekannt sind und es somit schwerer sein kann, ihre Akzeptanz zu erhalten. Umgekehrt sind auch der neuen Führungskraft die Charaktereigenschaften der Mitarbeiter bekannt und auch hier kann aufgrund der Vergangenheit eine Akzeptanz schwer sein. Ebenso kann eine einzelne Beförderung bei den Kollegen auch mit Neid oder Eifersucht verbunden sein, was eine Einarbeitung als Führungskraft deutlich erschwert.

Trotz aller Schwierigkeiten, die in den einzelnen Auswertungen noch deutlicher wurden, hat sich das Verhältnis zu den eigenen Mitarbeitern nicht bedeutend verschlechtert. Es gab individuelle Ausnahmen, aber in den meisten Fällen konnten sich beide Parteien im Laufe der Zeit mit der neuen Situation arrangieren und somit auch eine gegenseitige Akzeptanz aufbauen. Die Beziehung zur eigenen Führungskraft hat sich in der Regel aufgrund der gemeinsamen Arbeit intensiviert. Auch hier gab es keine negativen Auswirkungen, sodass pauschal von einer besseren und intensiveren Beziehung gesprochen werden kann. Auf die Frage der Erfahrungswerte, die die Probanden an eine neue Führungskraft weitergeben würden, waren viele unterschiedliche Ratschläge dabei. Verallgemeinernd wurde das Thema offene Kommunikation und externe Unterstützung von den Probanden als einer der wichtigsten Punkte angesprochen.

9.6   Deskriptive Ergebnisse

Der Schlüssel für einen erfolgreichen Übergang ist ausreichend Zeit. Dies beginnt schon bei der Vorbereitung auf die neue Stelle. Viele Probanden erzählten von einem schnellen Wechsel und wenig Vorbereitungszeit. Dabei ist die Vorbereitungszeit der elementare Bestandteil eines positiven Stellenwechsels. Einen Beitrag zur Beantwortung der Forschungsfrage liefert die Aussage der Annahmen:

- **1. Annahme:** Durch den Wechsel werden neue Kompetenzen, z. B. die Fähigkeit des Delegierens, entwickelt, die für die Anforderungen an eine Führungskraft gegeben sein sollten.
  Durch ausgewählte, gezielte Seminare soll der Neu-Führungskraft Handwerkszeug für die späteren Führungsaufgaben mitgegeben werden. Von dem Besuch allgemein gehaltener Seminare wie „Vom Mitarbeiter zur Führungskraft" ist abzuraten, welche als zu oberflächlich und zeitraubend angesehen wurden. Effektiver bewertet wurden individuelle Coachings, in denen der Proband auf seinem Stand abgeholt und weiter gefördert wird. Für eine Begleitung in der ersten Phase ist es ratsam, die Seminare nicht nur in der Zeit vor der Beförderung und in der Anfangszeit anzubieten, sondern auch im späteren Verlauf durch Schulungen und externen Input die persönlichen Fort- und Weiterbildungsmaßnahmen diesbezüglich zu unterstützen.
  Bei fast allen Probanden stellte das Delegieren eine Schwierigkeit dar. Auch diese Fähigkeit kann in einem dafür spezifischen Seminar oder einem Einzelcoaching geschult werden.

In der ersten Annahme wurde erörtert, dass sich Führungskompetenzen nach dem Wechsel entwickeln – diese Annahme kann als positiv betrachtet werden. Mitarbeiter starten mit der neuen Aufgabe einen Neuanfang. Es kann daher von den Vorgesetzten der Neu-Führungskraft nicht erwartet werden, dass die Führungsaufgaben zu Beginn genauso gut umgesetzt werden können wie die operativen Tätigkeiten. Der Mitarbeiter muss sich die Kompetenzen erst aufbauen. Zu den Hauptkompetenzen zählen vor allem kognitive, zwischenmenschliche, fachliche und strategische Fähigkeiten. Dafür benötigt er auch die Hilfe von erfahrenen Führungskräften. Wie von den meisten Probanden dargestellt, war die Unterstützung durch den Vorgesetzten oft nicht gegeben. Zwar ist der Kontakt in der Regel viel intensiver geworden, was aber im Widerspruch zu der Unterstützung steht. Schlussfolgernd findet zwar mehr Austausch statt, dieser ist dann jedoch nicht als Erfahrungsaustausch auf der Führungsebene, sondern eher als strategischer Input gedacht. Ersteres wäre jedoch sinnvoll, da eine neue Führungskraft von den erfahreneren Führungskräften profitieren könnte. Fehler könnten vermieden und wertvolle Tipps für wesentliche Situationen weitergegeben werden. Wie der Proband im zwölften Interview deutlich machte, sind ein Erfahrungsaustausch und ein Aufbau eines Netzwerkes unabdingbar. Gerade die Gespräche auf gleicher Ebene ermöglichen eine leichtere Einstellungsöffnung und Akzeptanz für Empfehlungen und Erfahrungen. Zeit und Raum für eine langsame, aber sichere Einarbeitung sind daher als wichtige Kriterien anzusehen.

- **2. Annahme:** Der Führungsstil wird nah am Mitarbeiter ausgelegt sein, was als vorteilhaft angesehen wird.

  Das Vorwissen über die eigenen Mitarbeiter und deren Charaktereigenschaften wurde durchweg als positiv bewertet. Des Weiteren ist auch das Wissen über die Arbeitsvorgänge nicht zu vernachlässigen. Zusammengefasst führt das Vorwissen zu einer Führung, die als mitarbeiternah beschrieben wird. Der dritte Punkt in der Kategorie bezieht sich auf das Selbstbild, welches größtenteils als unverändert beschrieben wurde. Probanden nehmen ihre Freizeit aufgrund der Arbeitsbelastung bewusster wahr und wurden mittels der Bewältigung der aufkommenden Schwierigkeiten selbstbewusster.

- **3. Annahme:** Die Rolle im Team wird sich verändern, was als große Umstellung wahrgenommen werden kann und die Beziehung zwischen Team und Mitarbeiter verändert.

  Neben der Beziehungsänderung zur eigenen Führungskraft bezieht sich die Veränderung auch auf die Umgestaltung der Beziehung zu den eigenen Mitarbeitern. Es wurde von allen Probanden bestätigt, dass sich die Beziehungen verändern. Es wurde klar, dass alle mit den neuen Rollen erst „warm werden" mussten. Aus theoretischer Sicht (Rollenkonflikte und Gruppenfindung) ist das als normal zu betrachten. Einige Probanden bezeichneten es so, dass sie auf einer anderen Stufe stehen – die vorherige Grundbeziehung blieb bestehen, nur das Rollenverständnis änderte sich.

  Was als negativer Punkt mehrmals zur Sprache kam, waren die fehlende Akzeptanz und der Neid anderer Mitarbeiter. Es kam öfter vor, dass sich Mitarbeiter selbst auf der Stelle gesehen hätten. Die ggf. anfänglichen Schwierigkeiten lösten sich mit der Zeit wieder oder wurden mittels Gesprächen geklärt, sodass nach einer Übergangsphase eine gute Beziehung zu den Mitarbeitern aufgebaut wurde. Konzipierte Teamentwicklungsmaßnahmen unterstützen in der Anfangsphase und darüber hinaus einen stabilen Teamaufbau, der durch unterschiedliche Settings, wie bspw. Seminaren oder arbeitsfernen Maßnahmen, ausgebaut werden konnte.

Interessanterweise waren die eigenen Erwartungen nur in zwei Ausnahmefällen an einen monetären Aspekt geknüpft. Dieser scheint im ersten Moment nicht von großer Relevanz zu sein. Viel wichtiger war die Erwartung einer klaren Aufgaben- und Zieldefinition, die allerdings nur in Ausnahmefällen vorab gegeben wurde. Vonseiten der Mitarbeiter und Führungskräfte bezogen sich die Erwartungen auf eine gegenseitige Unterstützung. Aus Sicht der Führungskraft bezieht es sich darauf, dass Verantwortung abgegeben werden kann. Mehr Unterstützung und Rückhalt wird von den Mitarbeitern gefordert.

- **4. Annahme:** Führungskräfte, die ein hohes Maß des Persönlichkeitsmerkmals Gewissenhaftigkeit mit sich bringen, finden sich schneller in der Rolle ein.

  Die Auswertung des Fragebogens hatte bei allen Probanden ein hohes Maß an Gewissenhaftigkeit ergeben. Dies konnte aus der durchweg positiven Beantwortung der Szenarien geschlossen werden. Lediglich bei der letzten Frage, die sich auf die Entscheidungsbeständigkeit bezog, war ein gemischtes Ergebnis festzustellen. Da fünf von sechs Szenarien im zustimmenden Bereich waren, ist hier von einem signifikanten Ergebnis zu sprechen. Keiner der Probanden äußerte sich darüber, nicht in der Rolle angekommen zu sein. Über die jeweilige Dauer des Ankommens liegen keine Ergebnisse vor. Zwar haben alle Probanden ein hohes Maß an Gewissenhaftigkeit, dies hat in diesem Zusammenhang aber keinen Einfluss auf die Dauer der Einarbeitung. Aufgrund der Unterschiedlichkeiten der Teamdarstellungen war eine generelle Interpretation schwer. Auffällig war die häufige Darstellung des Teams in Form eines Organigramms. Nur wenige Probanden zeichneten ihr Team in Kreisform oder linear auf. Bei allen Zeichnungen wurde die eigene Position nach der Beförderung über den Mitarbeitern gezeichnet. Meistens wurde die dortige Stelle mit einem Strich oder Pfeil gekennzeichnet, sodass der Positions- und Rollenwechsel deutlich gemacht wurde. Aufgrund der ähnlichen Aussagen der Probanden, jedoch der unterschiedlichen Darstellungsformen kann hierzu kein eindeutiger Bezug getroffen werden.

- **5. Annahme:** Alle Neu-Führungskräfte wurden auf die neuen Aufgaben vorbereitet und erhielten Unterstützung mittels eines persönlichen Austausches oder spezieller Seminare – ein sanfter Übergang wurde geschaffen und eine schnellere Identifikation ist damit gegeben.

  Zwar hatten alle Probanden verschiedene Unterstützungsmaßnahmen mittels Seminaren (wie in Annahme 1 beschrieben) und teilweise auch durch den Erfahrungsaustausch mit dem Vorgesetzten erhalten, aufgrund der fehlenden Zeit und den meist schnellen Wechseln kann aber in den meisten Fällen nicht von einem sanften Übergang gesprochen werden.

- **6. Annahme:** Das Aufgabengebiet änderte sich von operativen Tätigkeiten zu Führungsaufgaben.
Eine weitere Empfehlung liegt bei der Verteilung der Aufgaben. Bei allen Probanden kam zum operativen Aufgabengebiet der Führungsbereich dazu. Es wurde der vorherige Bereich entsprechend um den neuen Bereich ergänzt, was in der Folge mit vielen Überstunden verbunden war. Oftmals konnten die Probanden nicht allem gerecht werden, sodass die Anteile der Führungsaufgaben prozentual niedriger waren als die operativen Tätigkeiten. Für einen leichteren Übergang sollte das Aufgabengebiet im Vorfeld abgesteckt werden. Es ist daher empfehlenswert, die Aufgaben mit einem Zeitwert zu analysieren und mögliche Aufgabenpakete zu schnüren, die genug Platz und Raum für die Führungsaufgaben lassen. Nur so kann eine ganzheitliche Erfüllung aller Tätigkeiten gewährleistet werden.

Zusammengefasst kann die Forschungsfrage so beantwortet werden, dass sich alle am Prozess beteiligten Personen der Wichtigkeit einer strukturierten und langsamen Einarbeitung bewusst sein sollten. Spontane Beförderungen, bei dem die Mitarbeiter nicht auf die neue Stelle vorbereitet werden, sind oftmals mit einem schwierigeren Start verbunden. Es ist nicht automatisch so, dass ein fachlich guter Mitarbeiter auch automatisch eine gute Führungskraft ist. Die Abgrenzung vom Team und die Anpassung der Führungsrolle muss erst durchlaufen werden. Das geschieht nicht automatisch und auch nicht von heute auf morgen. Externe Unterstützungsmöglichkeiten, bspw. in Form von Coaching, und vor allem eine strukturierte Übergabe durch den Vorgesetzten helfen, in der Anfangsphase in der neuen Rolle anzukommen.

Ebenso bedarf es einer Gliederung der neuen Aufgaben, sodass die Führungskraft genug Zeit für die Mitarbeiterführung hat. Die Klärung von gegenseitigen Erwartungen ist ebenso essentiell, wie der permanente Rückhalt durch die nächst höhere Führungskraft. Das Teamgefühl, das durch einen Wechsel nicht mehr da sein kann, kann mittels einer Einführung durch den eigenen Vorgesetzten in neue Kreise kompensiert werden. Fehler müssen in einer positiven Kultur mit einem Lerneffekt verbunden sein, was zur Erfahrungssammlung beiträgt. Nur durch einen rundum bedachten Veränderungsprozess, der mit genug Zeit verbunden ist, kann eine Führungskraft ihre neue Rolle gut ausführen und die Aufgaben positiv erledigen. Letzten Endes bildet die Zufriedenheit aller Personen die Grundlage für mehr Arbeitsleistung. Ein individueller Einarbeitungsplan ist für einen Wechsel unabdingbar.

Zusammenfassend ließ sich aus den erzielten Ergebnissen eine Handlungsempfehlung erarbeiten. Wie schon beschrieben handelt es sich hier nicht um ein Patentrezept, welches sich auf jede neue Beförderung anwenden lässt. Die folgenden Handlungsempfehlungen beinhalten die in dieser Studie festgestellten Ergebnisse:

- Bereits bei der Suche von neuen Mitarbeitern sollte das Thema Führungskompetenz im Auswahlprozess berücksichtigt werden.
- Führungskompetenzen sollten bei einer möglichen neuen Führungskraft überprüft werden – fachliche Fähigkeiten deuten nicht unbedingt auf eine Führungskompetenz hin.

- Die neue Führungskraft sollte frühzeitig auf die neue Stelle mittels Unterstützung (Seminare/Coachings/Erfahrungsaustausch) vorbereiten werden.
- Das Team sollte frühzeitig und transparent über die neue Führung informiert werden.
- Erwartungen sollten von allen Seiten abgefragt und beleuchtet sowie regelmäßig ganzheitlich (360°-Feedback) überprüft werden.
- Für neue Tätigkeiten sollten frühzeitig Zeit und Raum eingeräumt werden. Operative Tätigkeiten sollten sukzessive verringert werden.
- Für den Change-Prozess sollte genug Zeit zur Umsetzung eingeräumt werden.

9.7   Diskussion

Aufgrund der Vielfältigkeit und der Aktualität wäre es empfehlenswert, weiter in der Thematik zu forschen. Ein Faktor, um das Blickfeld zu erweitern, ist die Hinzuziehung eines 360°-Feedbacks, welches mittels der Einbeziehung aller Beteiligten den Rundumblick schafft, der ebenfalls für die Auswertung und nachfolgende Handlungsweise von Interesse sein könnte (Berk 2009, S. 1073). Besonders die Mitarbeiterzufriedenheit, die auch Aufschluss über den Führungserfolg gibt, hätte durch die Hinzuziehung der Mitarbeiterebene erfragt werden können. Rückblickend wurde ebenfalls in der Auswertung deutlich, dass die Motivlage eines Wechsels nicht mit aufgenommen worden ist. Erfolgte der Wechsel aus der Situation heraus oder wollte der Proband überhaupt zukünftig Führungskraft werden oder geschah dies aus einer Verantwortlichkeit heraus? In weiterführenden Studien wäre es ratsam, die Beweggründe der Probanden zu hinterfragen.

Selbstverständlich sind ein Wechsel und eine Einarbeitung auch immer unternehmensabhängig. Mithilfe der ermittelten Faktoren – Zeit, angemessene Aufgabenverteilung und frühe und beständige Vorbereitung – kann auch eine unternehmensunabhängige Grundempfehlung gegeben werden. Das gesamte Wissen der Führungsarbeit und die abgeleiteten Ergebnisse können auch in anderen Bereichen eingesetzt werden. So können die Erkenntnisse bspw. in der psychologischen Handlungsdiagnostik oder der Führungspsychologie für die Auswahl und Förderung von Führungskräften genutzt werden.

Führungskräfte gibt es in jedem Unternehmen und sie haben die Aufgabe, ihre eigenen Mitarbeiter durch ihre Führungskompetenzen so zu leiten, dass sie gemeinsam zu den Unternehmenszielen beitragen. Dafür bedarf es nicht nur eines geeigneten Führungsstils, der sich je nach Unternehmen und Persönlichkeit des Kandidaten gestaltet, es bedarf auch des Einsatzes und der Entwicklung von Führungseigenschaften, die sowohl kognitive, zwischenmenschliche, fachliche, als auch strategische Fähigkeiten beinhalten sollten. Der Weg zu einer Führungstätigkeit ist auf zwei Weisen erreichbar: entweder durch eine Neueinstellung oder durch die Beförderung im Team. Die Übernahme der Führungsrolle im eigenen Team ist nicht immer einfach. Zum einen nimmt die Neu-Führungskraft eine neue Rolle ein, die mit neuen Anforderungen und einem neuen Aufgabengebiet verknüpft ist. Zum anderen ändert sich die Gruppenkonstellation. Ein individuelles Persönlichkeitsmerkmal, das für die Führungsstelle als unabdingbar gilt, ist ein hohes Maß an Gewissenhaftigkeit. Individuelle Motivatoren beeinflussen das Führungsverhalten ebenfalls.

In Zeiten, in denen der Führungskräftemangel schon durchschimmert, ist es auch in der Bankenbranche notwendig, genau zu überlegen, wie der Übergang zur Führungskraft reibungslos gestaltet werden kann, sodass Mitarbeiter gut in die Rolle begleitet werden und diesen Übergang gut meistern können. Insgesamt erscheint es überzeugend, diesen Übergang als Unternehmen in seiner Komplexität ernst zu nehmen und die notwendigen Unterstützungsleistungen zu gewähren.

Mittels einer qualitativen Studie, die durch eine Stichprobe mit zwölf Probanden durchgeführt wurde, wurden unterschiedliche Erfahrungswerte analysiert. Die insgesamt zwölf Probanden waren entweder in einem Kleinbetrieb oder im Mittelstand tätig, wurden aus dem eigenen Team zur Führungskraft befördert und sind dort immer noch tätig. Ebenso handelt es sich um die erste Führungsaufgabe.

Wie kann nun ein guter Übergang erfolgen? Die Forschungsfrage lässt sich in zwei übergeordnete Faktoren zusammenfassen: Zeit und Unterstützung. Laut Aussagen der Probanden erfolgte der Wechsel meist spontan und nicht gut vorbereitet. Dabei ist die Vorbereitung der elementare Teil der gesamten Beförderung. Nicht nur die Klärung der Erwartungen aller Beteiligten ist hierbei sinnvoll, auch eine strukturierte Übergabe durch den Vorgesetzten erleichtert die Übernahme der neuen Tätigkeit. Diese Übergabe konnte in der Studie nicht bestätigt werden.

Externe Unterstützungen erhielten die Probanden durch verschiedene Seminare, wie z. B. „Vom Mitarbeiter zur Führungskraft". Aufgrund der Generalisierung der Thematik kann dieses Seminar nicht empfohlen werden. Einen hilfreicheren Input erhalten neue Führungskräfte bspw. bei einem individuellen Coaching und durch interne Mentoring-Programme. Empfehlenswert ist ein Führungsprogramm, welches auf dem Wissen und den gruppendynamischen Prozessen der Führungskraft aufbaut.

Emotionale Faktoren sollten ebenso berücksichtigt werden wie der Bezug zur eigenen Praxis. Besonders der persönliche Kontakt wurde von den Probanden als positiv bewertet. Sachbezogene, rationale Gespräche sind dabei genauso wichtig wie die emotionale Bindung. Der Einsatz von kommunikationspsychologischen Modellen hilft bei der Führung von Mitarbeitergesprächen, die besonders in der Anfangsphase, aber auch später in der täglichen Arbeit, relevant sein werden. Das Wissen mittels des Transfermodells der sozialen Identität und der damit verbundenen Identifikation mit der Mitarbeitergruppe helfen ebenfalls, das Vertrauen zu den Mitarbeitern herzustellen. Bei der Aufgabenverteilung sprachen die Probanden von der zusätzlichen Übernahme der Führungsarbeiten. Die operativen Tätigkeiten wurden jedoch nur spärlich abgegeben, sodass bei allen Probanden Überstunden angefallen sind.

Durch die Studie wird ersichtlich, wie der Beförderungsprozess grundlegend verstanden und erweitert werden kann. Die begleitenden Annahmen, die in die Thematik der Führung, Beziehungen und Persönlichkeit und den Übergang vom Mitarbeiter zur Führungskraft gegliedert sind, konnten teilweise bestätigt werden.

Abschließend kann gesagt werden, dass es sich bei einer Beförderung und dem folgenden Wechsel vom Mitarbeiter zur Führungskraft um einen Veränderungsprozess handelt. Neue Tätigkeiten müssen erlernt, neue Rollen gefunden und das Team gebildet werden. Dafür sind Zeit und Unterstützung unabdingbar. Nur mittels einer guten Einarbeitung kann die Neu-Führungskraft die neuen Tätigkeiten gut aufnehmen und so das Team erfolgreich führen. Nur ein gut geführtes Team, in dem sich die Teammitglieder abgeholt und wohl fühlen, bringt auch mehr Leistung, was einen wesentlichen Teil zur Erreichung der Unternehmensziele beiträgt und letztendlich auch zum persönlichen Erfolg der Führungskraft führt. Langfristige und wiederkehrende Erfolge, die mit einer ganzheitlichen und sicheren Ausführung der Rolle einhergehen, führen zu einer Arbeitszufriedenheit und daraus resultierend auch zu einer Mitarbeiterbindung, was oberstes Ziel eines jeden Unternehmens sein sollte.

Literatur

Bales, R. F. (1950). *Interaction process analysis; A method for the study of small groups.* Cambridge: Mass Addison-Wesley.

Barrick, M. R., Mount, M. K., & Judge, T. A. (2001). Personality and performance at the beginning of the new millennium: What do we know and where do we go next? *International Journal of Selection and Assessment, 9,* 9–30.

Belbin, R. M. (1993). *Team roles at work.* Oxford: Butterworth-Heinemann.

Berk, R. (2009). Using the 360 multisource feedback model to evaluate teaching and professionalism. *Medical Teacher, 31*(12), 1073–1080.

Blessin, B., & Wick, A. (2013). *Führen und führen lassen. Ansätze, Ergebnisse und Kritik der Führungsforschung* (7. Aufl.). Konstanz: UTB.

Digman, J. M. (1990). Personality structure: Emergence of the five-factor model. *Annual Review of Psychology, 41,* 417–440.

Dweck, C. (2007). *Mindset – The new psychology of success.* New York: Ballantine Books.

Dweck, C. (2017). *Mindset – Updated edition: Changing the way you think to fulfil your potential.* New York: Ballantine Books.

Flick, U. (1995). *Qualitative Forschung. Theorie, Methoden, Anwendung in Psychologie und Sozialwissenschaften.* Reinbek: Rowohlt.

Griffin, M., Patterson, M., & West, M. (2001). Job satisfaction and teamwork. *Journal of Organisational Behaviour, 22,* 537–550.

Howard, P. J., & Howard, J. M. (2002). *Führen mit dem Big-Five Persönlichkeitsmodell. Das Instrument für optimale Zusammenarbeit.* Frankfurt a. M.: Campus.

Jacobs, T. O., & McGee, M. L. (2001). Competitive advantage: Conceptual imperatives for executives. In S. J. Zaccaro & R. J. Klimoski (Hrsg.), *The nature of organizational leadership* (S. 42–78). San Francisco: Jossey-Bass.

Judge, T., & Bono, J. (2000). Five-factor model of personality and transformational leadership. *Journal of Applied Psychology, 85*(5), 751–765.

Lamnek, S. (2005). *Qualitative Sozialforschung* (4., vollständig überarbeitete Aufl.). Weinheim: Beltz.

Linton, R. (1945). *The cultural background of personality.* New York: Appleton Century.

McCrae, R. R. (1992). The five-factor model: Issues and applications. *Journal of Personality, 60*(2), 175–215.

Mumford, T. V., Campion, M. A., & Morgeson, F. P. (2007). The leadership skills strataplex: Leadership skill requirements across organizational levels. *The Leadership Quarterly, 18,* 154–166.

Neuberger, O. (2002). *Führen und führen lassen* (6. Aufl.). Stuttgart: UTB.

Olfert, K. (2008). *Lexikon Personalwirtschaft* (1. Aufl.). Ludwigshafen am Rhein: Friedrich Kiehl.

Phillips, R. L., & Hunt, J. G. (1992). Strategic leadership: An introduction. In R. L. Phillips & J. G. Hunt (Hrsg.), *Strategic leadership: A multiorganizational-level perspective* (S. 3–13). Westport: Quorum Books.

Procter, S., & Currie, G. (2004). Target-based teamworking: Groups, work and interdependence in the UK civil service. *Human Relations, 57*(12), 1547–1572.

Robbins, S., & Judge, T. (2007). *Organizational behavior* (12. Aufl.). Englewood Cliffs: Prentice Hall.

Rosner, S. (2007). *Systemaufstellung als Aktionsforschung. Grundlagen und Anwendungsfelder.* München: Hampp.

Rost, F. (2012). *Lern- und Arbeitstechniken für das Studium.* Wiesbaden: Springer VS.

Salas, E., Sims, D., & Burke, C. (2005). Is there a 'big five' in teamwork? *Small Group Research, 36*(5), 555–599.

Tuckman, B., & Jensen, M. (1977). Stages of small group development revisited. *Group and Organizational Studies, 2,* 419–427.

van Dick, R., & Schuh, S. (2016). Führung von Gruppenprozessen: Identität und Identifikation bei den Mitarbeitern stiften. In R. van Dick & J. Felfe (Hrsg.), *Handbuch Mitarbeiterführung. Wirtschaftspsychologisches Praxiswissen für Fach- und Führungskräfte* (S. 41–52). Berlin: Springer.

van Dick, R., & West, M. (2005). *Teamwork, Teamdiagnose, Teamentwicklung – Praxis der Personalpsychologie.* Göttingen: Hogrefe.

van Dick, R., Hirst, G., Grojean, M., & Wieseke, J. (2007). Relationships between leader and follower organizational identification and implications for follower attitudes and behaviour. *Journal of Occupational & Organizational Psychology, 80,* 133–150.

von Saldern, M. (1992). Qualitative Forschung – Quantitative Forschung: Nekrolog auf einen Gegensatz. *Empirische Pädagogik, 6,* 377–399.

Witte, E. (1995). Effizienz der Führung. In A. Kieser, G. Reber, & R. Wunderer (Hrsg.), *Handwörterbuch der Führung* (S. 264–276). Stuttgart: Schäffer-Poeschel.

Zhao, H., & Seibert, S. E. (2006). The big five personality dimensions and entrepreneurial status: A meta-analytical review. *Journal of Applied Psychology, 91,* 259–271.

Dr. Sarah Kern ist Arbeits- und Organisationspsychologin mit den Schwerpunkten Kognition und Kommunikation. Als Beraterin für Personalentwicklung und Trainerin begeistert sie sich für Potenzialanalysen, nachhaltige Personalentwicklung und agiles Führen. Sie begleitet Führungskräfte gerne in der Rollenfindung und unterstützt Unternehmen dabei, ein positives Arbeitsklima aufzubauen und zu erhalten.

Carola Maier (M. Sc.) ist seit über fünf Jahren als Personalreferentin tätig. Bei der Arbeit im Personalbereich ist für sie Offenheit und Kommunikation essenziell. Sie legt großen Wert auf eine gute Eignungsdiagnostik und die darauf folgende Mitarbeiterentwicklung. Ihr Fachwissen konnte sie mit dem Master in Wirtschaftspsychologie (2019) vertiefen. Die sozialen Kenntnisse stärkte sie zuvor (2015) mit dem Bachelor in Pädagogik.

Teil IV
Technik

Wie deutsche Banken FinTechs und BigTechs Paroli bieten können

10

Ulrich Grothe und Thomas Barsch

Inhaltsverzeichnis

10.1	Einführung	164
10.2	Die FinTechs zeigen den klassischen Anbietern, wie man den Markt neu beleben kann	164
10.3	FinTech-Banken sorgen für noch mehr Dynamik	165
10.4	Was ist die Ursache für die mangelnde Kreativität der Etablierten?	166
10.5	Inside-out-Denken ist nicht mehr zeitgemäß	167
10.6	Die echte Bewährungsprobe: der Kampf gegen die BigTechs	167
10.7	Welche Schwächen haben die mächtigen Gegner?	170
10.8	Corona als schicksalsträchtiges Ereignis?	171
10.9	Ein Angriffsplan für die deutschen Banken, Sparkassen und Genossenschaftsbanken	173
10.10	Human Digital Banking statt Digital Banking	173
10.11	Vorhandene Werkzeuge der Digitalwirtschaft für das Human Digital Banking nutzen	174
10.12	Eine neue Form der Allfinanzberatung – die Zeit ist reif	174
10.13	Mit Kunden auf lange, gemeinsame digitale Reisen gehen	175
10.14	Transparenz ohne Kleingedrucktes	176
10.15	Kein Human Digital Banking für alle	176
10.16	Welches der deutschen Institute besitzt die besten Voraussetzungen?	177
Literatur		177

U. Grothe
Grothe Strategie GmbH, Waiblingen, Deutschland
E-Mail: ulrich.grothe@grothe-strategie.de

T. Barsch (✉)
pionierfabrik GmbH, Illingen, Deutschland
E-Mail: thomas.barsch@pionierfabrik.de

© Der/die Autor(en), exklusiv lizenziert durch Springer Fachmedien Wiesbaden GmbH, ein Teil von Springer Nature 2021
M. Seidel (Hrsg.), *Banking & Innovation 2020/2021,* FOM-Edition,
https://doi.org/10.1007/978-3-658-32427-8_10

10.1   Einführung

Über Jahrzehnte hinweg sind in Deutschland die Banken, Sparkassen und Genossenschaftsbanken einer Inside-out-Logik gefolgt. Die Branche hatte ihr eigenes Selbstverständnis und ihre Kundinnen und Kunden hatten sich an dieses anzupassen.

Mit dem Markteintritt von PayPal im Jahr 1998 begann ein neues Zeitalter. Die Ver-
wundbarkeit der klassischen Finanzwelt wurde offensichtlich. Seitdem hat eine Vielzahl von FinTechs mit kreativen Ansätzen nachgelegt. Inzwischen bedrängen BigTechs
wie Amazon, Facebook, Apple und Google die Finanzinstitute. Die deutschen Anbieter
haben all dem kaum etwas entgegenzusetzen. Sie erscheinen wie gelähmt.

Doch Covid-19 hat unsere Gesellschaft für immer verändert. Für Kunden ist der
persönliche Kontakt wieder wichtiger geworden. Gleichzeitig nutzen immer mehr
Menschen die digitalen Medien mit viel größerer Selbstverständlichkeit. Für die
deutschen Institute eröffnen sich daraus neue Möglichkeiten. Viel besser als alle anderen
Anbieter könnten sie persönlichen Austausch mit digitalen Technologien verbinden. Sie
können zu Wegbereitern eines Human Digital Bankings werden. Darüber hinaus können
sie so quirligen Neueinsteigern und den übermächtig erscheinenden US-amerikanischen
Internetgiganten Paroli bieten.

Wird es den klassischen Unternehmen tatsächlich gelingen, die Hoheit über ihre
Branche zurückzuerlangen? Dies hängt stark davon ab, wie sehr sie bereit sind, aus den
Fehlern der Vergangenheit zu lernen und nun entschlossen zu agieren. Die Sparkassen
und Genossenschaftsbanken könnten aufgrund ihrer großen Kundennähe am meisten
profitieren, müssten sich aber auch am stärksten wandeln. Die Welt des Bankings ist
spannender als jemals zuvor.

10.2   Die FinTechs zeigen den klassischen Anbietern, wie man den Markt neu beleben kann

Für Außenstehende ist es kaum nachvollziehbar, dass jegliche Innovationen im Finanzbereich von FinTechs ausgingen.

- CashCape und Ferratum: Bieten Echtzeit-Kredite als Alternative zum herkömmlichen
  Dispo.
- FinReach: Erlaubt es Kunden, in zehn Minuten ihr Konto zu einer anderen Bank zu
  übertragen.
- Gini: Erlaubt Überweisungen auf der Basis von Fotos.
- Monese: Smartphone-Bank mit nur einem Euro Abhebegebühr an allen Geldauto-
  maten.
- Revolut: Keine Gebühr für Auslandsüberweisungen, ca. 8 Mio. Nutzer.
- Transferwise: Günstige Auslandsüberweisungen, ca. 7 Mio. Nutzer.

- Vimpay: Verwaltet alle Konten eines Nutzers. Zudem können sich Kunden ihre Banking-Funktionen selbst zusammenstellen.
- Yunar: Verwaltet alle Kundenkarten und Bonusprogramme eines Kunden.
- WebID: Macht die Eröffnung neuer Konten kinderleicht.
- Zinspilot: Ermöglicht die einfache und schnelle Anlage von Tages- und Festgeldern im EU-Ausland.

Wie reagieren die deutschen Banken, Sparkassen und Genossenschaftsbanken auf diese Angriffe? Die Progressiven unter ihnen folgen dem Leitsatz „if you can't beat them, join them". Und so integrieren auch die klassischen Anbieter die Angebote der FinTechs.

Die Banken, die über Direktbanken als Tochtergesellschaften verfügen, sind hier am weitesten. So haben beispielsweise die BayernLB mit der Deutsche Kreditbank AG (DKB) und die Commerzbank mit comdirect schon früh FinTechs integriert. Die DKB hat mittlerweile zehn, Commerzbank und comdirect verfügen in Summe über rund 20 Kooperationen. Inzwischen kommen aber auch viele andere Banken auf eine stattliche Anzahl von Kooperationspartnern aus dem FinTech-Bereich (Marcus 2020). Die Beratungsgesellschaft PWC zählte im Oktober 2018 in Deutschland genau 562 Kooperationen von Banken mit Fintechs und 294 Kooperationen von Versicherern mit Fintechs (o. V. 2018).

10.3   FinTech-Banken sorgen für noch mehr Dynamik

Die Sutor Bank ist eine Plattform für FinTechs. Die Bank liefert den FinTechs alle Voraussetzungen, um ihre Leistungen anbieten zu können (Heinemann und Kannen 2020). Diese Allianz stellt die nächste Ebene des Angriffs dar.

N26 setzt das Benchmark beim Mobile Banking und Mobile Payment. Keine andere Internetbank ist so konsequent auf eine mobile Anwendung hin konzipiert worden. Man könnte meinen, Steve Jobs hätte persönlich mitentwickelt.

Aber auch beim Partnering ist N26 eigenständig unterwegs. Seit 2017 kooperieren N26 und auxmoney, also zwei FinTech-Riesen. auxmoney ist Marktführer im privaten Kreditwesen und N26 hat wie die Sutor Bank eine vollwertige Banklizenz. Die sich dadurch ergebenden Möglichkeiten sind interessant. Während bei den sonst üblichen Bank-FinTech-Kooperationen der eine von der Expertise des anderen profitiert, ziehen hier zwei erfolgreiche FinTechs an einem Strang. Durch die Kooperation von Kreditmarktplatz und Smartphone-Bank verschmelzen die Produktgrenzen und das Angebot wird für den Kunden noch vielfältiger und gleichzeitig einfacher (o. V. 2017b). Zudem will N26 für seine Kunden Mehrwert durch Rabattpartner sammeln. Nach dem E-Scooter-Anbieter Lime und der Steuer-App Taxfix kommt jetzt eine Booking.com-Kooperation. Die Auswahl der Partner passt zur Zielgruppe. Interessant ist auch, dass N26 schon frühzeitig den Abschluss von Versicherungen direkt in die Banking-App integriert hat (Fuchs 2019).

10.4   Was ist die Ursache für die mangelnde Kreativität der Etablierten?

Das Aufholen ist gar nicht so einfach. Geschäftspolitische Bedenken stehen schnellen Reaktionen ebenso im Wege wie eine technologische Infrastruktur, die nie für die neuen Aufgaben konzipiert wurde. Kein Wunder also, dass beispielsweise die vergleichsweise kleine N26 heute mit 2,3 Mrd. EUR bewertet wird (Heinemann und Kannen 2020). Damit erreicht sie rund ein Drittel des Börsenwertes der ungleich größeren Commerzbank.

Es ist kein Beispiel bekannt, wo sich die deutschen Privatbanken, Sparkassen und Genossenschaftsbanken in den letzten 20 Jahren als Vorreiter positioniert hätten. Die intellektuelle Führerschaft haben sie an andere abgegeben – und das in immer mehr Bereichen. So gab es nicht einmal ernstzunehmende Gegenwehr, als die Autohersteller mit eigenen Banken das attraktive Kfz-Finanzierungsgeschäft an sich gerissen haben.

Liegt es an der technologischen Kompetenz? Nein! Begnadete Köpfe mit dem erforderlichen technischen Background lassen sich über gute Headhunter und attraktive Gehälter akquirieren. Aber wir sprechen regelmäßig mit komplett frustrierten CTOs oder Ex-CTOs, welche die Konsequenzen gezogen haben. Sie dringen mit ihren Forderungen einfach nicht durch.

Liegt es an der Fähigkeit oder Bereitschaft zu investieren? Nein! Deutsche Banken haben in Fintechs und den Aufbau digitaler Schnellboote investiert und tun das immer noch. Aber mit allem, was sie bislang getan haben, sind sie dem Markt hinterhergeeilt und zu kurz gesprungen.

Die Etablierten verfügen über große Strategie-, Business Innovation- und Marketingabteilungen. Und sie engagieren die besten Berater der Welt. Aber auch deren Vorschläge verschwinden in den Schubladen. Allenfalls Ansätze zur Steigerung der Effizienz scheinen eine Chance auf Realisierung zu besitzen. Und wenn die Institute auf sich aufmerksam machen, dann durch Fusionen. Aber reduziert man das Risiko einer Schiffshavarie, indem man das Schiff größer macht?

Eigentlich muss man ja auch fragen, was die ganzen Analysten der Finanzinstitute so machen. Bezogen auf andere Unternehmen scheinen sie ganz genau zu wissen, wer wie gut aufgestellt ist, welches Geschäftsmodell gerade abhebt, wo die fähigsten Manager sitzen usw. Werden sie „weggesperrt"? Oder erachtet man sie in den Führungsetagen der Banken einfach nicht als ausreichend kompetent? Plausible Erklärungen für dieses Phänomen wären von großem Interesse.

Das System scheint stärker zu sein. Von wem stammt doch gleich der Ausspruch „Culture eats strategy for breakfast"? Ja, Peter Drucker (2002). Ob er 2002, als er diese Einsicht wohl zum ersten Mal teilte, auf die deutsche Finanzwelt geschaut hat?

10.5 Inside-out-Denken ist nicht mehr zeitgemäß

Über Jahrzehnte hinweg sind deutsche Banken, Sparkassen und Genossenschaftsbanken einer Inside-out-Logik gefolgt. Die Institute hatten eine extreme Marktmacht und daraus hat sich ein Selbstverständnis entwickelt, bei dem die Kundinnen und Kunden sich an das anzupassen haben, was die ‚Herrscher über das Geld' vorgeben. Diesem Inside-out-Denken steht das vom Kunden her kommende Outside-in-Denken gegenüber.

Das Problem mit dem Outside-in-Denken ist, dass es allzu oft im krassen Widerspruch zu bestehenden Prozessen, Strukturen, Gewinnerwartungen und dem Selbstverständnis steht. Wie abgehoben die klassische Bankenwelt war und immer noch ist, lässt sich am leichtesten anhand der Investmentbanker zeigen. Werteverständnis, Gebaren, Gehälter und Boni waren entkoppelt von jeglicher Realität und man hat immer noch den Eindruck, dass viele der Beteiligten die Kritik nicht verinnerlicht haben. Echte Einsicht kommt anders zum Ausdruck.

Georg Leber, ehemaliger Vorsitzender der IG Bau-Steine-Erden, kommentierte das Verhalten der etablierten deutschen Banken 1965 mit dem Satz: „Die deutschen Banken kommen mir vor wie ein alter Hund, der satt ist. Dem kann man ruhig einen fetten Knochen hinhalten, der knurrt nicht einmal." (Leber 1965). Daran hat sich wenig geändert. So fällt es anderen leicht, die Zukunft der Branche zu gestalten.

Einige Experten raten den deutschen Finanzinstituten, Aktivitäten, die mehr Momentum erfordern, als sie heute noch aufbringen können, und die außerhalb der ihnen kulturell zugänglichen Sphäre liegen, in Joint Ventures auszulagern. Das Paydirekt-Debakel zeigt allerdings, dass die Idee auch nicht trägt. Nur 45 der TOP-1000-Onlineshops in Deutschland bieten überhaupt den gemeinschaftlichen Zahlungsdienst der deutschen Kreditwirtschaft an. Und das obwohl irrsinnig hohe Investitionen in den Dienst geflossen sind (Heinemann und Kannen 2020). Inzwischen zeigt Paydirekt akute Auflösungserscheinungen. Wesentliche Mitglieder – darunter die ING Deutschland (vormals ING Diba), die HypoVereinsbank, die Targobank oder auch Santander – haben sich bereits verabschiedet (Plewinski 2020). Wen sollte das schlechte Plagiat auch interessieren?

10.6 Die echte Bewährungsprobe: der Kampf gegen die BigTechs

Die Büchse der Pandora ist geöffnet, wobei man wohl nur aus Sicht der klassischen Institute den Inhalt als ein „der Menschheit bis dahin unbekanntes Übel" sehen wird. Viele Kunden sind große Fans der FinTechs. Und die Verheißungen, die sie in den Markt getragen haben, lassen sich nicht mehr in die Büchse zurückdrängen. Für all diejenigen, die das nur schwer ertragen können, gibt es leider weitere schlechte Nachrichten. Die Büchse war bislang noch gar nicht richtig geöffnet. Die echten Angriffe beginnen erst.

Die BigTechs Apple, Google, Facebook und Amazon betreten die Bühne. Und sie wollen der Welt zeigen, dass Bill Gates' Aussage von 1994 „Banking is essential, banks are not" (Gates 1994) korrekt ist.

Scott Galloway, einer der intimsten Kenner der Internetwirtschaft, bezeichnet die vier Giganten als „The four Horsemen" und damit setzt er sie mit den vier Reitern der Apokalypse gleich. In seinem Bestseller „The Four: Die geheime DNA von Amazon, Apple, Facebook und Google" (Galloway 2017) zeigt er auf, welche Marktmacht die Unternehmen inzwischen besitzen und mit welchen Strategien sie Schritt um Schritt ganze Branchen aus den Angeln heben. Und eines ist klar belegbar: Die BigTechs haben sich die Bankenbranche vorgenommen. Das Gefährliche dabei ist, dass sie von unterschiedlichen Seiten angreifen und Waffen nutzen, die den etablierten Anbietern nicht geläufig sind oder gar nicht erst zur Verfügung stehen.

Eine intensivere Auseinandersetzung mit diesen Angreifern lohnt sich.

1. **Amazon** ist mit Sicherheit der stärkste Horseman. Viele Kunden wissen schon gar nicht mehr, wie sie ohne 24-h-Belieferung, Prime und Alexa auskommen sollen. Derzeit hat Amazon weltweit über 150 Mio. zahlende Prime-Abonnenten (o. V. 2020a). Der Kaufwunsch kommt zuerst. Und dann kommt die Frage „Kann ich mir das leisten?" Und wenn Amazon für diese Frage eine so elegante Lösung wie „1-click" anbietet, dann macht sich niemand mehr die Mühe, mit der Bank in Verbindung zu treten. Zudem bindet das Unternehmen über Amazon Pay Anbieter von Onlineshops ein, die gar nicht über Amazon verkaufen. Mit seinem Bezahldienst geht Amazon also schon weit über das eigene Publikum hinaus. Auch die Aktivitäten im Bereich infrastruktureller Dienste sind in unserem Kontext nicht ohne Bedeutung. So ist Amazon Web Services beispielsweise die Nummer 1 im Cloud-Computing. Das Potenzial des Unternehmens scheint unermesslich zu sein. Dies kommt auch in der Einstufung von Amazon als eines der wertvollsten Unternehmen der Welt zum Ausdruck (Costello und Goasduff 2019).

2. **Apple** versucht für die Apple-Fans auch Partner fürs Banking zu werden. Die unternehmenseigene Hardware schafft dafür die Voraussetzungen. Bezahlt wird über Apple Pay. Wichtig ist es aber, insbesondere das Apple Wallet weiter im Auge zu behalten. Vielen Apple-Nutzern ist es schon heute ein treuer Begleiter, da es digitale Tickets vorhält, den Zugang ins Hotelzimmer ermöglicht, Belohnung für Loyalität liefert etc. Nun wird die Apple-Kreditkarte in das Wallet integriert und auch bald in Deutschland verfügbar sein. Nutzt man sie, so bekommt man Zugang zu einem attraktiven Cashback-Programm. Dabei erhält man für getätigte Umsätze tatsächlich Geld zurück, das man gleich wieder ausgeben kann. Wer damit bei Apple oder ausgewählten Partnern wie zum Beispiel Uber einkauft, bekommt eine dreiprozentige Gutschrift (Geiger 2019).

3. **Facebook** hat im Sommer 2019 Libra vorgestellt. Dabei handelt sich um eine Krypto-währung, die Vorteile insbesondere bei internationalen Transaktionen und für die weltweit 1,3 Mrd. Menschen ohne eigenes Bankkonto verspricht (Marcus 2020). Facebook hat 2,5 Mrd. aktive Nutzer monatlich und damit eine mächtige Ausgangs-basis (o. V. 2019). Das Unternehmen hat zudem eine Allianz mit Spielern aufgebaut, die weitere Kompetenzen und Marktmacht einbringen. Zur Libra Association gehören unter anderem Shopify, Spotify und Uber (o. V. 2020c).
Auf die Bedenken von Regierungen und Notenbanken hat das Libra-Konsortium inzwischen reagiert. Die Pläne für Libra wurden geändert. Das in Genf ansässige Konsortium ist fest entschlossen, Libra im November 2020 einzuführen. Neben einer neuen Konzeption des digitalen Geldes sollen nun auch mehrere, an einzelne Währungen gekoppelte Varianten von Libra aufgelegt werden. „Würden die neuen Vorschläge in die Tat umgesetzt, könnten sich die Kräfteverhältnisse unter den Zahlungsdienstleistern in Europa massiv verschieben", sagte Andreas Krautscheid, Hauptgeschäftsführer vom Bundesverband deutscher Banken (BdB). Er fürchtet, dass Europa bei digitalen Zahlungssystemen noch weiter in Abhängigkeit von amerikanischen oder chinesischen Anbietern gerät (o. V. 2020c).

4. **Google** arbeitet zusammen mit der Citigroup und einer genossenschaftlichen Bank aus Stanford an einem Girokonto. Damit wagt sich Google in die klassische Banken-welt vor, denn im Gegensatz zum bereits etablierten Google Pay würde das neue sogenannte Google Cache ein Girokonto ersetzen (Bielawa 2019). Interessant ist auch, dass Google seit 2010 bereits Studien zum Thema ROPO-Studie für Bank-produkte in Deutschland (Research Online & Purchase Offline, inkl. Mobile) durch-führt. Diese Studien sind extrem detailliert und zeigen, wie intensiv sich Google mit bankingbezogenen Fragestellungen auseinandersetzt. Das Unternehmen hält sich noch bedeckt, aber die vielen Indizien legen nahe, dass einiges in Planung ist. Und Google wäre nicht Google, wenn nicht zum großen Wurf angesetzt würde (o. V. 2017a).

5. **PayPal** muss in unserem Kontext als ein fünfter Horseman in die Betrachtung mit aufgenommen werden. Das Unternehmen will zum kompletten Finanzdienstleister – vom Anfang bis zum Ende der Kundenerfahrung – auf globaler Ebene werden.
Mit iZettle im Mai 2018 und Hyperwallet im Juni 2018 wurden zwei Groß-Akquisitionen getätigt. iZettle ist ein schwedischer Mobile-Payment-Anbieter. Der Service von iZettle umfasst einen kleinen Chip-Kartenleser für Smartphones und Tablets sowie eine kostenlose App, die es jedem zu jeder Zeit und an jedem Ort ermöglicht, Kartenzahlungen anzunehmen. Hyperwallet bietet die weltweite Abwicklung von Zahlungen für große Unternehmen. Mit Simility erwarb PayPal einen Fraud- und Risk-Management-Lösungsanbieter. In 2019 folgte dann die Akquisition von MercadoLibre. Diese verschaffte dem Unternehmen eine feste Position in Lateinamerika. Außerdem ist PayPal das erste ausländische Unternehmen, das die Lizenz zum Betrieb einer Zahlungsplattform in China erhalten hat (o. V. 2020b).

Das Problem der Banken, Sparkassen und Genossenschaftsbanken ist, dass sie den Angriffen der BigTechs noch viel wehrloser ausgesetzt sind als den Angriffen der FinTechs. Die neuen Gegner haben funktionierende Geschäftsmodelle, an die sie Bank- und Finanzdienstleistungen anhängen. Diese Basis haben die klassischen Institute aus dem Finanzbereich nicht. Das riecht alles nach weiteren Rückzugsgefechten, die sich in weiteren Filialschließungen und weiteren Entlassungswellen, vielleicht auch in weiteren Fusionen manifestieren werden. Mit zunehmendem Bedeutungsverlust werden viele der klassischen Spieler in absehbarer Zeit nicht mehr als systemrelevant wahrgenommen werden. Dann werden im Ernstfall auch keine Schutzschirme mehr aufgespannt werden.

Heißt das, dass die klassischen Spieler sich eigentlich aus dem Geschäft geordnet verabschieden sollten? Wir denken: nein.

10.7   Welche Schwächen haben die mächtigen Gegner?

Haben die BigTechs überhaupt Schwächen? Paypal scheint, wenn man seine Akquisitionen betrachtet, zumindest derzeit den deutschen Markt nicht oben auf der Prioritätenliste zu haben. Dies ist nicht notwendigerweise eine Schwäche des Unternehmens. Aber dennoch könnte das zumindest temporär noch eine bestimmte Zeit eine gute Nachricht für die klassischen deutschen Institute sein.

Google steht in der Kritik, seine Marktmacht zu eigenen Gunsten zu missbrauchen (Galloway 2017). Immer wieder wird auch die Zerschlagung des Unternehmens gefordert. Ob es dazu kommt, ist eher unwahrscheinlich. Auch Amazon hat inzwischen eine Marktmacht, die Kartellhütern Sorgen macht. Google und Amazon sind inzwischen aber vielleicht auch zu mächtig, als dass sie Feinde wirklich noch zu fürchten haben. Eigenes Fehlverhalten ist unter Umständen der größte Feind der BigTechs.

Amazon macht sich durch die Behandlung von Mitarbeitern und Dienstleistern angreifbar. Bei Apple dürfte die größte Schwäche des Unternehmens sein derzeitiger Chef sein. Tim Cook kapitalisiert das Vermächtnis von Steve Jobs statt es weiterzuentwickeln. Die Fans von „think different" sind bitter enttäuscht und werden sich abwenden, sobald ein anderes Unternehmen den frei werdenden Platz glaubwürdig besetzt. Ein Abwandern der Opinion Leader könnte extrem schmerzhafte Auswirkungen haben. Das Manager Magazin titelte ein ganzes Heft mit Bezug auf Apple auch schon unter „Fallobst". Vielleicht war das im März 2019 vorschnell. Aber der Apfel ist definitiv überreif. Und auch die Geschäftspraktiken von Apple liefern genügend Diskussionsmaterial – sei es nun das Drosseln der Leistungsfähigkeit der iPhones, um angeblich Batterien und Hardware zu schützen, oder die Arbeitsbedingungen in den Fabriken der Auftragsfertiger (Froolyks 2020).

Auch bei Facebook stellt sich die Frage, ob sein CEO das Unternehmen nicht verwundbar macht. Man gewinnt nicht den Eindruck, dass Mark Zuckerberg aus den Skandalen um Cambridge Analytica und auch um den sonst laxen Umgang mit Kundendaten viel gelernt hätte. Der große Shitstorm gegen Facebook ist kein Szenario, das völlig aus der Welt ist.

Konkret auf das Banking bezogen, verfolgt Facebook zudem das Projekt, dass die größte Angriffsfläche besitzt und auch den größten Widerstand auf sich zieht. Die Währungshüter in vielen Ländern warnen vor Libra und vergleichbaren Konzepten. Selbst die breite Masse hat die Probleme der Cyber-Währungen erreicht. Die Volatilität der ersten Cyber-Währungen ist Legende. Dementsprechend dürfte es auch nicht einfach sein, Akzeptanz für Libra zu schaffen. Auch hat die Debatte um den hohen Energieverbrauch blockchain-basierter Ansätze gerade erst begonnen. Zudem ist die Stabilität der erforderlichen Konsortien ein Problempunkt. So hat sich Paypal beispielsweise wieder von Libra zurückgezogen. Das Unternehmen wollte offenbar eher den Markt beobachten und lernen, als wirklich mit in die Speichen greifen.

Die Luft wird dünner. Dass die wichtigsten BigTechs Banking-Dienstleistungen auf ihrer Wachstumsagenda haben, muss sehr ernst genommen werden. Trotz einzelner Schwächen werden sie aus ihren sehr unterschiedlichen Positionen heraus weiter in das angestammte Geschäft der deutschen Institute vordringen. Und eines lässt sich prognostizieren: Bei dem Gewicht, das jedes Einzelne der BigTechs hat, müssen die deutschen Institute Strategien finden, welche die Regeln des Spiels verändern.

10.8 Corona als schicksalsträchtiges Ereignis?

Der Zukunftsforscher Matthias Horx schrieb zu Beginn der Krise in einem viel beachteten Artikel (Horx 2020):

> „Ich werde derzeit oft gefragt, wann Corona denn ‚vorbei sein wird', und alles wieder zur Normalität zurückkehrt. Meine Antwort: Niemals. Es gibt historische Momente, in denen die Zukunft ihre Richtung ändert. Wir nennen sie Bifurkationen. Oder Tiefenkrisen. Diese Zeiten sind jetzt. Die Welt as we know it löst sich gerade auf. Aber dahinter fügt sich eine neue Welt zusammen, deren Formung wir zumindest erahnen können."

Wie wird diese neue Welt aussehen? Zum Zeitpunkt des Schreibens dieses Beitrages muss man noch spekulieren, aber folgende Formen bilden sich gerade heraus:

1. **Die Welt wird digitaler.** Schon vor der Krise haben jährlich mehr und mehr Menschen digitale Medien genutzt. Immer mehr Golden Ager kommunizieren mit größter Selbstverständlichkeit per Skype oder anderer VoIP-basierter Systeme online mit Kindern, Enkeln und Freunden in fernen Destinationen. Auch bei bildungsfernen Schichten sind digitale Anwendungen längst angekommen. Mit der massenhaften Verbreitung des Smartphones ist auch die Screentime jener Menschen drastisch gestiegen, die zuvor zu klassischen Computern nur begrenzt Zugang hatten. Die Krise hat aber auch dazu geführt, dass Mitglieder von Berufsgruppen, die zuvor

digitalen Angeboten oftmals kritisch gegenüberstanden, keine andere Wahl hatten, als digitale Medien zu nutzen. Lehrer, Ärzte, Beamte waren plötzlich gezwungen, ihre Leistungen zu digitalisieren. Mehr Menschen als jemals zuvor haben Zugang zu digitalen Medien und nutzen sie aktiv.

2. **Die (digitale) Welt wird persönlicher.** Die zunehmende Digitalisierung bleibt nicht ohne Konsequenzen. Social Distancing und der Zwang, digitale Angebote zu nutzen, haben das Bedürfnis nach persönlicher Nähe wieder vergrößert. Digitale Arztbesuche, digitale Behördensprechstunden, digitale Unterrichtsstunden, digitale Manager-meetings haben aber gezeigt, dass digital nicht immer gleichzeitig auch anonym bedeuten muss. Es wurde deutlich, dass entsprechende Angebote durchaus auch einen Ersatz für direkten persönlichen Kontakt darstellen können. Gerade in Anwendungs-fällen, in denen direkt persönlich zwar gewünscht wird, die physische Präsenz aber auch mit größerem Aufwand verbunden ist, etablieren sich die **persönlich digitalen** Ansätze.

Eine neue Form des Abwägens erfolgt: Ist das Meeting von Managern aus ver-schiedenen Regionen wirklich physisch notwendig oder macht es Sinn, Reisekosten, Reisezeit und CO_2-Emissionen einzusparen und auf digital persönliche Video-konferenzen umzustellen? Ist der Besuch eines Präsenzseminars wirklich die beste Lösung? Ist der Gang zur Behörde oder zum Arzt wirklich erforderlich? Längst nicht für alle, aber für mehr und mehr Anwendungen wird der digital persönliche Kompromiss inzwischen akzeptiert. Manchmal wird er sogar bevorzugt. Und es ist zu beobachten, dass die beschriebenen persönlich digitalen Anwendungen einen Bei-trag leisten, die wirklich wichtigen persönlichen Kontakte stärker zu pflegen. Sie ver-schaffen mehr Zeit für das Zusammensein mit Familie und Freunden.

3. **Die (digitale) Welt wird lokaler.** Ferne Bezugsquellen haben sich in der Krise als problematisch erwiesen. In der Krise hat sich auch gezeigt, dass Innenstädte ohne Gegenmaßnahmen aussterben. Menschen wurde bewusst, wie wichtig eine funktionierende Infrastruktur vor Ort ist. Und viele heimische Anbieter haben reagiert. Industriebetriebe denken über ihre Lagerhaltung und lokale Produktion nach. Und lokale Händler dehnen ihre Angebote in die digitale Sphäre aus. Sie machen ihre Leistungen digital abrufbar, nutzen die oben beschriebenen digital persön-lichen Ansätze und vereinfachen über neue Lieferservices das Abrufen der Angebote. Schön zu beobachten, dass das zunehmende Verständnis der negativen Auswirkungen anonymer Digitalisierung und die neuen Angebote die Bereitschaft bei Kunden erhöht haben, für lokale Angebote auch etwas tiefer in die Tasche zu greifen.

4. **Die (digitale) Welt wird sozialer.** Die Krise hat gezeigt, wie wichtig ein funktionierendes Gemeinwesen ist. Aufgrund eines gut funktionierenden Gemein-wesens konnte Deutschland Corona besser managen als viele andere Staaten. Es ist zu hoffen, dass die gemachten Erfahrungen weit in die Zukunft hinein Auswirkungen haben und die Unterstützung für Investitionen in eine entsprechende Infrastruktur und in die Menschen, die für ihr Funktionieren erforderlich sind, hoch bleibt.

10.9   Ein Angriffsplan für die deutschen Banken, Sparkassen und Genossenschaftsbanken

Was ergibt sich aus den durch die FinTechs hervorgerufenen Marktveränderungen, dem Eintritt der BigTechs und den Veränderungen aus der Corona-Krise nun für das End-kundengeschäft der deutschen Banken, Sparkassen und Genossenschaftsbanken? Wir sind der Überzeugung, dass sie die Verwerfung zu ihren Gunsten nutzen können.

Beginnen wir bei den durch die Krise verursachten Veränderungen. Die deutschen Institute könnten sich all die aufgezeigten Entwicklungen zu eigen machen und etwas anbieten, das wir als „Human Digital Banking" bezeichnen. Die Institute verfügen in ihren Filialen und Standorten über kompetente Mitarbeiter mit einer tiefen Verankerung in ihren jeweiligen räumlichen und sozialen Umfeldern. Könnten diese erfahrenen Mitarbeiter nicht Kunden sehr persönlich, aber eben über den digitalen Kanal als permanente Ansprechpartner zur Verfügung stehen? So würde für viele Menschen das Beste aus allen Welten zusammenkommen. Hierzu gilt es natürlich einiges auszuführen.

10.10   Human Digital Banking statt Digital Banking

Viele werden die These vertreten, dass die Institute ja schon auf bestem Wege sind, schließlich haben sie in den letzten Jahren und Jahrzehnten massiv in Digitalisierung investiert. Dem ist entgegenzuhalten, dass die Investitionen wohl in Digitalisierung geflossen sind, nicht aber in ein Human Digital Banking.

Beim Ausbau ihrer digitalen Angebote haben sich die klassischen deutschen Institute an den FinTechs und BigTechs orientiert. Man träumte davon, ebenfalls von den sagen-haften Effizienzsteigerungen profitieren zu können. Auch der Ausbau telefonischer Betreuung ist dem Vorbild großer Callcenter gefolgt.

Die Angebote der FinTechs und BigTechs sind zwar nutzerfreundlich und im besten Falle sogar individualisiert. Persönlich sind sie deshalb aber noch lange nicht. Die Tech-Firmen setzen alles daran, mit ihren Nutzern nie direkt von Person zu Person kommunizieren zu müssen. Jeder Anruf, jede Mail ist den Systemen, die auf maximale Effizienz ausgerichtet sind, ein Dorn im Auge. Anfragen müssen zwar beantwortet werden, bei manchen Anbietern sogar schnell, aber die Tech-Unternehmen setzen sich mit den Anfragen nur auseinander, um ihre Systeme für den nächsten vergleichbaren Fall rüsten zu können. Aus der gemachten Lernerfahrung werden noch effizientere, besser automatisierte Prozesse abgeleitet.

Die Tech-Firmen setzen also alles daran, wirklich persönliche Bindung entbehr-lich zu machen. Deshalb werden aber insbesondere komplexere, mehrstufige Anliegen auch weiterhin eher Hindernisläufen gleichen oder aus diesem Grunde erst gar nicht im Leistungsspektrum der Tech-Firmen auftauchen.

Indem sie den Tech-Firmen folgen wollten, haben sich die deutschen Institute in einen Kampf begeben, den sie nicht gewinnen können. Sie sind keine Tech-Unternehmen, denken nicht wie diese und verfügen nicht über deren finanziellen und technischen Voraussetzungen. Sie haben auch keine für Endkunden attraktiven Ökosysteme, die sie mit finanztechnischen Angeboten verknüpfen könnten. Vielmehr erwarten ihre Kunden von ihnen immer noch das, wofür die Institute einmal standen, lokale persönliche und umfassende Betreuung. Aber genau die wurde und wird geopfert. Und so verwundert es auch nicht, dass in vielen der Institute Streit über den Umfang und die Positionierung, Werte und die Geschwindigkeit der weiteren Digitalisierung herrscht. Mit dem Human Digital Banking lassen sich die losen Enden zusammenführen.

Wenn wir von einem Human Digital Banking sprechen, meinen wir dabei natürlich nicht, dass jede Aktivität und jede Transaktion in Abstimmung zwischen Berater und Kunde erfolgen. Die heutigen Kunden sind mündig genug, vieles autark zu erledigen. Aber zu wissen, dass bei grundlegenden Problemen, komplizierten Geschäften sowie beim Eingehen langfristiger Verbindlichkeiten die vertraute Unterstützung immer nur einen Klick entfernt ist, macht den Unterschied.

10.11 Vorhandene Werkzeuge der Digitalwirtschaft für das Human Digital Banking nutzen

Sollte der Berater nicht direkt verfügbar sein, so legt der Kunde den weiteren Prozess fest. Dazu hat er Zugriff auf den Kalender seines Beraters, sieht dort, wann er verfügbar ist, und reserviert einen Termin. Technisch ist das ‚kalter Kaffee'. Für diese Funktionalität gibt es Dutzende von Programmen am Markt.

Das Human Digital Banking kann durch weitere Werkzeuge unterstützt werden. Über Tools wie Teamviewer kann der Kunde dem Berater ggf. auch Zugriff auf seinen Bildschirm geben. Hier gibt es signifikante, sicherheitstechnische Herausforderungen zu meistern. Aber deren Lösung kommt man näher, wenn man an einer weiteren Stellschraube dreht: Die heute für Beratungen erforderlichen Protokolle lassen sich durch Mitschnitt des Gesprächs revisionsfest gestalten. Jede Maßnahme und jede Empfehlung eines Beraters kann, wenn erforderlich, nachvollzogen werden. Dies sichert Kunden weitaus besser ab als die Protokolle. Verbraucherschutzverbände weisen regelmäßig darauf hin, wie unzulänglich diese sind. Im Sinne eines Human Digital Bankings muss der Kunde eine maximale Absicherung haben.

10.12 Eine neue Form der Allfinanzberatung – die Zeit ist reif

Ein Kunde, der tatsächlich von einem Ansprechpartner seines Vertrauens begleitet wird, würde es unter Umständen auch schätzen, von diesem in Versicherungsfragen und anderen Fragen rund um die finanzielle und persönliche Absicherung betreut zu

werden. Die Zeit für das vielfach schon als gescheitert abgetane Konzept der Allfinanz-
beratung könnte jetzt gekommen sein. Von Kritikern muss ehrlicherweise auch anerkannt
werden, dass dieses Konzept bislang vollständig inside-out umgesetzt wurde. Die Fragestellung „Was könnten wir einem Kunden noch verkaufen, wenn wir ihn schon an der
Angel haben?" stand im Vordergrund. Genügend Geschichten aus dieser Zeit sind an
die Öffentlichkeit gekommen. Berater hatten klare Verkaufsvorgaben für bestimmte
Produkte. Und ihre Vergütung wurde danach bemessen, wie viele sie davon verkauft
haben. Der tatsächliche Bedarf der Kunden war von untergeordneter Bedeutung. Diese
Herangehensweise korrespondiert aber nicht mit der Logik des Human Digital Bankings.

Wie wäre es, wenn der persönliche Berater in eine Videokonferenz verschiedene
Anbieter für Versicherungsprodukte live mit einbindet. Im Auftrag der Kunden nimmt er
die Vertreter der Anbieter entsprechender Produkte ins Kreuzverhör, verweist auf Tests,
bringt die Erfahrungen anderer Kunden ins Spiel etc.

Aber es geht nicht nur um das mögliche Involvieren von Experten zu bestimmten
Fachbereichen und Angeboten in die virtuellen Zusammenkünfte. Konferenzen mit
mehreren Parteien sind auch ideal, wenn es beispielsweise um den Wunsch der schon
ziemlich betagten und in Finanzangelegenheiten kaum bewanderten Eltern z. B. in
Stuttgart geht, Geld anzulegen. Die z. B. in Hamburg lebende Tochter kann zum
Beratungsgespräch mit eingeladen werden. Eltern und Tochter wäre geholfen und die
Bank hätte sich über das Angebot substanziell profiliert.

10.13 Mit Kunden auf lange, gemeinsame digitale Reisen gehen

Schaut man heute moderne Tools für Webinare an (und wir sprechen hier nicht über
Tools, die im Wesentlichen Videokonferenzen ermöglichen), so ermöglichen es diese,
Kunden auf eine „Learning Journey" mitzunehmen. Notwendige Voraussetzungen für
das Erreichen eines Lernziels werden klar definiert. Die erforderlichen Schritte werden
in Abhängigkeit zueinander gesetzt. Unterschiedliche Coaches können eingebunden
werden. Termine werden langfristig geplant. Informationen werden „as needed" und in
toll aufbereiteten Formaten bereitgestellt. Sind Lernende noch nicht reif für den nächsten
Schritt, identifiziert das System dies. Banken haben jede Menge Lernpotenzial.

Finanzinstitute könnten ihre Kunden ebenso digital auf Reisen begleiten, insbesondere wenn es um langfristige Strategien zum Vermögensaufbau oder zur
Absicherung desselben geht. Alle Dokumente würden dann in ihrer Human-Digital-
Banking-Anwendung gespeichert, zu Stichtagen auf Wiedervorlage gelegt und Alerts
würden Berater und Kunde über nicht erwartete Veränderungen oder Änderungen von
Rahmenbedingungen, wie beispielsweise neue gesetzliche Vorgaben, informieren und
deren mögliche Implikationen auch gleich ausweisen.

Die vielfältigen Überlegungen könnten aus dem Human Digital Banking ein eigenständiges Ökosystem werden lassen, das noch stärkere Zentripetalkräfte als das von
Apple entfaltet.

10.14 Transparenz ohne Kleingedrucktes

Klar, dass in diesem Kontext auch neue Vergütungsmodelle gedacht werden können. Und das reicht bis zu Modellen, bei denen die Beratungskosten ausgewiesen und abgerechnet werden. Vielleicht ist auch hierfür die Zeit inzwischen reif. Sollten sich keine guten Lösungen finden lassen, ist weiterhin auch eine Finanzierung aus Provisionen möglich. Nur eines muss ein Human Digital Banking sein: transparent! Die Bankenwelt ist erst dann in der für sie neuen Form des Banking angelangt, wenn Transparenz nicht mehr als Schreckgespenst wahrgenommen wird. Sollte diese Barriere nicht überwunden werden, dann stehen die Banken sich selbst viel mehr im Wege als Facebook oder Apple sich selbst im Wege stehen. Das wollen wir aber nicht hoffen. Zu viel steht auf dem Spiel und zu groß sind die gerade jetzt gegebenen Chancen.

10.15 Kein Human Digital Banking für alle

Zum Schluss gilt es, auf zwei Kundengruppen einzugehen, die durch die Form des hier vorgeschlagenen Human Digital Bankings nicht abgeholt werden können.

Die eine Gruppe setzt sich aus Kunden zusammen, die Beratung in persönlicher Form nicht benötigen. Ihnen reichen die schlanken Angebote der Tech-Firmen aus und, solange sie entschlossen sind, sich aus verschiedensten Angeboten eigenständig das jeweils beste auszuwählen, ist diesen Kunden nicht beizukommen. Je breiter, transparenter und langfristig orientierter ein Human Digital Banking ist, umso größer dürfte aber seine Strahlkraft sein – gerade auch unter dem Einfluss der Corona-Krise.

Die andere Gruppe von Menschen setzt sich aus jenen Menschen zusammen, die trotz aller Veränderungen aus welchen Gründen auch immer digitale Anwendungen nicht nutzen können. Aber für sie ein klassisches Filialsystem aufrechtzuerhalten, welches mehr und mehr seine Berechtigungsgrundlage verliert, ist nicht sinnvoll. Mit dem in jedem Falle erfolgenden Schrumpfen der verbleibenden Zielgruppe wird es ohnehin noch weiter ausgedünnt werden. Rentnern in ländlichen Gemeinden ist aber schon heute nicht damit gedient, dass es in Städten noch Filialen gibt. Sinnvoll ist es vielmehr, parallel eine Auffanglösung zu schaffen.

Für die Menschen ohne Zugang zur digitalen Komponente des Human Digital Bankings muss ein anforderungsgerechtes Human Banking bereitgestellt werden. Entsprechende Ansätze gibt es ja. Spezialisierte Bankberater besuchen dann nicht die Vermögenden zu Hause, sondern die Menschen, die auf eine entsprechende Unterstützung angewiesen sind.

Eine solche Auffanglösung könnte auch von Banken im Verbund geschaffen werden. Und da es sich um eine gesellschaftsrelevante Infrastruktur handelt, könnte auch die öffentliche Hand bereit sein, sich zu beteiligen. Eine Abgabe für den Erhalt eines solchen Systems wäre zudem sinnvoll. So könnten auch die Tech-Firmen an den Kosten des Unterhalts eines solchen Systems beteiligt werden. Entsprechende Ansätze lassen sich mit abnehmender Nachfrage viel flexibler reduzieren. Und sie würden eine – nicht durch ständige Kompromisse überlagerte – konsequente strategische Ausrichtung der deutschen Institute ermöglichen.

10.16 Welches der deutschen Institute besitzt die besten Voraussetzungen?

Wir wünschen uns natürlich, dass dieser Beitrag inspiriert und mobilisiert. Aufgrund dieses Anliegens waren wir in diesem Kapitel bewusst inhaltlich und sprachlich provozierend. Wir glauben fest daran, dass die deutschen Institute von der historischen Zeitenwende profitieren und zu einem neuen starken Selbst finden können. Diese Chance darf nicht verpasst werden.

Die Sparkassen und Genossenschaftsbanken haben Marken, denen man „Human Digital Banking" trotz der inzwischen erfolgten Verwässerung immer noch abnimmt. Sie haben nach wie vor starke lokale Präsenz und definieren sich weniger über hoch angesetzte Renditeerwartungen. Sie sind weniger durch Exzesse und fragwürdige Geschäftspraktiken aufgefallen. Aufgrund ihrer Kleinteiligkeit und der Mitsprache vieler Beteiligter sind sie aber auch besonders langsam in ihren Entscheidungsprozessen.

Die Trägheit der Systeme könnte überwunden werden, wenn Geschäfte, die eher noch einer klassischen Logik folgen, zunächst noch in der alten Welt fortbestehen dürften. So steht das Firmenkundengeschäft unter Umständen noch unter weniger Anpassungsdruck als das Privatkundengeschäft. Veränderungsunwillige, konservative, aber dennoch kompetente Mitarbeiter und Entscheidungsträger könnten dort ihr Zuhause finden.

In der Schwäche der Sparkassen und Genossenschaftsbanken liegt eine Stärke der Privatbanken. Ihnen fehlen aber wie dargelegt wichtige Stärken. Genügend Raum für unterschiedliche Interpretationen des Human Digital Bankings müsste gegeben sein. Human Digital Banking könnte irgendwann sogar das Zeug zum Exportschlager haben. Die deutsche Form der Mitbestimmung, der dualen Ausbildung, der Gesundheits- und Altersvorsorge werden trotz aller Herausforderungen international bewundert. Vielleicht sind wir Deutschen ja auch gut darin, gesellschaftlich akzeptierte und deshalb gut funktionierende Systeme zu etablieren.

Literatur

Bielawa, H. (2019). Google will zur Bank werden. https://t3n.de/news/google-bank-1220830/. Zugegriffen: 27. Juni 2020.
Costello, K., & Goasduff, L. (2019). Gartner says worldwide IaaS public cloud services market grew 31.3% in 2018. https://www.gartner.com/en/newsroom/press-releases/2019-07-29-

gartner-says-worldwide-iaas-public-cloud-services-market-grew-31point3-percent-in-2018. Zugegriffen: 27. Juni 2020.

Drucker, P. (2002). Culture eats strategy for breakfast – And disruption for lunch. https://www. innolytics.de/culture-eats-strategy-for-breakfast/. Zugegriffen: 27. Juni 2020.

Froolyks, J. (2020). iPhone-Drosselung: Apple muss Betroffene entschädigen. https://www. androidpit.de/iphone-drosselung-apple-muss-betroffene-entschaedigen. Zugegriffen: 27. Juni 2020.

Fuchs, J. G. (2019). N26 kooperiert mit Booking: Schenkt euch die Rabattmarken-Mentalität. https://t3n.de/news/n26-kooperiert-booking-kooperationen-1203522/. Zugegriffen: 27. Juni 2020.

Galloway, S. (2017). *The Four: Die geheime DNA von Amazon, Apple, Facebook und Google.* Kulmbach: Plassen.

Gates, B. (1994). Banking is neccesary, banks are not. https://hernaes.com/2017/09/11/banking-is-necessary-banks-are-not. Zugegriffen: 27. Juni 2020.

Geiger, J. (2019). Apple Card bald auch in Deutschland? Das kann die iPhone-Kreditkarte. https://curved.de/tipps/apple-card-deutschland-das-kann-die-iphone-kreditkarte-664706. Zugegriffen: 27. Juni 2020.

Heinemann, G., & Kannen, K. (2020). Plattform werden oder sterben, FAZ Artikel vom 10. Februar 2020.

Horx, M. (2020). 48 – Die Welt nach Corona. https://www.horx.com/48-die-welt-nach-corona/. Zugegriffen: 27. Juni 2020.

Leber, G. (1965). Die Digitalstrategie der ING-Diba. https://www.computerwoche.de/a/die-digitalstrategie-der-ing-diba. Zugegriffen: 27. Juni 2020.

Marcus, D. (2020). Libra, 2 weeks in. https://www.facebook.com/notes/david-marcus/libra-2-weeks-in/10158616513819148/. Zugegriffen: 27. Juni 2020.

o. V. (2017a). CUSTOMER JOURNEY BANKING - ROPO-Studie für Bankprodukte in Deutschland (Research Online & Purchase Offline, inkl. Mobile), Management Summary. https://www.thinkwithgoogle.com/_qs/documents/4140/947c2_Studie_ROPO_Postbank_Google_GfK.pdf. Zugegriffen: 27. Juni 2020.

o. V. (2017b). Kooperation der FinTech-Riesen: Die Branche wandelt sich weiter. https://www.auxmoney.com/de/finanzpilot/auxmoney-n26-kooperation/. Zugegriffen: 27. Juni 2020.

o. V. (2018). PwS FinTech Kooperationsradar – Oktober 2018. https://www.pwc.de/de/finanz-dienstleistungen/pwc-fintech-kooperationsradar.pdf. Zugegriffen: 27 Juni 2020.

o. V. (2019). Facebook Statista Dossier. https://de.statista.com/statistik/studie/id/3180/dokument/facebook-statista-dossier. Zugegriffen: 27. Juni 2020

o. V. (2020a). Amazon hat weltweit 150 Millionen Prime-Mitglieder. https://t3n.de/news/amazon-hat-weltweit-150-millionen-1247966/. Zugegriffen: 27. Juni 2020.

o. V. (2020b). Die weltweiten Ambitionen von PayPal nehmen Gestalt an. https://www.onvista.de/news/die-weltweiten-ambitionen-von-paypal-nehmen-gestalt-an-316304331. Zugegriffen: 27. Juni 2020.

o. V. (2020c). The members. https://libra.org/en-US/association/?noredirect=en-US#the_members. Zugegriffen: 27. Juni 2020.

Plewinski, T. (2020). Deutsche Bank und Commerzbank erhöhen Anteile an Paydirekt. https://www.onlinehaendler-news.de/e-commerce-trends/payment/132229-deutsche-bank-commerzbank-erhoehen-anteile-paydirekt. Zugegriffen: 27. Juni 2020.

Ulrich Grothe ist Geschäftsführer der Grothe Strategie GmbH sowie Dozent an der St. Galler Business School und der Boston Business School. Als Berater und Coach unterstützt er Manager bei der Entwicklung neuer Geschäftsmodelle und Operating Models. Er ist Autor von "Rocking the Ship, Turning Managers into Business Model Mavericks" und unterstützt Start-ups als Business Angel. Die von ihm mitgegründete www.independent-collectors.com ist eine der weltweit führenden Plattformen für Sammler zeitgenössischer Kunst.

Thomas Barsch ist Dozent für Digital Marketing & Sales Excellence und Innovation an der FOM Hochschule sowie an weiteren Hochschulen. Außerdem ist er Geschäftsführer der pionier-fabrik GmbH, die sich mit der digitalen Transformation von B2B-Unternehmen hin zur digitalen Marketing & Sales Excellence beschäftigt. Er ist Autor des Buches „Stand der Digitalisierung im B2B-Neukundenvertrieb".

Mobiles Bezahlen in Deutschland

Temporärer Trend oder Zukunftstrend?

Jörg A. Macht

Inhaltsverzeichnis

11.1	Einführung	182
11.2	Definitorische Grundlagen	182
	11.2.1 Definition mobiles Bezahlen	182
	11.2.2 Abgrenzung vom mobilen Bezahlen zum elektronischen Bezahlen	183
	11.2.3 Abgrenzung vom mobilen Bezahlen zum Mobile Banking	184
11.3	Zentrale Voraussetzungen für mobiles Bezahlen	184
11.4	Bezahltechnologien	184
	11.4.1 Near Field Communication	185
	11.4.2 QR-Code	185
	11.4.3 Weitere Verfahren	186
11.5	Temporärer Trend oder Zukunftstrend?	186
11.6	Chancen durch mobiles Bezahlen für Kreditinstitute	189
	11.6.1 In-App-Käufe und Affiliate-Marketing	189
	11.6.2 Kundendaten auswerten	190
	11.6.3 Kundenbindung	190
	11.6.4 Kosten reduzieren	191
11.7	Zusammenfassung	191
Literatur		192

J. A. Macht (✉)
Germaco AG, Rommerskirchen, Deutschland
E-Mail: macht@germaco.ag

© Der/die Autor(en), exklusiv lizenziert durch Springer Fachmedien Wiesbaden GmbH,
ein Teil von Springer Nature 2021
M. Seidel (Hrsg.), *Banking & Innovation 2020/2021,* FOM-Edition,
https://doi.org/10.1007/978-3-658-32427-8_11

11.1   Einführung

Der Zahlungsprozess der Menschen hat im Verlauf der Geschichte viele Entwicklungen hinter sich: von einfachen Tauschgeschäften über Perlen und Muscheln bis hin zu den ersten Münzen. Die Entwicklung von Münzprägeanstalten und Gelddruckern stellte bereits eine Revolution dar. Das Bargeld bekam irgendwann Konkurrenz von bargeld-losen Varianten wie den EC- und Kreditkarten. Durch die Digitalisierung und die rasende Verbreitung und Weiterentwicklung des Internets kommt es erneut zu einer Revolution der Zahlungsprozesse.

Den Deutschen wird nachgesagt, dass sie eine Bargeldnation sind und auch das Zahlen mit der klassischen EC-Karte oder einer Kreditkarte ist seit Jahren Alltag in Deutschland. Das bargeldlose Bezahlen an den physischen Kassen bestand jahrelang nur aus Kartenzahlung. Doch durch die Digitalisierung besitzt inzwischen fast jeder Mensch in Deutschland ein internetfähiges Smartphone und somit ein Medium mit großem Potenzial für den Finanzsektor. Die 18- bis 69-Jährigen nutzen durchschnittlich 144 min pro Tag ihr Smartphone. Die Nutzungsdauer der 18- bis 29-Jährigen liegt gar bei 242,5 min pro Tag (vgl. Statista 2015). Das Smartphone ist zum täglichen Begleiter geworden. Daher verwundert es nicht, dass verschiedene Methoden entwickelt wurden, um Smartphones als Zahlungsmedium zu nutzen. Der vorliegende Beitrag beschäftigt sich zum einen mit den definitorischen und technischen Grundlagen und zum anderen wird betrachtet, welchen Mehrwert das Smartphone als Zahlungsmedium für Kredit-institute hat bzw. welche Chancen sich durch das mobile Bezahlen für Banken eröffnen. Denn die sinkende Kundenloyalität sowie das niedrige Zinsniveau zwingt diese dazu, bei neuen Trends mitzugehen. Welche Vorteile bestehen für Banken und welche Voraus-setzungen sollte die neue Technologie des mobilen Bezahlens mit sich bringen?

11.2   Definitorische Grundlagen

Um eine Wissensgrundlage zu schaffen, werden im Folgenden Definitionen und Abgrenzung verschiedener Begriffe formuliert. Einige Begriffe weisen Über-schneidungen in verschiedenen Bereichen auf und sind daher genauer zu unterscheiden.

11.2.1 Definition mobiles Bezahlen

Der Begriff „mobiles Bezahlen" („Mobile Payment", auch „mPayment") existiert in der Literatur in verschiedenen Varianten, welche grundsätzlich eine gemeinsame Schnitt-menge aufweisen. Jacob und Wirmer (vgl. 2013, S. 60 ff.) definieren als Mobile Payment alle elektronischen Zahlvorgänge, welche mithilfe eines mobilen Endgerätes durch-geführt werden. Diniz et al. (2011, S. 5) und Gartner Inc. (o. J.) beschreiben dies ähnlich. Ginner (2018, S. 65 ff.) zeigt die Vielfalt von verschiedenen Definitionen in diesem Bereich auf und analysiert die gemeinsamen Nenner der unterschiedlichen Definitionen. Der Großteil von ihnen weist folgende Determinanten auf (vgl. ebd., S. 69):

- monetäre Transaktionen,
- involvierte Transaktionsparteien,
- Anbahnung, Durchführung und Abschluss der Transaktion,
- mobiles Endgerät,
- Zahlungszweck.

Aus diesen Determinanten ergibt sich folgende Definition für das mobile Bezahlen:

▶ **Mobiles Bezahlen** Als mobiles Bezahlen wird die Anbahnung, Durchführung und der Abschluss einer monetären Transaktion, zwischen den beteiligten Transaktionsparteien, mithilfe eines mobilen Endgerätes verstanden.

Durch die starke Verbreitung und Alltagstauglichkeit sind es in der Regel Smartphones, welche als mobiles Endgerät dienen. Zudem ist es möglich, das mobile Bezahlen sowohl am Point of Sale (POS) als auch im Internet zu nutzen. Es wird demnach zwischen einer Zahlung vor Ort und aus der Distanz unterschieden. Die Möglichkeit, Zahlungen mit dem Smartphone unabhängig vom Standort auszuführen, bietet somit einen zusätzlichen Vorteil des mobilen Bezahlens gegenüber Bargeld und EC-Karten.

11.2.2 Abgrenzung vom mobilen Bezahlen zum elektronischen Bezahlen

Die technischen Grundlagen von Mobile Payment und Mobile Banking sind gleich. Der entscheidende Unterschied ist, dass beim Mobile Payment ein bestimmtes mobiles Endgerät, wie beispielsweise ein Smartphone, für die Transaktion verwendet wird. Zumeist wird dieses Endgerät genutzt, um direkt am POS zu zahlen. Somit kann Kunde oder Kundin eine App auf dem Smartphone öffnen und mit dieser durch Vorhalten den Bezahlvorgang kontaktlos durchführen. Das Electronic Payment hingegen ist ein allgemeiner gefasster Begriff. Hierbei handelt es sich um das Bezahlen im Internet allgemein (vgl. Meier und Stormer 2012, S. 182), beispielsweise über Anbieter wie PayPal. Das Smartphone oder der Laptop/Computer sind hierbei das Eingabegerät. Beim Bezahlen ist der Kunde jedoch nicht auf ein bestimmtes Gerät festgelegt. Wichtig ist nur, dass er mit dem Internet verbunden ist.

11.2.3 Abgrenzung vom mobilen Bezahlen zum Mobile Banking

Beim Mobile Payment steht, wie der Begriff bereits sagt, das Bezahlen im Vordergrund. Das Endgerät wird, in der Regel mit einer entsprechenden Applikation (App), zum Bezahlen von Produkten und Dienstleistungen verwendet. Das Mobile Banking wiederum setzt keinen direkten Zahlvorgang voraus. Hiermit ist gemeint, dass mithilfe eines mobilen Gerätes und einer entsprechenden App verschiedene Bankgeschäfte, unabhängig von Ort und Zeit, abgewickelt werden können (vgl. Hastenteufel o. J.). Dies reicht vom Einsehen des Kontostandes bis hin zum Einrichten von Daueraufträgen und Durchführen von Überweisungen. Auch weitere Funktionen wie die Kontaktaufnahme mit den Ansprechpartnerinnen und Ansprechpartnern der Bank oder das Auffinden von Produktinformationen ist mit diesen Apps in der Regel möglich.

11.3   Zentrale Voraussetzungen für mobiles Bezahlen

Damit sich das mobile Bezahlen durchsetzen kann, müssen gewisse Voraussetzungen hinsichtlich verschiedener Bereiche gegeben sein. Zudem ist es wichtig, dass das mobile Bezahlen hinreichend Vorteile gegenüber etablierten Zahlungsvorgängen bietet. Folgende Voraussetzungen müssen gegeben sein (vgl. Ginner 2018, S. 72; vgl. Vizzarri und Vatalaro 2014, S. 2):

- Es ist wichtig, dass das Verfahren *effizient und benutzerfreundlich* ist. Ohne ein hohes Maß dieser Eigenschaften werden die Kunden die Technik nicht nutzen.
- Mobiles Bezahlen muss *ubiquitär* sein. Das bedeutet, dass es keine Einschränkungen in Art und Höhe der Transaktionen geben darf.
- *Hohe Kompatibilität* zwischen verschiedenen Technologien, um eine Interaktion von unterschiedlichen Systemen zu ermöglichen.
- Die *Sicherheit der Daten* muss gewährleistet sein.
- Die *Kosten* dürfen nicht höher sein als bei klassischen Zahlungsverfahren.
- Die *Geschwindigkeit* des Bezahlvorgangs muss mindestens so schnell sein wie bei klassischen Zahlungsverfahren.
- Eine *globale Nutzbarkeit* sollte gewährleistet sein, das bedeutet über regionale und globale Grenzen hinaus.

11.4   Bezahltechnologien

In den Jahren der Entwicklung des mobilen Bezahlens haben sich verschiedene Zahlungsmethoden herausgebildet, welche auf unterschiedlichen technischen Grundlagen basieren. Die bekanntesten Ausprägungen sind die Near Field Communication und die Verwendung eines QR-Codes. Andere Varianten wie beispielsweise das TAN-Verfahren haben sich bei dem Bezahlen am POS nicht durchgesetzt und werden daher in diesem Beitrag vernachlässigt. Daher werden die technischen Ausprägungen der beiden Erstgenannten im Folgenden kurz in ihren Grundlagen erläutert.

11.4.1 Near Field Communication

Die „Near Field Communication" („Nahfeldkommunikation" oder „NFC") ist eine Technologie für das kontaktlose Bezahlen an Kassenterminals. Diese basiert auf der Radiofrequenz-Identifikation („RFID"). Hierbei werden per Funk Informationen zwischen zwei Geräten ausgetauscht, welche mit einer NFC-Technologie ausgestattet sind. Zur Datenübertragung müssen die beiden Geräte, ähnlich wie beim kontaktlosen Bezahlen mit EC-Karten, aneinandergehalten werden. Der maximale Abstand beträgt ca. 20 cm.

Des Weiteren ist zwischen einem aktiven und einem passiven Modus zu unterscheiden. Um Übertragung von Informationen zu ermöglichen, muss mindestens ein Gerät im aktiven Modus sein. Durch das aktive Gerät wird ein elektromagnetisches Feld aufgebaut und das passive Gerät generiert daraus Energie. Daraufhin kann die Datenübertragung stattfinden. In den vergangenen Jahren hat der Großteil der Kreditinstitute ihre EC-Karten mit einem NFC-Chip ausgestattet, um so das kontaktlose Bezahlen am POS zu ermöglichen. Diese sind in der Regel passive Geräte. Darüber hinaus besitzen alle gängigen Smartphones diese Technologie. Außerdem wird keine Internetverbindung benötigt. Die große Verbreitung von Smartphones kombiniert mit den technischen Voraussetzungen bildet die Basis für das mobile Bezahlen (vgl. Marouane et al. 2017, S. 292).

11.4.2 QR-Code

Für den QR-Code („Quick Response Code") ist die Grundlage ein optisches Signal. In Form eines Barcodes werden Informationen zwischen den Transaktionspartnern ausgetauscht. Dieser – in der Regel schwarz-weiße – Barcode enthält die Zahlungsinformationen der Transaktion. Dieser wird von einer Kamera oder einem Scanner ausgelesen und anschließend von einer Software entschlüsselt. Hierbei ist zwischen zwei Varianten zu unterscheiden (vgl. Lerner 2013, S. 47).

Zum einen existiert die Möglichkeit, dass der Händler den QR-Code generiert. Der Kunde scannt den Code mithilfe seiner Kamera und eine App entschlüsselt die Daten der Transaktion. Anschließend kann der Kunde die Zahlung freigeben. Zum anderen ist es möglich, dass der Kunde den QR-Code generiert. Daraufhin scannt der Händler den Code manuell mit dem üblichen Kassenscanner oder der Kunde kann sein Smartphone selbstständig scannen. Dieses Prinzip findet beispielsweise im Supermarkt bei dem Anbieter Payback Pay Anwendung (vgl. Göbel 2017, S. 150).

Die QR-Code-Methode bietet für den Händler den Vorteil, dass die Einrichtung kostengünstiger ist. Jedoch wird hierbei, im Gegensatz zum NFC-Verfahren, eine Internetverbindung benötigt (vgl. Abrolat 2015, S. 375). Ein großer Nachteil im Vergleich mit NFC-Geräten und den klassischen EC-Karten ist neben der Notwendigkeit einer Internetverbindung der Bezahlablauf. Der QR-Code erfordert wesentlich mehr Schritte. Nach dem Öffnen der App muss die Bezahlfunktion ausgewählt werden, daraufhin wird die Bezahlform an der Kasse gewählt, der QR-Code gescannt und der Pin eingegeben und bestätigt. Bei den beiden anderen Verfahren genügt es, Bankkarte bzw. Smartphone vor das Gerät zu halten und den Pin-Code einzugeben (vgl. Bleyh und Feser 2015, S. 380 f.). Das Bezahlen mittels QR-Codes ist insbesondere in China weit verbreitet. Der Messangerdienst WeChat bietet die Bezahlfunktion WeChat Pay. Aufgrund der hohen Nutzerzahlen dieser App wird dort dieses Bezahlverfahren primär genutzt. In Deutschland hingegen sind NFC-Verfahren häufiger anzutreffen.

11.4.3 Weitere Verfahren

Neben den zuvor erläuterten Verfahren existieren verschiedene Alternativen, welche weniger verbreitet sind. Dies ist zum einen das PIN/TAN-Verfahren. Hierbei wird eine ID auf eine Smartphone-App gesendet. Diese wird daraufhin in der Kasse eingegeben. Hierdurch wird die Zahlung freigegeben. Bei diesem Verfahren ist ebenfalls eine Onlineverbindung notwendig und die Kasse muss die entsprechende Funktion unterstützen (vgl. Abrolat 2015, S. 375).

Des Weiteren existiert das Bluetooth-Low-Energy(BLE)-Verfahren. Hierbei wird das Smartphone im Geschäft erkannt. Die Bewegung des Kunden wird dadurch analysiert und es können je nach Standort im Laden entsprechende Angebote angezeigt werden (vgl. Göbel 2017, S. 150 f.). Die BLE-Technologie verbraucht weniger Energie als das klassische Bluetooth, hat jedoch eine geringere Reichweite. Des Weiteren müssen die entsprechenden technischen Voraussetzungen im Geschäft vorhanden sein. Dieses Verfahren kann nur als Nische bezeichnet werden (vgl. Abrolat 2015, S. 375).

11.5   Temporärer Trend oder Zukunftstrend?

Der Startschuss für das mobile Bezahlen wurde in den vergangenen Jahren des Öfteren gegeben, doch zeigt Abb. 11.1, dass Bargeld noch immer das meistgenutzte Zahlungsmittel im deutschen Einzelhandel ist. Diese Abbildung zeigt jedoch auch, dass die Nutzung von Bargeld sinkt. Während im Jahr 2006 noch 62,4 % aller Transaktionen im deutschen Einzelhandel mit Bargeld erfolgten, sank dieser Wert kontinuierlich. Im Jahr 2018 waren nur noch 48,3 % der Käufe betroffen (vgl. Statista 2020).

Im Jahr 2019 wurde bei einer Umfrage unter den 18- bis 64-Jährigen erfragt, in welchen Situationen sie gerne mit ihrem Smartphone bezahlen würden. Bei dieser

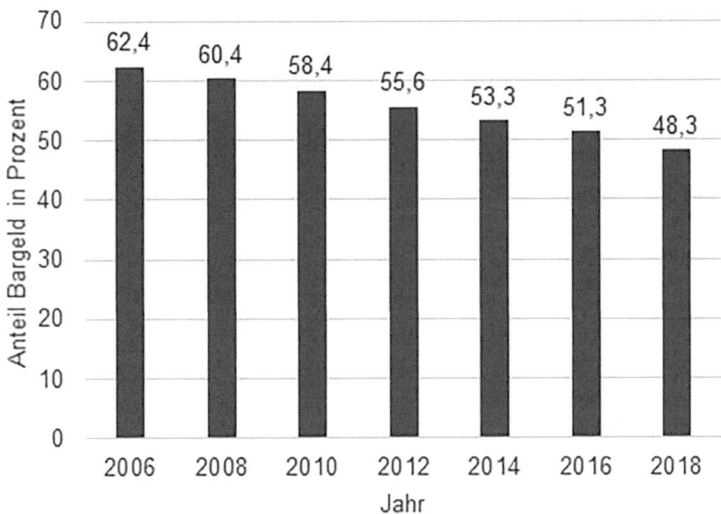

Abb. 11.1 Anteil von Bargeld im Einzelhandel in Deutschland in den Jahren 2006 bis 2018. (Quelle: in Anlehnung an Statista 2020)

Umfrage gaben 15 % an, dass sie gerne immer mit dem Smartphone zahlen möchten. Allerdings gaben gleichzeitig 43 % an, dass sie das nie möchten (vgl. Statista 2019a). Dennoch ist festzustellen, dass der Wunsch nach modernen Zahlverfahren steigt. Dies zeigen auch die Prognosen des Mobile Payment für die kommenden Jahre in Abb. 11.2. Während das Transaktionsvolumen 2019 noch bei 888 Mio. EUR lag, wird ein jährlich steigendes Volumen prognostiziert. Im Jahr 2023 liegt dieses voraussichtlich bei 3035 Mio. EUR. Ähnlich sind die Voraussagen für die Anzahl der Nutzer des mobilen Bezahlens. Wie Abb. 11.3 zeigt, lag die Anzahl der Nutzer im Jahr 2019 bei 2,1 Mio. und es wird von einer Steigerung auf 3,2 Mio. ausgegangen (vgl. Statista 2019c).

Insbesondere die jüngeren Personen in Deutschland zählen zu den Nutzern dieses Bezahlverfahrens. 75 % der Nutzer waren 2019 zwischen 18 und 44 Jahre alt (vgl. Statista 2019c). Auch diese Fakten sprechen dafür, dass das mobile Bezahlen zum einen an Relevanz gewinnt und zum anderen auch für die jüngeren und zukünftigen Generationen von großer Bedeutung ist. Kreditinstitute sollten ihre Kundenansprachen dementsprechend auf diese Zielgruppen anpassen. Interessant ist darüber hinaus das Verhältnis von Männern und Frauen hinsichtlich des mobilen Bezahlens. Im Jahr 2019 waren 71,9 % der Nutzer männlich und lediglich 28,1 % weiblich (vgl. Statista 2019c). Auch hier besteht für Banken die Möglichkeit, ihre Marketingansätze anzupassen. Die Nutzermenge an Frauen ist groß und birgt Potenzial für zukünftige Kundenansprachen.

Die Statistiken der letzten und die Prognosen der zukünftigen Jahre lassen darauf schließen, dass mobiles Bezahlen ein immer wichtigerer Faktor für den POS, die Kunden und somit auch für die Kreditinstitute wird. Die Akzeptanz des mobilen Endgeräts als Zahlungsmedium nimmt zu und bietet für Banken verschiedene spannende Ansatzpunkte. Welche Chancen das mobile Bezahlen für Banken bietet, wird im Folgenden erläutert.

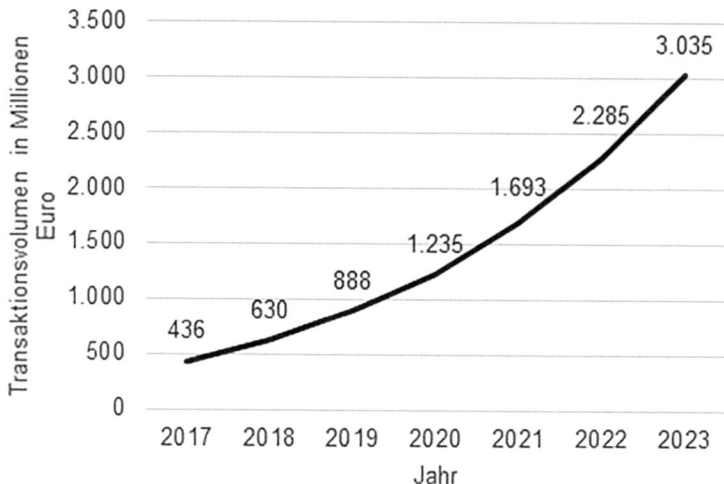

Abb. 11.2 Transaktionsvolumen des mobilen Bezahlens am POS in Millionen Euro von 2017 bis 2023. (Quelle: in Anlehnung an Statista 2019c)

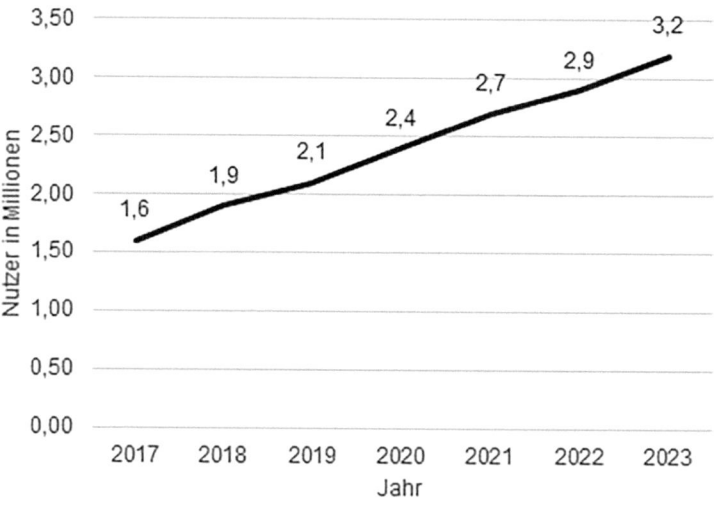

Abb. 11.3 Nutzer des mobilen Bezahlens in Deutschland in Millionen von 2017 bis 2023. (Quelle: in Anlehnung an Statista 2019c)

11.6   Chancen durch mobiles Bezahlen für Kreditinstitute

Da sowohl die technischen Voraussetzungen als auch das Zukunftspotenzial hinsichtlich der Nachfrage bei den Kundinnen und Kunden für das mobile Bezahlen gegeben sind, stellt sich nun die Frage, worin die Vorteile für die Kreditinstitute liegen. Verschiedene Chancen werden im Folgenden kurz erläutert.

11.6.1 In-App-Käufe und Affiliate-Marketing

Die Großzahl der Applikationen in den App-Stores macht es bereits vor. Die entsprechende App kann kostenlos heruntergeladen werden und in ihren Basisfunktionen auch kostenlos genutzt werden. Möchte der Nutzer nun weitere Funktionen freischalten, kann er In-App-Käufe durch sogenannte Mikrotransaktionen durchführen. In-App-Käufe bedeuten, dass innerhalb der App die Möglichkeit besteht, diese kostenpflichtig zu erweitern. Der Begriff Mikrotransaktionen beschreibt dabei die Höhe der Zahlung, welche in der Regel sehr gering ausfällt.

Dieses Potenzial wird zu diesem Zeitpunkt nicht von Banken genutzt. Standardmäßig bieten Kreditinstitute ein kleines Portfolio an Kontomodellen für ihre Kunden an. Das wird häufig als Chance für die Kunden kommuniziert, ein für sie passendes Kontomodell zu wählen. Diese augenscheinliche Flexibilität entpuppt sich jedoch meist als starres System. Mit Hilfe von mobilen Endgeräten haben Kreditinstitute die Möglichkeit, tatsächlich flexible Kontomodelle anzubieten. Denkbar ist z. B., dass es neben der Basis-App, welche im Girokonto inbegriffen ist, weitere Funktionen gibt. So könnten Standardfunktionen, wie das Abrufen der Kontobewegungen und das Überweisen, ergänzt werden durch spezifischere Dienste, wie das Verwalten des Depots oder das Hinzufügen von Kundenkonten anderer Banken. Dies hat den Vorteil, dass das Kreditinstitut Informationen über externe Konten des Kunden erhält. Die Bank schafft somit einen Mehrwert für den Kunden und gleichzeitig können Informationen abgerufen und für die weitere Kundenansprache genutzt werden.

Auch eine Verknüpfung mit Kooperationspartnern durch sogenanntes Affiliate-Marketing ist denkbar. Hierbei bietet ein Händler (Merchant) einem oder mehreren Kooperationspartnern (Affiliates) eine Erfolgsprovision an (vgl. Kollmann o. J.). Nutzt der Kunde die Banking-App zum Bezahlen bei Anbieter XY, erhält dieser einen Rabatt. Das Kreditinstitut bekommt hierfür eine entsprechende Vergütung. Hierdurch entsteht ein Mehrwert für den Kunden und für das Kreditinstitut zugleich. Auf ähnliche Weise ist dies auch mit Rabattaktionen möglich. Schließt ein Kunde beispielsweise eine Versicherung bei einem Kooperationspartner ab, bekommt der Kunde eine entsprechende Vergünstigung.

Das Affiliate-Marketing hat sich besonders in den sozialen Netzwerken etabliert. Insbesondere momentan in Zeiten niedriger Zinsen haben die Banken die Aufgabe, über den Tellerrand hinauszublicken, um so alternative Umsätze zu generieren. Die bestehenden

Prozesse und der vorhandene Kundenstamm bieten optimale Voraussetzungen für die Kreditinstitute, ihre Reichweite zu nutzen, um eine große Anzahl an Personen zu erreichen.

11.6.2 Kundendaten auswerten

Facebook, Instagram und andere Unternehmen machen bereits vor, wie aus Kundendaten Erträge generiert werden können. Dabei ist der Ansatz nicht nur, wie beim Affiliate-Marketing, das Unterbreiten von Angeboten, um Provisionen zu erhalten, sondern es kann auch lediglich darum gehen, einen größeren Mehrwert für die Kunden zu schaffen, um die Kontoführungsgebühren zu rechtfertigen (vgl. Schreiber und Kirchner 2015). Des Weiteren können die entsprechenden Kundendaten, wie in Abschn. 11.6.1 beschrieben, genutzt werden, um spezifischere Kundenansprachen zu ermöglichen. Diese können zum einen von Bankberatern direkt erfolgen. Zum anderen können für den Kunden, durch Logarithmen im Hintergrund, automatisiert konkrete Angebote erstellt und somit eine höhere Penetration generiert werden.

11.6.3 Kundenbindung

Die zuvor genannte Möglichkeit, noch enger mit Kooperationspartnern zusammenzu-arbeiten, bietet neben den möglichen Mehreinnahmen zudem die Chance, die eigenen Kunden zu binden bzw. neue Kunden zu gewinnen. Wichtig ist es hierbei, einen Mehr-wert für den Kunden zu schaffen, welchen im Optimalfall kein anderes Kreditinstitut bietet. Kooperationen mit großen Partnerunternehmen sind hierfür gut geeignet.

Zudem ist es wichtig, dass dem Kunden ein angenehmes Kauferlebnis ermöglicht wird (vgl. Ginner 2018, S. 101). Daher kann eine Verknüpfung des mobilen Zahlens mit weiteren Banking-Optionen ein entscheidender Vorteil sein. Von der Sparkasse bei-spielsweise existiert eine große Anzahl an Apps im App-Store. Wird z. B. die App „Mobiles Bezahlen" betrachtet, ist schnell zu erkennen, dass diese nicht mehr Optionen bietet als das Hinzufügen von Karten und das Bezahlen mit diesen. Möchte der Nutzer das Onlinebanking nutzen, benötigt er eine gesonderte App und für das Freischalten der TAN-Nummern zum Überweisen ist eine weitere App notwendig. Insgesamt sind im App-Store sieben unterschiedliche Applikationen der Sparkasse zu finden. Diese weisen jeweils unterschiedliche Funktionen auf. Um das Banking- und Shoppingerleb-nis so angenehm wie möglich zu gestalten, erscheint es daher sinnvoll, möglichst viele Funktionen in einer App zu verbinden. Wenn Kreditinstitute die ganzheitliche Beratung anpreisen, dann sollte das in der heutigen Zeit auch für das mobile Bankgeschäft gelten.

11.6.4 Kosten reduzieren

Ein weiterer Vorteil liegt in der Reduzierung von Kosten. Das sind z. B. Kosten für Geld-transporte, Sicherheitstechnik zum Diebstahlschutz und Schutz vor Fälschungen (vgl. Letzgus 2017, S. 69). Laut einer Studie der Steinbeis-Hochschule aus dem Jahr 2013 beliefen sich die Kosten des Bargeldsystems in Deutschland auf über acht Milliarden Euro (vgl. Steinbeis-Hochschule 2013, S. 5). Zudem könnten Banken auf lange Sicht kleinere Gebäude beziehen. Tresore könnten in einigen Jahren der Vergangenheit angehören. Ähnliches gilt für die Anzahl an Bankfilialen. Es findet bereits jetzt ein starker Abbau von Bankfilialen statt, da sich ein großer Teil des Geschäfts in das Internet verschiebt. Während es im Jahr 2007 noch 42.110 Bankfilialen in Deutschland gab, sank die Zahl bis 2017 auf 31.949, Tendenz weiterhin fallend (vgl. Statista 2019b). Sinkt die Nachfrage an Bargeld, so sinkt auch die Nachfrage an Geldautomaten. Somit sind lang-fristig große Mietaufwände reduzierbar. Zudem ist es denkbar, dass hierdurch langfristig Personalkosten gespart werden können. Zurzeit ist Deutschland weit entfernt davon, eine bargeldlose Nation zu sein. Doch die möglichen Vorteile hinsichtlich des Kostenfaktors für Banken sind enorm.

11.7 Zusammenfassung

Der Konkurrenzdruck für Banken und Sparkassen, welche in der Vergangenheit haupt-sächlich im stationären Bankgeschäft tätig waren, ist durch Internetbanken und andere Finanzanbieter im Internet enorm. Damit bestehende Kundinnen und Kunden gebunden und neue akquiriert werden können, ist es notwendig, dass diese Kreditinstitute die technischen Trends nicht verpassen. Zwar wird ein Großteil der Transaktionen in Deutschland noch mit Bargeld abgewickelt, doch das mobile Bezahlen gewinnt an Bedeutung. Durch die Verbreitung von Smartphones und des NFC-Verfahrens existieren nun die technischen Voraussetzungen, dies umzusetzen. Zudem bietet das mobile Bezahlen einige Vorteile für Kreditinstitute. Neben der Erhöhung der Kunden-bindung und der Kostenreduktion ergeben sich hierdurch neue Möglichkeiten, Umsatz zu generieren. Durch die dauerhaft niedrigen Zinsen haben Banken eine deutlich niedrigere Marge als noch in der Vergangenheit und sind daher auf neue Einnahme-quellen angewiesen. In-App-Käufe und Affiliate-Marketing können neue Ansätze sein, diese Umsatzlücke zu schließen. Kreditinstitute sollten daher in diese Technologie investieren und ihre jetzige Marktmacht nutzen. Denn es ist noch immer so, dass Banken und Sparkassen die ersten Ansprechpartner bezüglich Finanzfragen sind und eine große Kompetenz ausstrahlen. Dieser Wettbewerbsvorteil droht zu schwinden, wenn die Kreditinstitute nicht handeln und auf die Kunden zugehen.

192

Literatur

Abrolat, J. (2015). Zukunft des Bezahlens: Mobile Technologien im Handel. In C. Linnhoff-Popien, M. Zaddach, & A. Grahl (Hrsg.), *Marktplätze im Umbruch. Digitale Strategien für Service im Mobilen Internet* (S. 369–378). Berlin: Springer Vieweg.

Bleyh, M., & Feser, C. (2015). Zukunft des Bezahlens – Mobile Payment. In C. Linnhoff-Popien, M. Zaddach, & A. Grahl (Hrsg.), *Marktplätze im Umbruch. Digitale Strategien für Services im Mobilen Internet* (S. 379–388). Berlin: Springer Vieweg.

Diniz, E. H., de Albuquerque, J. P., & Cernev, A. K. (2011). Mobile money and payment: A literature review based on academic and practitioner-oriented publications (2001–2011). In *Proceedings of SIG Global Development Fourth Annual Workshop*, S. 1–27.

Gartner Inc. (o. J.). Mobile payment. https://www.gartner.com/en/information-technology/glossary/mobile-payment. Zugegriffen: 27. März 2020.

Ginner, M. (2018). *Akzeptanz von digitalen Zahlungsdienstleistungen.* Wiesbaden: Springer Gabler.

Göbel, C. A. (2017). Wesentliche Standards und Technologien im mobilen Zahlungsverkehr. In L. Hierl (Hrsg.), *Mobile Payment. Grundlage – Strategien – Praxis* (S. 143–154). Wiesbaden: Springer Gabler.

Hastenteufel, J. (o. J.). Mobilebanking. https://www.gabler-banklexikon.de/definition/mobile-banking-70553. Zugegriffen: 27. März 2020.

Jacob, S., & Wirmer, L. (2013). Das europäische Mobile-Payment-Ökosystem. *Die Bank, 3,* 60–63.

Kollmann, T. (o. J.). Affiliate. https://wirtschaftslexikon.gabler.de/definition/affiliate-53520. Zugegriffen: 27. März 2020.

Lerner, T. (2013). *Mobile Payment Technologien, Strategien, Trends und Fallstudien.* Wiesbaden: Springer Vieweg + Teubner.

Letzgus, O. (2017). Mobile Payment und Bargeld – Ergänzung oder Verdrängung? In L. Hierl (Hrsg.), *Mobile Payment Grundlage – Strategien – Praxis* (S. 67–76). Wiesbaden: Springer Gabler.

Marouane, C., Ebert, A., & Rott, B. (2017). Trends und Chancen beim mobilen Einkaufen. In C. Linnhoff-Popien, M. Zaddach, & A. Grahl (Hrsg.), *Marktplätze im Umbruch. Digitale Strategien für Service im Mobilen Internet* (S. 289–298). Berlin: Springer Vieweg.

Meier, A., & Stormer, H. (2012). *eBusiness & eCommerce. Management der digitalen Wertschöpfungskette* (3. Aufl.). Berlin: Springer Gabler.

Schreiber, M., & Kirchner, C. (2015). Banken planen Datenanwendungen. Was Google und Facebook können, wollen jetzt auch Deutschlands Banken schaffen: Die Daten ihrer Kunden zu Geld machen. https://www.capital.de/wirtschaft-politik/deutsche-banken-planen-daten-anwendungen-4118. Zugegriffen: 30. März 2020.

Statista. (2015). Durchschnittliche tägliche Nutzungsdauer von Smartphones in Deutschland im Jahr 2015 nach Altersgruppen. https://de.statista.com/statistik/daten/studie/714974/umfrage/taegliche-nutzungsdauer-von-smartphones-in-deutschland/. Zugegriffen: 20. März 2020.

Statista. (2019a). In welcher Situation würden Sie gerne mit Ihrem Smartphone (ohne Debit- oder Kreditkarte und ohne Bargeld) bezahlen können? https://de.statista.com/prognosen/999892/umfrage-in-deutschland-zu-situationen-fuer-mobiles-bezahlen. Zugegriffen: 27. März 2020.

Statista. (2019b). Das Sterben der Bankfilialen. https://de.statista.com/infografik/14350/anzahl-der-kreditinstitute-und-bankfilialen-in-deutschland/. Zugegriffen: 30. Jan. 2020.

Statista. (2019c). Mobile POS payments. https://de.statista.com/outlook/331/137/mobile-pos-payments/deutschland#market-revenue. Zugegriffen: 27. März 2020.

Statista. (2020). Anteil von Zahlungsarten im Einzelhandel in Deutschland in den Jahren 2005 bis 2018. https://de.statista.com/statistik/daten/studie/162179/umfrage/zahlungsarten-im-deutschen-einzelhandel-zeitreihe/. Zugegriffen: 27. März 2020.

Steinbeis-Hochschule Berlin. (2013). Cost of Cash. Status Quo und Entwicklungsperspektiven in Deutschland. https://www.steinbeis-research.de/images/pdf-documents/CFP_Cost_Of_Cash_Studie_Steinbeis_Deutsch.pdf. Zugegriffen: 27. März 2020.

Vizzarri, A., & Vatalaro, F. (2014). M-payment system: Technologies and business models. *Euro Med Telco Conference EMTC*, S. 1–6.

Jörg A. Macht beteiligt sich im Rahmen seiner aktuellen beruflichen Tätigkeit als Vorstandvorsitzender der Germaco AG mit seiner Aktiengesellschaft an Unternehmen und berät diese in den Bereichen Financial Strategy und Corporate Planning. Neben der Tätigkeit als Vorstandsvorsitzender promoviert Jörg A. Macht an einer Universität in London und unterrichtet unter anderem an der FOM Hochschule für Oekonomie & Management in Köln sowie an weiteren Hochschulen und Trainingsinstituten in Deutschland und China. Er studierte nach seiner Ausbildung zum Bürokaufmann Betriebswirtschaftslehre mit dem Abschluss Diplom-Kaufmann. Im Zuge seiner beruflichen Laufbahn war er unter anderem Vorstandsvorsitzender einer Aktiengesellschaft in Chemnitz und Partner einer Unternehmensberatung am Niederrhein.

Erratum zu: Nachhaltigkeit in deutschen Banken – eine empirische Analyse nachhaltiger Assets im Kontext des BaFin-Merkblattes aus 2019

Svend Reuse, Eric Frère und Frank Thole

Erratum zu:
Kapitel „Nachhaltigkeit in deutschen Banken – eine empirische Analyse nachhaltiger Assets im Kontext des BaFin-Merkblattes aus 2019" in: M. Seidel (Hrsg.), *Banking & Innovation 2020/2021*, FOM-Edition, https://doi.org/10.1007/978-3-658-32427-8_7

Trotz sorgfältiger Erstellung unserer Bücher lassen sich Fehler nicht vermeiden, daher weisen wir auf Folgendes hin:

Kapitel 7, S. 107: Aufgrund eines technischen Fehlers während der Buchherstellung wurden zwei Formeln nicht korrekt dargestellt. Die Formeln wurden durch das Erratum korrigiert.

Die korrigierte Version des Kapitels ist verfügbar unter
https://doi.org/10.1007/978-3-658-32427-8_7

M. Seidel (Hrsg.), *Banking & Innovation 2020/2021*, FOM-Edition,
https://doi.org/10.1007/978-3-658-32427-8_12

MIX
Papier aus verantwortungsvollen Quellen
Paper from responsible sources
FSC® C105338

If you have any concerns about our products,
you can contact us on
ProductSafety@springernature.com

In case Publisher is established outside the EU,
the EU authorized representative is:
Springer Nature Customer Service Center GmbH
Europaplatz 3, 69115 Heidelberg, Germany

Printed by Libri Plureos GmbH
in Hamburg, Germany